高等职业教育“互联网+”新形态教材

新编审计基础与实务

（第3版）

申建英　习成龙　编著

電子工業出版社
Publishing House of Electronics Industry
北京·BEIJING

内容简介

本教材贯彻“学中做，做中学”的教学理念，在编写过程中对审计理论和知识做到精简够用，突出审计实务技能操作，以练促学，改变了传统教材以传授理论和知识为主的模式。本教材共14章，以会计师事务所注册会计师年度报表审计为线索，全面介绍年度报表审计的程序和方法。在编写过程中考虑到培养学生专业技能和方便教师教学的特点，各章都安排了丰富的教学案例、复习思考题和技能训练题，题型多样，便于学习，力求提高教学质量。

本教材既可作为高等职业院校会计专业审计课程的教材，也可作为会计和审计实务工作者的参考资料，还可以作为其他相关专业人士的辅助用书。

图书在版编目（CIP）数据

新编审计基础与实务 / 申建英，习成龙编著. —3版. —北京：电子工业出版社，2020.6
ISBN 978-7-121-37715-0

Ⅰ. ①新… Ⅱ. ①申… ②习… Ⅲ. ①审计学－高等职业教育－教材 Ⅳ. ①F239.0

中国版本图书馆CIP数据核字（2019）第237651号

责任编辑：贾瑞敏　　特约编辑：胡伟卷　许振伍
印　　刷：北京七彩京通数码快印有限公司
装　　订：北京七彩京通数码快印有限公司
出版发行：电子工业出版社
　　　　　北京市海淀区万寿路173信箱　邮编100036
开　　本：787×1 092　1/16　印张：16.5　字数：444千字
版　　次：2008年7月第1版
　　　　　2020年6月第3版
印　　次：2023年6月第4次印刷
定　　价：49.80元

凡所购买电子工业出版社图书有缺损问题，请向购买书店调换。若书店售缺，请与本社发行部联系，联系及邮购电话：(010)88254888，88258888。

质量投诉请发邮件至zlts@phei.com.cn，盗版侵权举报请发邮件至dbqq@phei.com.cn。

本书咨询联系方式：邮箱fservice@vip.163.com；QQ群427695338；微信DZFW18310186571。

前言

本教材第 1 版于 2008 年出版，因与高职审计教学“理论够用、注重实践技能训练”的理念相吻合，出版后深受广大读者欢迎，并于 2013 年再版，再版后至今又过去了 6 年，应电子工业出版社邀请出版第 3 版。第 2 版出版 6 年来，随着我国网络经济的兴起，企业业务趋向多元化和复杂化，与此相关的法律法规都发生了变化，审计行业的执业环境也发生了重大变化：《中国注册会计师执业准则》进行了修订；2019 年 2 月财政部在 2012 年执行的《中国注册会计师审计准则》的基础上发布了新修订的 18 项审计执业准则；会计准则进行了大量修订或新增；税收政策有了很大调整；内部控制的要求扩展到小规模企业。为适应审计环境的变化，审计教材必须及时修订，以确保理论与实践的前沿性。

本教材基本保持原有特点和体例，对相关章节部分内容做了修订，新增了课堂思考和训练。本次修订内容如下：第 1 章主要增加了近些年政府审计、民间审计和内部审计的发展情况；第 2 章对审计方法做了修订；第 3 章对质量控制准则的内容按照新准则规定做了修订，注册会计师职业道德部分增加了防范措施，删减了审计人员的法律责任内容；第 4 章对审计总体策略和具体审计计划内容做了修订；第 5 章主要对重要性的概念和运用做了修订；第 6 章对审计证据的含义做了新的解释，对编写工作底稿的目的做了补充；第 7 章对风险评估的程序做了补充，对风险应对中的进一步审计程序相关名词做了具体阐释；实务部分章节基本没变，变化较大的是第 14 章审计报告部分，其格式和内容都有所变化。此外，对实务部分增加或更新了课堂训练内容，训练形式更加多样化，更加方便了教学。

本教材由申建英、习成龙编著，共同负责修订工作。金华职业技术学院申建英执笔第 1 至 8 章，并负责统稿；桂林电子科技大学习成龙执笔第 9 至 14 章。在修订过程中，编著者认真参阅了有关著作和文献，在此对相关作者表示衷心感谢。

由于编著者水平所限，书中难免存在不足和疏漏之处，恳请各位读者批评指正。

编著者

目 录

第 *1* 章

总　论

学习目标

1. 理解审计产生和发展的动因。
2. 理解审计的概念。
3. 了解不同种类审计的特点。
4. 了解我国审计的组织形式。
5. 掌握审计的基本职能和作用。

引导案例

审计能降低信息风险，你了解吗？——一位信贷经理的决策逻辑

王启亮是大丰银行的信贷经理，他正在对某企业的贷款申请做决策。他认为，进行这个决策须考虑借款人的财务报表所反映的财务状况。如果决定贷款给企业，那么贷款利率主要由 3 个因素决定：无风险利率，该利率近似于期限相同的国库券所能取得的收益率；客户的经营风险，这一风险反映了客户由于环境或自身状况的变化而不能偿还贷款的可能性；信贷决策的信息风险，这一风险反映的是信贷决策所依据的信息不正确的可能性，而财务报表不正确的可能性是导致信息风险的一个重要因素。

王经理认为，对于无风险利率和客户的经营风险本身，他是无能为力的，唯一能够做到的是降低决策的信息风险，进而正确地评估客户的经营风险。那么，如何才能降低信息风险呢？他认为在理论上有 3 种途径：由他自己亲自验证借款人的财务报表信息；让银行和借款人共同分担信息风险；要求借款人提供已审计的财务报表。

经过认真考虑以后，他认为前两种途径都是不可取的。在第一种途径下，虽然他可以直接去借款人现场检查相关的记录，以取得有关报表可靠性的信息，但这并非他的专长，成本高得不可接受；在第二种途径下，如果因依赖了不正确的财务报表而遭受损失，则虽然可以对企业管理层起诉，但一旦公司因破产而无法偿还贷款，企业管理层也不可能有足够的资金偿还贷款。因此，他认为还是第三种途径最为稳健，如果借款人的财务报表已经经过审计，从而认可其信息风险微小，他就可以考虑降低借款利率。

如果是你，你也会这样考虑吗？

正如前面所介绍的，在现代社会中，审计在企业、政府和经济事项中发挥着极其重要的作用。那么什么是审计？审计是因何而产生和发展的？又是如何发挥其作用的呢？本章要告诉大家的就是这些问题。

1.1 审计的产生和发展

1.1.1 政府审计的产生和发展

审计的最初形态是政府审计，也叫国家审计，产生于人类社会发展的奴隶制社会末期。我国是世界上审计产生最早的国家，也是政府审计发展成就最高的国家。

1. 我国政府审计的发展状况

我国政府审计的发展大致分为以下 6 个阶段。

① 西周时期的萌芽阶段。早在三千多年前的西周时期，我国政府审计就进入了萌芽阶段。据《周礼》一书记载，当时朝廷在天官之下设有小宰，专门负责财物保管；小宰之下设有宰夫，负责对各级官府财物收入进行稽查；宰夫有“考其出入，而定刑赏”的职权，监督群吏执行朝廷的法律。这成为我国官厅审计的雏形，也标志着我国政府审计的产生。

② 秦汉时期的确立阶段。秦朝，国家设三公九卿辅佐政务，“御史大夫”为三公之一，执掌弹劾、纠察之权，负责全国民政、财政等方面的审计事项，协助丞相处理政事。汉承秦制，仍由御史大夫执掌审计大权，并使“上计”制度日趋完善。

③ 隋唐宋时期的健全阶段。隋唐是我国封建社会的鼎盛时期，宋朝是我国封建社会经济的持续发展时期。隋唐时期，政府设“比部”，与司法监督相并列，是审计监督走向专业化、独立化和司法化的开始。宋朝建立的审计司是我国“审计”一词的正式命名，从此审计便成为财计监督的专用名词，对后世中外审计建制具有深远的影响。

④ 元明清时期的中衰阶段。元、明、清三朝，封建君主专制日益加强，审计虽然有所发展，但总体上停滞不前。元初撤销了比部，中央及地方报送的会计报告由户部审核。明初曾设立过比部，但不久即取消，后又设立都察院，以左右都御史为长官，审查中央财政。清承明制，设立都察院，执掌“对君主进行规谏，对政务进行评价，对大小官吏进行弹劾”的权力，但与唐代行使司法审计监督职能的比部相比，显得缺乏力度，监察不利。

⑤ 中华民国时期的演进阶段。1912 年，民国政府在国务院下设审计处；1914 年，北洋政府将其改为审计院，同年还颁布了《审计法》。这是我国正式颁布的第一部审计法。国民党政府在监察院下设审计部，各省（市）设审计处，进行审计监督，还于 1928 年颁布了《审计法》及实施细则。这一时期，我国的审计有所发展，但由于政治不稳定，经济发展缓慢，审计工作一直没有太大进展。

⑥ 新中国的振兴阶段。中华人民共和国成立后，最初没有设立独立的审计机构，企业的财税监督和货币管理工作主要通过不定期的会计检查来进行。改革开放以后，政府逐步把工作重点转移到经济建设上来，实施了一系列加强审计工作的改革措施。1982 年，我国修改的《中华人民共和国宪法》明确规定国家实行审计制度，建立政府审计机构，实行审计监督。1983 年 9 月，我国成立了政府最高审计机关——审计署，在县以上各级人民政府设立审计机关。1995 年 1 月 1 日，《中华人民共和国审计法》正式实施，从法律上进一步确立了政府审计的地位，为其进一步发展奠定了良好基础。2006 年 2 月 28 日，第十届全国人民代表大会常务委员会第二十

次会议通过《全国人民代表大会常务委员会关于修改〈中华人民共和国审计法〉的决定》。2010年2月2日，国务院第100次常务会议修订通过《中华人民共和国审计法实施条例》，自2010年5月1日起施行。

2. 西方国家政府审计的发展状况

在西方国家，随着社会生产力的发展，审计经历了一个漫长的发展过程。

在西方奴隶制下的古希腊、古罗马和古埃及时代，已经设有官厅审计机构。政府审计人员采用听证的方式，对掌管国家财物和赋税的官员进行审查与考核，成为具有审计性质的经济监督工作。

在西方国家的中世纪，也设有审计机构和人员，对国家的财政收支进行监督。但当时的审计，无论是在组织机构还是在审计职权、审计方式上，都还处于很不完善的阶段。

进入资本主义社会以后，随着经济和政治的发展，西方国家政府审计也有了进一步的发展和完善。当前，西方各国的政府审计按其组织形式和领导关系，大致可以分为下列几种类型。

① 由议会直接领导并对议会负责。这类审计机关是在议会的直接领导下，根据国家法律赋予的权力，对各级政府机关的财政活动和国家企事业单位的财务活动等独立行使审计监督权，直接对议会负责。例如，美国的审计总局、加拿大的审计总署、法国的审计法庭、西班牙的审计法院等。

② 在政府内建立审计机构并对政府负责。这类审计机关是在政府的直接领导下，根据国家赋予的权限，对政府所属各部门、各单位的财政财务活动进行审计监督，直接对政府负责。

③ 由财政部门领导的审计机构。这类审计机关是在财政部直接领导下，根据国家规定的政策、法令、财政预算和有关规章制度等，对各部门、各单位的财政、财务活动执行审计监督，如瑞典的国家审计局。匈牙利和波兰等国的财政监督虽然由财政部负责，但不设独立的审计机构。

从审计的独立性、权威性讲，审计机关由议会直接领导较好。

1.1.2　民间审计的起源和演进

民间审计也叫注册会计师审计，最早产生于意大利的地中海沿岸，并在西方资本主义国家中得到了迅速的发展。

1. 民间审计的起源

民间审计起源于意大利合伙企业制度。16世纪，意大利商业城市威尼斯出现了最早的合伙企业。在合伙企业中，有的合伙人不参与经营管理，所以客观上希望能有一个独立的第三者对合伙企业的经营情况进行监督与检查，于是产生了对民间审计的最初需要。1581年，一批具有良好的会计知识、专门从事查账和公证工作的专业人员在威尼斯创立了威尼斯会计协会，这是世界上第一个会计职业团体。

2. 民间审计的形成

民间审计虽然起源于意大利，但对后来民间审计事业的发展影响不大。英国在创立和传播民间审计职业的过程中发挥了重要作用。

工业革命开始后的18世纪下半叶，资本主义国家的生产力得到了迅速发展，生产的社会化程度大大提高，企业的所有权与经营权分离。企业主希望由外部独立的会计师来检查他们所雇佣的管理人员是否忠诚，是否存在舞弊行为。于是，英国出现了第一批以查账为职业的独立会计师。但此时的审计尚为任意审计，他们受企业主委托，对企业会计账目进行逐笔检查，检查的目的是查错防弊，检查的结果也只向企业主报告。

股份公司的兴起使企业的所有权与经营权进一步分离，大多数股东已完全脱离经营管理。股东及潜在的投资者非常关心企业的经营成果，将基于此做出是否继续持有或购买公司股票的决定。了解公司经营成果等方面的情况主要是依据会计报表来进行的，因此在客观上进一步促进了由独立会计师对公司会计报表进行审计，以对保证会计报表信息真实可靠的需求。1721 年，英国的“南海公司事件”成了民间审计产生的催产剂。对南海公司进行审计的斯耐尔先生成为世界上第一位注册会计师。斯耐尔先生以会计师的名义提出了查账报告书，宣告了独立会计师——注册会计师的诞生。

1844 年，英国颁布《公司法》，规定股份公司必须设监察人，负责审查公司的账目。1845 年，又对《公司法》进行了修订，规定股份公司的账目必须经董事以外的人员审计，从而极大地促进了独立审计业务的发展。1853 年，世界上第一个注册会计师的专业团体——苏格兰爱丁堡会计师协会的成立，标志着注册会计师职业的诞生。

3. 民间审计的发展

民间审计的发展经历了几个比较典型的历史阶段。

（1）1844 年至 20 世纪初的英式详细审计

英式详细审计的主要特点是：民间审计由任意审计转为法定审计；审计的目的是查错防弊，保护企业资产的安全和完整；审计的方法是对会计账目进行逐笔审计；审计报告使用人主要为企业股东，等等。

（2）20 世纪初至 20 世纪 30 年代初的美式资产负债表审计

这一时期的显著变化是：由于全球经济发展重心由欧洲转向美国，民间审计发展的中心也由英国转向了美国；由于金融资本对产业资本的渗透，企业规模的扩大，企业对银行的依赖性越来越强，银行也越来越需要了解企业财务状况和偿债能力方面的信息。美式审计的主要特点是：审计对象由会计账目扩大到资产负债表；审计的主要目的是通过对资产负债表数据的审查判断企业的信用状况；审计方法从详细审计初步转向抽样审计；审计报告使用人除企业股东外，更突出了债权人。

（3）20 世纪三四十年代的会计报表审计

1929 年至 1933 年，资本主义世界经历了历史上最严重的经济危机，在客观上促使企业利益相关者从只关心企业财务状况转变到更加关心企业的盈利水平。于是，审计模式从资产负债表审计转为会计报表审计。其主要特点是：审计对象转为以资产负债表和损益表为中心的全部会计报表及相关财务资料；审计的主要目的是对会计报表发表审计意见，以确定会计报表的可信性，查错防弊转为次要目的；审计的范围已扩大到测试相关的内部控制，并广泛采用抽样审计；审计报告使用人扩大到股东、债权人、证券交易机构、税务机构、金融机构及潜在投资者；审计准则开始拟定，审计工作向标准化、规范化过渡；注册会计师资格考试制度广泛推行，注册会计师专业素质普遍提高。

（4）20 世纪 40 年代以后的管理审计与国际审计

该阶段的特点是审计竞争日益激烈，事务所之间的合并加剧，先后产生了八大国际会计师事务所，后又合并为六大、五大，时至今日已合并为四大。它们是普华永道、安永、毕马威、德勤。与此同时，审计的技术也在不断发展：抽样审计方法得到广泛采用；制度基础审计方法得到推广；计算机辅助审计技术得到广泛采用。注册会计师业务扩大到代理纳税、会计服务、管理咨询等领域。

我国民间审计的产生大大晚于西方国家，产生于辛亥革命之后。当时出现了中国民族资本主义的萌芽，为了维护民族利益和尊严，以谢霖为代表的一批爱国会计学者积极倡导创建中国的注册会计师事业。1918 年初，时任中国银行总司长的谢霖向当时的北洋政府农商部、财政部呈递了执行会计师业务的呈文和章程——《会计师暂行章程》。同年 9 月，北洋政府农商部核准了该章程，颁布了我国第一部注册会计师法规——《会计师暂行章程》，并批准谢霖为中国的第一位注册会计师。与此同时，谢霖创办了中国第一家会计师事务所——正则会计师事务所。此后，上海、南京、武汉等大城市相继成立了会计师事务所。

新中国成立后，民间审计在建国初期的经济恢复工作中发挥了积极作用，但后来由于推行前苏联高度集中的计划经济模式，中国的民间审计悄然退出了经济领域。党的十一届三中全会以后，随着对外开放政策的贯彻实施，我国又恢复了注册会计师制度。1980 年 12 月，财政部颁发了《关于成立会计顾问处的暂行规定》；1981 年 1 月 1 日，在上海重新成立了恢复注册会计师制度后的第一家会计师事务所——上海会计师事务所，随后全国各地纷纷成立会计师事务所和审计事务所；1985 年，民间审计被载入《中华人民共和国会计法》；1991 年，恢复了全国注册会计师统一考试；1993 年 10 月，颁布了新中国第一部注册会计师法律——《中华人民共和国注册会计师法》；1995 年 12 月，正式颁布第一批独立审计准则，以后陆续又颁布了几批；2006 年 2 月 15 日，财政部颁布了《中国注册会计师执业准则》。这些改革措施，大大推动了我国民间审计的发展。2019 年 2 月 20 日，财政部发出《中华人民共和国财政部关于印发<中国注册会计师审计准则第 1101 号——注册会计师的总体目标和审计工作的基本要求>等 18 项准则的通知》（财会〔2019〕5 号），对部分准则进行了修订；3 月 29 日，中注协针对上述修订的审计准则发布 24 项应用指南。该批准则和应用指南已于 2019 年 7 月 1 日起施行。

1.1.3 内部审计的产生和发展

内部审计作为审计的一个类别，有其自身的产生和发展历程。纵观整个历史，内部审计的发展经历了一个缓慢而艰难的过程。

1. 古代和近代内部审计

内部审计经历了古代内部审计、中世纪内部审计、近代内部审计、现代内部审计几个阶段。无论中外，内部审计的历史都与政府审计一样源远流长。例如，古罗马的代理人向其雇主报告财产的变动、自己履行责任的情况，登记了一种“主人账产”，就是内部审计最初的起源。中世纪时，内部审计的最初形式是为维护寺院长老和庄园主经济利益的寺庙审计与庄园审计。19 世纪末 20 世纪初，有流行于美国的铁路运输系统的内部审计活动、德国克虏伯公司内部审计、日本明治时代的住友公司内部审计，以及澳大利亚维多利亚州电力委员会内部审计等。

2. 现代内部审计

现代内部审计是 20 世纪 20 年代产生并逐渐发展起来的，适应了经济监督和经济管理的需要。迄今为止，现代内部审计已有了较完整的内部审计理论实务体系，如世界上第一部内部审计专著《内部审计——审计程序的性质、职能和方法》、现代内部审计之父索耶出版的《现代内部审计实务》等。另外，1941 年 11 月，瑟斯顿（John B. Thurston）、米尔恩（Robert B. Milne）和布瑞克（Victor Z. Brink）等四十多人发起并成立了国际内部审计师协会（IIA）。1974 年，协会在伦敦召开年会，表明该协会已真正成为国际性组织。在我国，1983 年审计署成立后不久，就开始要求在部门、单位内部建立内部审计机构及审计制度，实行内部审计监督。1988 年 12 月颁布的《中华人民共和国审计工作条例》中又对此做了专门的要求。《中华人民共和国审计法》第二十九条规定："依法属于审计机关审计监督对象的单位，应当按照国家有关规定建立健全内部审计制度；其内部审计工作应当接受审计机关的业务指导和监督。"1987 年 4 月，中国内部审计学会成立，同年加入国际内部审计协会，成为 11 个国家分会之一。2002 年 5 月，中国内部审计学会更名为中国内部审计协会。2013 年 8 月份发布了第 1101 号——内部审计基本准则，直至 2019 年 5 月共陆续发布内部审计具体准则 23 项、应用指南 5 项、内部审计职业道德规范 1 项，使内部审计工作走向法制化、规范化道路。

1.1.4 审计产生和发展的动因

1. 受托经济责任是审计产生的客观动因

审计作为一种社会现象，是为满足社会的特定需求而产生和发展起来的。这种需求直接发端于财产的所有者和经营者之间的受托责任关系。受托责任关系就是财产经营权由委托者转移至受托者所引起的委托受托双方相关权利、义务和责任的契约关系。在这种关系下，委托人为保护自身的经济利益，需要对受托人提供报告的真实性及履行受托责任的情况进行审核、检查，实现监督，以便确认或解除受托责任。但是，由于经济关系的日益复杂化和经济管理的客观需要，使财产委托人出于能力、检查技术、法律、地域和经济等方面的限制，不能或无法亲自审核、查实受托人的活动，于是需要有一个具有相对独立身份的第三者加以检查和评价，这就是审计。因此，受托责任关系的存在是审计产生的客观动因。

2. 加强经济管理和控制是审计发展的动力

纵观审计发展史，审计经历了从财务审计到经营审计、管理审计、经济效益审计这样一个发展过程。审计范围的扩大、审计职能的完善及审计方法的演进，发展动力均源于人们迫切要求强化经济（或财政财务收支）管理，实行有效控制，以满足不断提高效率或效益的强烈愿望。人们在从事生产经营活动中，总是希望用有限的劳动消耗或劳动占用获取最大的劳动成果，达到不断提高效率和效益的目的，这是社会进步和发展的客观要求。而要实现这一目标，就必须对一切经济活动实施严格的管理和有效的控制，对各种计划和方案进行审查，对计划执行情况及执行结果进行效益（效率）性的评价与分析，以便详细地分析过去、科学地控制未来、有效地控制一切经济活动。审计作为一项具有独立性的经济监督活动，可以对经济活动过程及各个管理环节做出客观、公正的评价，提出积极合理的建议，从而为管理者提供有助于进一步改进工作、做出正确决策的资料及审计结论。由于审计人员处于独立的第三者的地位，所以其审计结论往往容易被社会接受。

3. 现代科学技术的发展为审计的发展提供了方法和手段

科学技术是第一生产力。科学技术的发展，不仅促进了社会进步与经济发展，也丰富了审计内容、扩展了审计领域、完善了审计职能，尤为重要的是为审计的发展提供了方法和手段。例如，现代管理理论与方法的发展，就促进了审计方法体系的发展与完善。现代财务审计中经常使用的抽样审计方法，经济效益审计中广泛运用的有关预测、决策、控制、分析及评价的数量方法，审计工作规划与实施，以及对审计事项所进行的全面验证和综合分析中所运用的系统论、信息论、控制论的理论与方法等，不但有助于简化审计工作量、提高工作效率、降低审计风险，而且还有助于提高审计结论的精确性与科学性。现代电子信息技术在社会经济生活中的广泛运用，既为审计数据处理提供了快速、准确的技术手段，也使审计对象发生了重大变化，形成了当代审计学科的一门新的年轻的分支学科——电子数据处理系统审计。

1.2 审计的概念和特点

1.2.1 审计的概念

审计是指由独立的专职机构和人员接受委托或根据授权，按照法规和一定的标准对国家行政、事业单位、企业单位和其他经济组织的财政、财务收支及其有关经济活动的真实性、合法性和效益性进行审查，评价经济责任，用以维护财经法纪、改善经营管理、提高经济效益、促进宏观调控的独立性经济监督活动。

课堂思考 1-1

从审计概念出发分析，你认为审计与会计的关系如何?

1.2.2 审计关系

在审计业务中，通常涉及 3 个方面：经济活动等资料的提供者（如被审计单位的管理层等）；审计机构（或人员）；经审计的会计信息使用者（如投资者、债权人、政府机关等）。审计机构（或人员）接受委托（或根据授权）所进行的审查，是从独立的第三方角度对被审计单位的数据等资料及经济活动进行审查。一般认为，审计可以提高经济等信息的可信度，但是如果审计人员与被审计单位在经济上或其他方面存在紧密联系，就丧失了独立性，那么审计人员就不可能对被审计单位的经济事项发表公正的意见。因此，独立性是审计的最本质特征。

通常称审计主体为第一关系人，被审计单位为第二关系人，审计活动的委托人为第三关系人。

1.2.3 审计特征

审计特征是指审计区别于其他监督形式的独有特征。在经济监督体系中，经济监督形式多种多样，既有财政、银行、税务等经济监督，又有会计、主管部门、审计的经济监督。审计区别于其他经济监督的特点如下。

1. 独立性

独立性是审计的本质特征。《审计法》中规定，审计机关依照法律规定独立行使审计监督权，不受其他行政机关、社会团体和个人的干涉。审计的独立性不仅表现在形式上，而且表现在本质中。审计组织和审计委托人、被审计人之间不存在利害关系，也不参与双方的任何经济行动。其具体表现在以下几点。

（1）组织独立

组织独立是指审计机构应当独立于被审计单位之外。在实际工作中，如果审计机构在组织上受制于被审计单位，则很难摆脱被审计单位有关人员的干预，从而无法保证审计的独立性。

（2）经济独立

经济独立是指审计机构或人员应当有法定的经济来源，不得受被审计单位的牵制。审计机构或人员如果在经济上与被审计单位有利害关系，就必然会削弱审计的独立性。

（3）工作独立

工作独立是指审计机构或人员从事审计工作应有自主性，不受其他单位和个人的任何影响。

独立性的两个条件为：审计人员不能参与被审计单位的经济活动；审计人员不能与被审计单位的主要负责人有伦理上的亲密关系。

2. 公正性

审计的公正性反映了审计工作的基本要求。公正性与独立性密切相关，没有独立性就没有公正性。审计的公正性主要表现在：审计人员独立于审计委托人和被审计单位，站在第三者的立场上进行审计，可以对审计对象做出不带任何成见的、符合客观实际的、正确的判断，从而对被审计单位做出公正合理的评价。

3. 权威性

审计的权威性与公正性相联系，没有公正性就没有权威性。有关权威性的各种法律规定都建立在审计公正性的基础上。审计的权威性具体表现在：审计监督具有一定的法律地位；审计人员依法审计，被审计单位不得拒绝；审计结论和决定具有法律效力，被审计单位必须执行。

课堂思考 1-2

审计3个特征的关系如何？哪个特征最重要？

1.3 审计的职能和作用

1.3.1 审计职能

审计职能是审计本身固有的、体现审计本质属性的内在功能。审计具有3项基本职能，具体内容如下。

1. 经济监督

经济监督是审计的基本职能，是由审计的性质决定的。通过审计，可以监察和督促被审计单位的经济活动，使之在规定的范围内沿着正常的轨道运行；检查受托经济责任人忠实履行经济责任的情况，揭露违法违纪行为、制止损失浪费、查明错弊、判断管理缺陷，进而追究经济责任。

2. 经济鉴证

经济鉴证是指审计人员对被审计单位的会计报表及其他经济资料进行检查和验证，确定其财务状况和经营成果的真实性、公允性、合法性，并出具证明性审计报告，为审计授权人或委托人提供确切的信息。

3. 经济评价

经济评价是指审计人员对被审计单位的经济资料及经济活动进行审查，并依据相应的标准对所查明的事实做出分析和判断，肯定成绩、揭露矛盾、总结经验，从而改善经营管理，寻求提高经济效益的途径。

1.3.2 审计作用

审计作用是指在审计实践中履行审计职能所产生的客观影响和实际效果。其具体内容如下。

1. 防护性作用

防护性作用也称制约性作用，是指完成审计工作任务对社会财产和经济建设所起到的维护、保护、保证与保障等作用。

2. 建设性作用

建设性作用也称促进作用，是指完成审计工作任务后，因提出改进意见和建议而对宏观与微观经济管理起到的改善、加强、提高及促进作用。

1.4 审计的分类

审计可以按照各种标准进行不同的分类，各类审计从不同的侧面反映了审计的本质和特点。对审计的合理分类不仅有助于加强对审计活动的认识，正确理解和完整把握各种审计的特征及作用，还有助于审计人员科学地组织审计工作，根据审计目标选用相应的审计方法。

1.4.1 审计的基本分类

审计的基本分类是指按审计的主体和审计的内容、目的分类。

1. 按审计的主体分类

审计主体是指执行审计的机构或人员。审计按主体分类可分为政府审计、民间审计和内部审计 3 种。

2. 按审计的内容和目的分类

审计按内容和目的分类可分为财政财务审计、财经法纪审计、经济效益审计和经济责任审计 4 种。

3. 按审计使用的技术和方法分类

审计按使用的技术和方法分类可分为账项基础审计、制度基础审计和风险导向审计。

1.4.2 审计的其他分类

1. 按审计的审查范围分类

审计按审查范围分类可分为全部审计和局部审计两种。

2. 按审计实施的时期分类

审计按实施的时期分类可分为事前审计、事中审计和事后审计 3 种。

3. 按审计执行地点分类

审计按执行地点分类可分为报送审计和就地审计两种。

4. 按审计的动机分类

审计按动机分类可分为强制审计和任意审计两种。

5. 按审计是否预告分类

审计按是否预告分类可分为预告审计和突击审计两种。

6. 按审计的组织方式分类

审计按组织方式分类可分为授权审计和委托审计两种。

1.5 我国审计的组织形式

我国的审计组织由政府审计机关、民间审计组织和内部审计机构组成。

1.5.1 政府审计机关

政府审计机关是代表政府依法行使审计监督权的行政机关，具有宪法赋予的独立性和权威性。

1. 政府审计机关的设置

（1）最高审计机关

政府审计机关遵循统一领导、分级负责的原则。国务院设审计署，在总理领导下，负责组织领导全国的审计工作，对国务院负责并报告工作。审计署设审计长一人，副审计长若干人。审计长由国务院总理提名，全国人民代表大会通过，国家主席任命；副审计长由国务院任命。

（2）县级以上各级人民政府设立审计机关

地方各级审计机关分别在省长、自治区主席、市长、州长、县长、区长和上一级审计机关的领导下，组织领导本行政区的审计工作，负责领导本级审计机关审计范围内的审计事项，对上一级审计机关和本级人民政府负责并报告工作。

（3）审计派出机构

审计机关根据工作需要，可以在重点地区、部门设立派出机构，进行审计监督。审计署向重点地区、城市和计划单列市派出的代表人员在该地区和城市组成审计特派员办事处，代表审计署执行审计业务，解决某些地方审计局难以解决的审计问题。例如，审计署派驻深圳市的机构称为审计署驻深圳市特派员办事处，其负责人称为审计特派员。

2. 政府审计机关职责

审计机关对本级各部门（含直属单位）和下级政府预算的执行情况和决算，以及预算外资金的管理和使用情况进行审计监督。审计署对中央预算执行情况进行审计监督，向国务院总理提出审计结果报告。地方各级审计机关按照《中华人民共和国预算法》的要求对本级预算执行情况进行审计监督，向本级人民政府和上一级审计机关提交审计报告。另外，审计机关还担负着党政领导干部任期内经济责任审计的职责。

审计署对中央银行的财务收支进行审计监督；审计机关对国有金融机构的资产、负债、损益进行审计监督。

审计机关对国家事业组织的财务收支，国有企业的资产、负债、损益进行审计监督；对与国计民生有重大关系的国有企业、接受财政补贴较多或亏损数额较大的国有企业等，应当有计划地定期进行审计。除此之外，审计机关还要完成国有企业及国有控股企业领导人员任期内经济责任审计的任务。

3. 政府审计机关的权限

审计机关有权要求被审计单位按照规定报送与审计事项相关的各种有关资料；有权检查被审计单位的会计资料和与财政、财务收支有关的其他资料及资产；有权就审计事项的有关问题向有关单位和个人进行调查并取得证明材料；被审计单位不得拒绝、拖延及变相抵制，应当支持、协助审计机关工作；审计机关对被审计单位正在进行的违反国家规定的财政收支、财务收支行为有权予以制止；审计机关认为被审计单位的财政、财务收支与国家法规相抵触的，应当建议有关部门纠正，如果制止或纠正无效，审计机关可采取其他措施，直至提请有权处理的机关依法进行处理；对被审计单位违反国家规定的财政财务收支行为，有权依法予以处理、处罚；审计机关可以向政府有关部门通报或向社会公布审计结果；就审计发现的有关问题，审计机关有向被审计单位及有关部门反映并建议采取相应措施的权力。

审计机关在保守国家秘密和被审计单位商业秘密的情况下，可以向政府有关部门或向社会公布审计结果。

4. 政府审计的特征

政府审计与民间审计、内部审计相比有其自身的特征，即审计监督的强制性、审计工作的独立性和审计范围的广泛性。

（1）审计监督的强制性

政府审计在审计监督方面的强制性表现为：执行审计监督任务的主体是专事国有财产监督的政府职能部门，客体是国有资产的管理和经营。政府审计的强制性还体现于审计机构对违反国家规定的财政、财务收支行为，可在法定的职权范围内依照法律、行政法规的规定做出有法律效力的审计决定，责令被审计单位执行，并可依法对被审计单位进行处罚等。

（2）审计工作的独立性

政府审计在机构设置、经费使用、工作安排、处理与处罚方面都具有独立性。例如，政府审计机构负责人的委派要有必要的法律程序；审计机构的行政经费列入政府的财政预算，由政府保证；工作安排及结果只向本级政府领导和上一级审计机构负责并汇报；对被审计单位的处理与处罚，可在法定的职权范围内依照法律法规做出。当然，政府审计的独立性主要是针对被审计单位而言的，是一种单向的独立性，与民间审计的双向独立性相比有较大的区别。

（3）审计范围的广泛性

由于政府审计的对象主要是与国有资产管理、使用有关的各种经济活动，所以与国有资产有关的财政收支、财务收支活动都在政府审计的范围之内。

1.5.2 民间审计组织

民间审计组织是指根据国家法律或条例的规定，经财政部门审核批准成立的会计师事务所。

1. 民间审计组织设置

民间审计组织主要有以下4种形式。

（1）有限责任会计师事务所

有限责任会计师事务所是由注册会计师出资发起设立、承办注册会计师业务并负有限责任的一种会计师事务所。以有限责任方式设立的会计师事务所以其全部资产对其债务承担责任，会计师事务所的出资人承担的责任以其出资额为限。

（2）合伙会计师事务所

合伙会计师事务所是由两名以上注册会计师组成的一种会计师事务所。其债务由合伙人按出资比例或协议的约定，以各自的财产承担责任，合伙人对会计师事务所的债务承担连带责任。

（3）独资会计师事务所

独资会计师事务所是具有注册会计师执业资格的人员独立开业，承担无限责任的一种会计师事务所。独资会计师事务所的优点是可以满足规模较小的企业代理记账、纳税等方面的需求；缺点是作为单一所有者的注册会计师对其行为承担无限责任，无力承担大型业务。

（4）有限责任合伙会计师事务所

有限责任合伙会计师事务所是以全部资产对其债务承担责任，各合伙人只对个人执业行为承担无限责任的一种会计师事务所。

根据1994年1月1日起施行的《中华人民共和国注册会计师法》的规定，我国只允许设立有限责任会计师事务所和合伙会计师事务所。

2. 中国注册会计师协会

中国注册会计师协会是1988年成立的，在财政部领导下，经政府批准的注册会计师行业组织。一方面，它对会计师事务所和注册会计师进行自我教育与自我管理；另一方面，它又是联系政府机关和注册会计师的桥梁与纽带。中国注册会计师协会对外作为一个独立的社会团体，发展与外国和国际会计职业组织之间的相互交往，为我国注册会计师步入国际舞台发挥作用；对内拟定会计师事务所管理制度和注册会计师专业标准，组织注册会计师业务培训和考试等。

3. 注册会计师

注册会计师是指依法取得注册会计师证书并接受委托从事审计和会计咨询、会计服务等业务的执业人员。

具有高等专科以上学校毕业的学历，或者具有会计或相关专业中级以上技术职称的中国公民，可以申请参加由中国注册会计师协会组织实施的全国统一考试。注册会计师全国统一考试制度自1991年开始实行。

新的考试制度于2009年开始实施，将注册会计师考试划分为两个阶段。第一阶段是专业阶段，主要测试考生是否具备注册会计师执业所需的专业知识、是否掌握基本技能和职业道德要求。该阶段设会计、审计、财务成本管理、公司战略与风险管理、经济法、税法6科。第二阶段是综合阶段，主要测试考生是否具备在注册会计师执业环境中运用专业知识，保持职业价值观、职业态度与职业道德，有效解决实务问题的能力。该阶段设综合一科。考生在通过第一阶段的全部考试科目后，才能参加第二阶段的考试。两个阶段的考试每年各举行一次。

第一阶段的单科合格成绩5年内有效。对在连续5年内取得第一阶段6个科目合格成绩的考生，发放专业阶段合格证。第二阶段考试科目应在取得专业阶段合格证后5年内完成。对取得第二阶段考试合格成绩的考生，发放全科合格证。

注册会计师全国统一考试成绩全科合格，并且从事审计业务工作两年以上，可以向省、自治区、直辖市注册会计师协会申请注册，成为执业注册会计师。

4. 会计师事务所的执业范围

根据《中华人民共和国注册会计师法》（以下简称《注册会计师法》）的规定，注册会计师依法承办审计业务和会计咨询、会计服务业务。此外，注册会计师还根据委托人的委托，从事审阅业务、其他鉴证业务和相关服务业务。

（1）审计业务

① 审查企业财务报表，出具审计报告。

② 验证企业资本，出具验资报告。

③ 办理企业合并、分立、清算事宜中的审计业务，出具有关的报告。

④ 办理法律、行政法规规定的其他审计业务，出具相应的审计报告。

（2）审阅业务

（3）其他鉴证业务

（4）相关服务

① 对财务信息执行商定程序。

② 代编财务信息。

③ 税务服务。

④ 管理咨询。

⑤ 会计服务。

1.5.3 内部审计机构

1. 内部审计机构设置

我国的内部审计机构是根据审计法规和其他财经法规的规定设置的，主要包括部门内部审计机构和单位内部审计机构。

（1）部门内部审计机构

国务院和县级以上地方各级人民政府各部门应当建立内部审计监督制度，根据审计业务需要分别设立审计机构，配备审计人员，在本部门主要负责人的领导下负责所属单位和本行业财务收支及经济效益的审计。其审计业务受同级政府审计机关的指导，向本部门和同级政府审计机关报告工作。

（2）单位内部审计机构

大中型企业事业单位应当建立内部审计监督制度，设立审计机构，在本单位主要负责人的领导下，负责本单位财务收支及经济效益的审计。其审计业务受上一级主管部门审计机构的指导，向本单位和上一级主管部门审计机构报告工作。审计业务少的单位和小型企事业组织可设置专职的内部审计人员，而不设独立的内部审计机构。

内部审计机构是在企业财会部门以外单独设立的部门。从我国目前已经建立的内部审计机构来看，内部审计机构的隶属关系主要有以下3种类型。

① 内部审计机构隶属于部门、单位的财会部门，由本部门、本单位的会计主管领导。

② 内部审计机构与部门、单位的其他各职能部门平行，由单位的总会计师或总经济师领导。

③ 内部审计机构由部门、单位的主要负责人直接领导，其地位和职权超越部门、单位的其他职能部门，如由董事会（或下属的审计委员会）或总经理直接领导。

相对而言，第三种组织形式的内部审计机构独立性较强。2003年5月发布的《审计署关于内部审计工作的规定》也支持第三种组织形式。该规定的第四条指出："内部审计机构在本单位主要负责人或者权力机构的领导下开展工作。"

2. 内部审计机构的职权

内部审计机构在审计过程中有下列主要职权：检查会计凭证、账簿、报表、决算、资金和财产，查阅有关的文件、资料，参加有关的会议，对审计中发现的问题向有关单位和人员进行调查并索取证明材料；提出制止、纠正和处理违反财经法纪事项的意见，以及改进管理、提高效益的建议；对严重违反财经法纪和严重失职造成重大经济损失的人员，向领导提出追究其责任的建议；对阻挠、拒绝和破坏内部审计工作的，必要时经领导批准，可采取封存账册和资产等临时措施，并提出追究有关人员责任的建议；对工作中的重大事项，单位的应向上级内部审计机构反映、部门的应向同级政府审计机关反映。此外，内部审计机构所在单位可以在管理权限范围内授予内部审计机构经济处理、处罚的权限。

3. 内部审计的特征

内部审计一般有如下特征。

（1）服务上的内向性

内部审计是为加强内部经济管理和控制服务的，内部审计人员是部门、单位领导在经济管理和经济监督方面的参谋与助手。服务的内向性是国内外内部审计共同的基本特征。

（2）审查范围的广泛性

内部审计的审计报告不具有法律效力，它既可进行内部财务审计和经济效益审计，又可进行事后审计和事前审计；既有制约作用，又有促进作用。与外部审计相比，这种业务范围的广泛性是国内和国外内部审计共同的特征。

（3）审计作用的稳定性

随着经济的发展，内部审计已冲破只起制约作用的范围，扩展到起改善经营管理和提高盈利水平等促进作用的方面。我国内部审计的制约性和促进性两项作用在相当长的时间内会同时存在。因此，审计作用的稳定性又是我国内部审计的重要特征。

课堂思考 *1-3*

政府审计与内部审计有何区别？政府审计与注册会计师审计有何区别？

复习思考题

一、填空题

1．我国政府审计的发展经历了6个阶段，即__________时期、__________时期、__________时期、__________时期、__________时期和__________时期。

2. ________朝的________词成为财计监督的专用名词，对后世有深远影响。
3.《中华人民共和国审计法》是在________年正式实施的。
4. 民间审计起源于________。________国在创立和传播民间审计职业的过程中发挥了重要作用。
5. 世界上第一个注册会计师专业团体称________，是________年诞生的。
6. 审计与其他经济监督相比有3个特征：________、________和________。
7. 审计的基本职能是________、________和________。
8. 审计具有________作用和________作用。
9. 审计按主体可以分为________审计、________审计和________审计。
10. 我国审计的组织形式分为________、________和________。
11. ________级以上各级人民政府要设立审计机关。
12. 在我国允许设置的民间审计组织的形式是________和________。
13. 内部审计机构通常分为________和________两种。
14. 内部审计的特征表现为________、________和________3个方面。

二、单项选择题

1. 审计产生的动因是（　　）。
   A. 股份公司的兴起　　B. 经管责任要求
   C. 受托责任关系　　D. 委托责任关系
2. 我国的审计产生于（　　）。
   A. 西周时期　　B. 秦汉时期　　C. 隋唐时期　　D. 宋朝
3. 我国于（　　）年正式颁布第一部《审计法》。
   A. 1912　　B. 1914　　C. 1994　　D. 1995
4. 我国审计署于（　　）年正式成立。
   A. 1982　　B. 1983　　C. 1994　　D. 1995
5. 依法对我国注册会计师实行监督的行政部门是（　　）。
   A. 审计署　　B. 财政部门　　C. 工商部门　　D. 注册会计师协会
6. 以下审计关系人中属于第一关系人的是（　　）。
   A. 注册会计师　　B. 股东　　C. 被审计单位　　D. 会计人员
7. 下列审计种类中，对被审计单位具有处罚权的是（　　）。
   A. 政府审计　　B. 注册会计师审计
   C. 内部审计　　D. 内部控制审核
8. 下列项目中，被审计单位需要向提供审计服务的一方支付审计费用的是（　　）。
   A. 政府审计　　B. 注册会计师审计
   C. 内部审计　　D. 内部控制审核
9. 下列事项中，政府审计和注册会计师审计相同或相似的是（　　）。
   A. 审计所依据的准则　　B. 审计所实现的目标
   C. 对内部审计的利用　　D. 审计中取证的权限
10. 审计从不同的角度可以划分为不同的类别，下列对审计的分类正确的是（　　）。
   A. 审计按照主体的不同，分为内部审计和外部审计
   B. 审计按照内容的不同，可以分为财务报表审计和内部审计

C．审计按照与被审计单位的关系不同，分为政府审计、内部审计和注册会计师审计
D．审计按目的和内容的不同，分为财务报表审计、经营审计和财政财务收支审计

三、多项选择题

1．审计按照主体的不同，可划分为（　　）。
A．政府审计　B．内部审计　C．外部审计　D．注册会计师审计

2．下列业务中，会计师事务所可以为客户提供的服务有（　　）。
A．审查企业财务报表，出具审计报告
B．验证企业资本，出具验资报告
C．办理企业合并、分立、清算等业务，出具有关的报告
D．承办会计咨询、会计服务业务

3．下列对注册会计师审计的说法中，恰当的是（　　）。
A．注册会计师审计就是注册会计师代表本所或个人接受委托对被审计单位的财务报表进行审计并发表审计意见
B．注册会计师审计体现为既独立于被审计单位，又独立于委托人的双向独立
C．注册会计师审计是一种有偿审计
D．注册会计师审计就是在执行审计工作时必须利用内部审计的工作成果

4．注册会计师进行的下列业务中，属于与鉴证业务相关的服务业务有（　　）。
A．税务筹划　B．对财务信息执行商定程序
C．代编年度财务报表　D．对上市公司年报进行审阅

5．中国注册会计师协会的职责主要包括（　　）。
A．组织全国注册会计师考试和会员培训
B．拟定并颁布注册会计师执业准则
C．制定会计师事务所的收费标准
D．指导地方协会办理注册会计师注册

6．以下对不同组织形式会计师事务所的陈述中，恰当的有（　　）。
A．独资会计师事务所由注册会计师个人承担无限责任
B．有限责任会计师事务所以其全部资产承担无限连带责任
C．合伙会计师事务所的合伙人以各自的财产对事务所承担无限连带责任
D．有限责任合伙会计师事务所的过失合伙人以其个人财产承担无限连带责任

7．审计的主体有（　　）。
A．国家审计机关　B．内部审计机构
C．公司经理　D．注册会计师

8．审计的特征有（　　）。
A．权威性　B．监督　C．独立性　D．建设性

9．审计的作用通常包括（　　）。
A．监督　B．评价　C．制约性　D．建设性

10．我国审计监督体系的组成包括（　　）。
A．专项审计　B．国家审计机关
C．内部审计机构　D．注册会计师审计组织

四、简答题

1．审计产生与发展的动因是什么？

2．审计的基本职能和作用是什么？

3．如何理解审计关系？

4．我国会计师事务所组织形式分为哪几种？简述之。

5．政府审计和内部审计有什么区别？

6．民间审计发展到财务报表审计阶段后，其主要特点是什么？

五、操作题

1．案例资料

英国南海公司创始于1710年，主要从事海外贸易业务。公司成立的10年中，经营业绩平平。1719年至1720年之间，公司趁股份投机热在英国方兴未艾之机，发行巨额股票，同时公司董事对外散布利好消息，致使公众对股价上扬增加了信心，带动了公司股价上升。1719年，南海公司股价为114英镑，到1720年3月升至300英镑，公司老板布伦特决定以高于面值数倍的价格发行新股。一时间，南海公司股价扶摇直上，一场股票投机浪潮席卷全国。

英国议会为了制止国内“泡沫公司”的膨胀，于1720年通过了《泡沫公司取缔法》，随之一些公司被解散。许多投资者开始清醒，并开始抛售手中所持股票。股票投机热的降温，致使南海公司股价一路下滑，到1720年12月，南海公司股价跌至124英镑。该年底，英国政府对南海公司的资产进行清理，发现其实际资本所剩无几。后南海公司宣布破产。

南海公司的破产犹如晴天霹雳，震惊了公司投资者和债权人，数以万计的股东及债权人蒙受了损失。当证实百万英镑的损失落在了自己头上时，他们纷纷向议会提出严惩欺诈者并给予赔偿损失的要求。

英国议会面对舆论压力，为平息风波，于1720年9月成立了由13人组成的特别委员会，秘密查证南海公司破产事件。在查证中，他们发现该公司的会计记录严重失实，并有重大的篡改伪造行为。为此，特别委员会聘请会计师查尔斯·斯耐尔对南海公司账目进行审查。查尔斯·斯耐尔通过对南海公司账目的审查，于1721年编制了查账报告书，指出了公司存在的舞弊行为，但没有对公司编制虚假账目的目的表示自己的意见。英国议会根据查尔斯·斯耐尔的查账报告书没收了公司全部董事的个人财产，并将公司一名直接责任经理押进了伦敦塔监狱。为此，查尔斯·斯耐尔成为世界民间审计的先驱者，他编制的查账报告是世界上最早的由会计师编制的审计报告。

1828年，英国政府根据国内经济发展对资金的高需求，重新认识了股份公司的经济意义，废除了1720年的《泡沫公司取缔法》。1834年以后又通过了由国王授予特许证来设立股份公司的法案。再后来，英国议会于1844年颁布了《公司法》，规范并促进了股份公司的发展。

2．要求

仔细阅读上面的案例，按照以下要点进行案例分析。

（1）英国南海公司破产审计案的历史意义及对现代民间审计产生的深远影响。

（2）股份公司发展对民间审计的客观需要。

（3）股份公司规范及民间审计发展对公司立法的客观要求。

第2章 审计方法和审计程序

学习目标

1. 了解审计的一般方法和技术方法。
2. 理解审计程序的概念。
3. 熟悉审计程序的5个阶段。
4. 掌握各种审计方法在实际工作中的具体运用。

引导案例

审计方法选择——A公司经理离任审计案例

注册会计师王胜和李明所在的会计师事务所接受政府审计部门的委托，对A公司经理于某实施离任审计。A公司是一家拥有5 000名员工的大中型企业，于某在任5年，该公司内控制度较为健全、有效，公司效益逐年递增，经营业绩较为显著，本人也得到了董事会及员工的一致好评。在上述背景下，王胜和李明从于某上任的年度开始，对所有部门的所有业务采取以会计凭证、会计账簿、财务报表为主线的审查方法。尽管两个人付出了辛勤的劳动，但在审计约定书规定的一个月时间内只审查了一年的业务。于是，A公司董事会与王胜和李明的会计师事务所解除了审计合同。

通过本案例的情境介绍可以看出，该审计项目为典型的厂长（经理）离任审计。根据这种审计类型的特点，以及被审计单位业务状况、内控制度状况等，注册会计师王胜和李明选择详查法显然是错误的，这是造成审计失败的主要原因。一般来说，像这种离任审计，受到审计性质、审计时间的约束，主要应以抽查法为主，对厂长（经理）任期内的部分业务有重点地加以审查评价。这样既符合此类业务的审计要求，又遵循了现代常规审计的一般规律。

王胜和李明的审计失败，说明了选择审计方法的重要性。如果不考虑审计项目的性质、不考虑被审单位的实际情况，盲目地选用审计方法，那么轻者浪费审计时间、降低审计效率，重者会导致审计失败。

本章要解决的就是阐明审计的各种方法及其特点和适用性，以便可以根据不同的审计性质和目标选择不同的审计方法，并通过一定的审计程序完成审计任务。

2.1 审计方法

审计方法主要有狭义、广义两种不同的定义：狭义的审计方法是指审计人员为取得充分、有效的审计证据而采取的各种措施和手段；广义的审计方法是指审计人员为了行使审计职能、完成审计任务、达到审计目标而对审计对象所采取的各种措施和手段，是审计主体监督审计客体行为方式的概括和描述。本章所涉及的主要是狭义的审计方法。

2.1.1 审计的一般方法

审计的一般方法主要是指审计工作应采用的工作模式和策略，以及在该模式下的审计程序、思路和采取的具体审计方法。

在账目基础审计的模式下，审计的一般方法主要有确定审计顺序的方法和确定审计范围的方法两类。

1. 顺查法和逆查法

审计的一般方法按审查会计资料的顺序划分主要有顺查法和逆查法。

① 顺查法又称正查法，是指按照与会计业务处理程序相同的方向依次进行检查的审计查账方法。其基本审查顺序是从审查原始凭证开始，到审查会计账簿、分析财务报表为止，也就是从问题的起因查起，直到查明问题的结果。

顺查法从问题的起因查起，以资料相互核对为核心，审查全面而仔细，特别容易发现会计处理中的错漏和疏忽之处，同时也能取得全面而准确的审计结果。但是，顺查法费时费力、成本高、效率低，由于方法机械，不利于启发审计人员思维，往往会导致对重大问题的疏忽，难以把握重点。顺查法一般只适用于管理及会计工作混乱的单位，或者是业务量较少的单位及重要和危险的审计项目。

② 逆查法又称倒查法和溯源法，是相对于顺查法来说的，是指按照与会计业务处理程序相反的方向依次进行检查的审计查账方法。它从问题的结果开始检查，直到查到问题发生的起因。使用逆查法，一般先审阅和分析财务报表，然后核对账簿记录，最后审阅和分析原始凭证。

与顺查法一样，要查明财产物资及账面记录的真实性，还必须将账上资料与实物及外单位的相关记录进行核对。账实核对之前有必要对实物进行盘点抽查。

逆查法从问题的结果查起，以溯源分析为核心进行重点抽查，因而能把住全局，有利于查明重大问题、提高工作效率、节约审计资源。但是，逆查法不能对被审计单位被查期间的全部资料和活动进行全面细致的检查，因而不利于全面揭露会计上的各种错弊问题，很难取得全面和准确的审计效果。尽管如此，逆查法仍有着非常广泛的适用范围，除了管理非常混乱、账目资料不全的单位，以及某些特别重要和危险的审计项目不能采用外，其余均能采用。无论是进行财务审计、效益审计还是经济责任审计、审计调查，均可使用逆查法。

在审计实践中，顺查法和逆查法不应彼此孤立，而是要结合运用，这样才能提高工作效率和工作质量。

2. 详查法和抽查法

审计的一般方法按审查书面资料的详细程度划分主要有详查法和抽查法。

① 详查法又称精查法，是对被审计单位在被查期内的所有经济活动及经济信息资料进行细密周详审查的审计查账方法。详查法与全面审计不同，全面审计是按审计范围大小和内容多少划分的一种审计类型，详查法是按检查手续的不同划分的一种审计类型；全面审计既可以进行详细检查，也可以进行抽样检查，详查法一般采取按顺序检查的方式，并对应审计的资料和事项进行逐笔检查，办理一切应办理的审计手续。

② 抽查法是指从特定审计对象中按照一定的方法，有选择地抽取其中一部分业务或资料进行详细审查，然后根据样本检查结果推断总体特征的一种审计查账方法。抽查法根据抽样的方法不同而有所区别，因此也称为抽样审计法。抽查法与局部审计或专题审计不同，局部审计是按审计范围大小或项目多少而划分的一种审计方法。局部审计既可以进行抽样审查，又可以进行详细检查，多数为详细检查。

2.1.2 审计技术方法

审计技术方法是用来搜集审计证据的方式与手段的总称，或者说是能够取得审计证据的各种纯技术性手段。

1. 检查法

检查法是指审计人员对被审计单位内部或外部生成的，以纸质、电子或其他介质形式存在的记录和文件进行审查，或者对资产进行实物审查。检查记录或文件可以提供可靠程度不同的审计证据。审计证据的可靠性取决于记录或文件的性质和来源，而在检查内部记录或文件时，其可靠性则取决于生成该记录或文件的内部控制的有效性。将检查用作控制测试的一个例子，是检查记录以获取关于授权的审计证据。

检查有形资产可为其存在提供可靠的审计证据，但不一定能够为其权利与义务或计价等认定提供可靠的审计证据。对个别存货项目进行的检查，可与存货监盘一同实施。

2. 重新计算法

重新计算法是指注册会计师对记录或文件中的数据计算的准确性进行核对。重新计算可通过手工方式或电子方式进行。

3. 重新执行法

重新执行法是指注册会计师以人工方式或计算机辅助审计技术，对被审计单位内部控制组成部分的程序重新独立执行。

4. 监盘法

监盘法是通过对财产物资的清点、计量，证实账面反映的财产物资存在的一种审计技术。在一般的审计项目中，监盘往往是不可缺少的。监盘是指在清点有关财物时，审计人员不亲自盘点，而是通过对盘点手续的观察、财物保管情况的观察及监督，证实财物实存问题的一种监盘技术。也有人将这种监盘技术列入观察技术范畴。

实例研究 2-1

审计人员李军对向阳公司进行年度审计，审计目标是证实存货的实存数，盘点方法采用监督盘点。盘点后发现其中电器商品盘盈50件，经进一步询问发现：水阳公司委托向阳公司代销电器100件。最后认定水阳公司委托向阳公司供销的电器全部不属于向阳公司所有，因而向阳公司库存商品没有盘盈50件。通过盘点，查明了库存商品的实存数问题，取得了实物检查证据。

5. 函证法

函证法又称函询技术，是审计人员根据审计的需要，设计出一定格式的函件寄给有关单位和人员，根据对方的回答来获取资料，或者对某些问题予以证实的一种审计技术。在每一个审计过程中，许多审计事项的最终查核需要依赖被审计单位以外的其他有关方面。因此，函证法在审计过程中被经常采用，对证实某些问题极为有效，属于证实问题的技术之一。

按要求对方回答方式的不同，函证法可分为积极式函证和消极式函证两种：积极式函证是指不管在什么情况下，都要求对方对函证内容直接以书面文件的形式向审计人员做出答复；消极式函证是指对于函证的内容，只有当对方认为存在异议时，才直接以书面文件的形式向审计人员做出答复。至于应使用积极式函证还是消极式函证，应视函证业务事项的具体情况而定。

6. 观察法

观察法是审计人员通过对现场的察看来了解被审计单位的一般情况，以及对审阅和分析中所发现的问题或对被审计单位的运行产生重大影响的活动，通过亲临现场巡视来获取证明材料的一种审计技术。观察法有着广泛的适用范围，对任何单位的审计，不管审计类型如何，均须运用观察法。即便是报送审计，要想取得好的效果，也需要将办公室的查阅与实地的现场观察相结合。

实例研究 2-2

2018年12月31日，清水发电厂扩建工程完工，审计员张平对该厂交付使用资产表的真实性进行审计，采用的审计方法为观察法。他先参观了该厂发电现场，认真听取了情况介绍，对发电设备、辅助设备有了感性认识。在对交付使用资产表审计中发现有一台进口的、用于上岗培训的仿真机在参观中并未发现，随即向有关人员询问，得知因机组已发电，仿真机已基本不用，所以没有带领参观。但他产生了怀疑，设备刚开始运转，培训任务还应很重，设备不应有闲置，因此坚持要看仿真机。被审计单位的工作人员见瞒不住了，才说出了该设备在未经允许和办理任何手续的情况下被省电力局擅自调走。这样，通过观察法就发现了该厂账实不符、转移资产的错误行为。

7. 询问法

询问法也称为面询法，是审计人员通过直接找相关人员面谈，以取得必要的资料或对某一问题给以证实的一种审计技术。通过运用审阅、核对、盘点、分析、推理等方法可能会发现许多问题，但这些问题最终都需要找有关人员澄清，这时就不得不运用询问法。

8. 分析程序法

分析程序法是在审计时通过分析不同财务数据之间及财务数据和非财务数据之间的内在关系，对财务信息进行评价，从中找出项目之间的差异和各项目的构成因素，以揭示其中有无问题，从而为进一步审计提供线索或主攻方向的一种审计技术。审计中的分析程序法种类很多，主要有比较分析、平衡分析、账户分析、制度分析、因素分析、相关分析、趋势分析、数学分析、统计分析、技术经济分析等。

课堂思考 2-1

审计一般方法和审计技术方法有何区别？

2.2 审计程序

2.2.1 审计程序的含义

审计程序是指审计人员对审计项目从开始到结束的整个过程所采取的系统性工作步骤。为了使审计工作有组织、有计划、有步骤地进行，保证审计工作质量和提高审计工作效率，审计人员在执行审计业务时都必须遵循一定的审计程序，选用一定的审计方法来获取审计证据，以支持其对被审计单位的财务状况和经营成果发表审计意见并做出审计结论。

不论政府审计、内部审计，还是民间审计，都必须按照一定的审计程序开展工作。本节主要介绍民间审计组织实施财务报表审计中的审计程序。

2.2.2 民间审计程序

1. 接受业务委托

会计师事务所应当按照执业准则的规定，谨慎决策是否接受或保持某客户关系和具体审计业务。在接受新客户的业务前，在决定是否保持现有业务或考虑接受现有客户的新业务时，会计师事务所应当执行一些客户接受与保持的程序，以获取相关信息。

一旦决定接受业务委托，注册会计师应当与客户就审计约定条款达成一致意见。对于连续审计，注册会计师应当根据具体情况确定是否需要修改业务约定条款，以及确定是否需要提醒客户注意现有的业务约定书。

民间审计组织在签约之前，应当首先与被审计单位就审计项目的性质、目的、审计范围有无限制、审计收费及被审计单位应协助等主要工作事项进行商谈。

审计业务约定书是指会计师事务所与被审计单位签订的、用以记录和确认审计业务的委托与受托关系、审计目标和范围、双方的责任及报告的格式等事项的书面协议。审计业务约定书具有合约的性质，一经被审计单位签字认可，即成为民间审计组织和被审计单位之间在法律上生效的契约。审计业务约定书必须以书面形式签订，不能以口头形式确定。

审计业务约定书的具体内容因被审计单位的不同而存在差异，但应当包括以下主要方面。

① 财务报表审计的目标。

② 管理层对财务报表的责任。

③ 管理层编制财务报表采用的会计准则和相关会计制度。

④ 审计范围，包括指明在执行财务报表审计业务时遵守的中国注册会计师审计准则（以下简称审计准则）。

⑤ 执行审计工作的安排，包括出具审计报告的时间要求。

⑥ 审计报告格式和对审计结果的其他沟通形式。

⑦ 由于测试的性质和审计的其他固有限制，以及内部控制的固有局限性，不可避免地存在

着某些重大错报可能仍然未被发现的风险。

⑧ 管理层为注册会计师提供必要的工作条件和协助。

⑨ 注册会计师可以不受限制地接触任何与审计有关的记录、文件和所需要的其他信息。

⑩ 管理层对其做出的与审计有关的声明予以书面确认。

⑪ 注册会计师对执业过程中获知的信息保密。

⑫ 审计收费，包括收费的计算基础和收费安排。

⑬ 违约责任。

⑭ 解决争议的方法。

⑮ 签约双方法定代表人或其授权代表的签字盖章，以及签约双方加盖的公章。

如果情况需要，则注册会计师应当考虑在审计业务约定书中列明下列内容。

① 在某些方面对利用其他注册会计师和专家工作的安排。

② 与审计涉及的内部审计人员和被审计单位其他员工工作的协调。

③ 预期向被审计单位提交的其他函件或报告。

④ 与治理层整体直接沟通。

⑤ 在首次接受审计委托时，对与前任注册会计师沟通的安排。

⑥ 注册会计师和被审计单位之间需要达成进一步协议的事项。

审计业务约定书（示范本）

编号:

本约定书确认________（以下简称委托方）委托________会计师事务所（以下简称受托方）对________（被审计单位）的财务报表进行审计。

现将双方的责任及有关事项约定如下。

一、受托目的和审计范围

（一）委托目的

（二）审计范围

（三）报告用途及使用范围

二、双方的责任

（一）受托方责任

1. 受托方应按照《中华人民共和国注册会计师法》《中国注册会计师独立审计准则》的要求，对被审计单位提供的财务报表和有关资料实施必要的审计程序，出具真实、合法的审计报告。

2. 在审计过程中发现被审计单位在会计核算、财务管理和财产物资管理方面存在问题，导致有发生重大弊端的可能，受托方可将其情况报告委托方。

3. 受托方在审计过程中，如果发现被审计单位的内部控制有重大缺陷，也可将情况报告委托方。

4. 受托方按照约定的时间完成审计业务，出具审计报告。由于注册会计师的审计采取事后重点抽查，加上被审计单位内部控制固有的局限性和其他客观因素的制约，难免会存在财务报表的某些重要方面反映失实，而注册会计师又可能在审计中存在未发现的问题。因此，受托方的审计责任并不能替代、减轻或免除被审计单位的会计责任。

5. 受托方对在执行业务过程中知悉的商业秘密负有保密责任。除法律另有规定者外，未经委托方同意，受托方不得将被审计单位提供的资料泄露给委托方以外的第三方。

（二）委托方责任

1. 委托方应对受托方开展审计工作给予充分配合，提供必要条件，并按受托方的要求，提供被审计单位完整的会计凭证、账册、报表及其他在审计过程中需要查看的各种文件资料。

2. 被审计单位对建立健全内部控制，保证会计资料的真实、合法、完整，保证财务报表充分披露有关信息和保护资产的安全完整承担全部责任。

3. 受托方认为需要发函向有关部门函证时，委托方应提供方便，并承担必要的费用。

4. 作为审计程序的一部分，被审计单位应提供一份审计声明书，对有关财务报表方面的情况做必要的说明。

5. 委托方应按约定用途和使用范围使用审计报告。由于使用不当所造成的后果，与受托方无关。

6. 委托方应按约定的条件，及时足额支付审计费用。

三、出具审计报告的时间要求

（一）委托方将于________年____月____日前提供审计所需的全部资料。

（二）受托方将于委托方提供审计所需的全部资料后____天之内出具审计报告。

如果在审计过程中出现不可预见的情况，影响审计工作如期完成，或者委托方要求加快出具审计报告，均须通过双方协商变更约定事项。

四、业务费金额及支付方式

（一）本项审计业务费为人民币（大写）________元（差旅、食宿、翻译、文印等费用另行计算）。

（二）如果审计工作遇到重大问题，致使受托方实际花费审计工作时间有较大幅度的增加，则委托方在了解实情后应酌情调增审计费用。

五、本约定书经双方签章后生效，约定事项全部完成后失效。

六、签约双方按照《中华人民共和国合同法》的规定承担违约责任。

七、本约定书一式两份，双方各执一份，并具有同等效力。

八、其他

甲方（盖章）:	乙方（盖章）:
法定代表人（签字）:	法定代表人（签字）:
经手人（签字）:	经手人（签字）:
电话:	电话:
传真:	传真:
地址:	地址:
邮编:	邮编:
	开户银行:
	账号:
	签订日期：　　年　　月　　日

2. 计划审计工作

计划审计工作十分重要，周全的计划不仅可以降低审计风险、提高审计质量，还可以大大降低审计成本、提高审计效率。一般来说，计划审计工作主要包括：在本期审计业务开始时开展的初步业务活动；制定总体审计策略；制订具体审计计划，等等。需要指出的是，计划审计工作不是审计业务的一个孤立阶段，而是一个持续的、不断修正的过程，贯穿于整个审计业务的始终。

3. 实施风险评估程序

所谓风险评估程序，是指注册会计师实施的了解被审计单位及其环境并识别和评估财务报表重大错报风险的程序。风险评估程序是必要环节，对了解被审计单位及其环境，特别是注册会计师在许多关键环节做出职业判断提供了重要基础。一般来说，实施风险评估程序的主要工作包括了解被审计单位及其环境；识别和评估财务报表层次及各类交易、账户余额，列报认定层次的重大错报风险，包括确定需要特别考虑的重大错报风险及仅通过实施实质性程序无法应对的重大错报风险。

4. 实施风险应对措施

针对分析评估中识别出来的重大错报风险，注册会计师应采取总体应对措施，设计和执行进一步的审计程序，以将审计风险降低至可接受的水平。

(1) 总体应对措施

注册会计师针对评估的财务报表层次的重大错报风险，运用专业判断来确定总体应对措施。这是战略上的应对。

(2) 进一步的审计程序

注册会计师针对评估的各类交易账户余额列报认定层次的重大错报风险实施进一步的审计程序，包括控制测试和实质性测试程序。这是战术上的应对。

5. 完成审计工作与撰写审计报告

注册会计师在完成财务报表所有循环的进一步审计程序后，还应当按照有关审计准则的规定做好审计完成阶段的工作，并根据获取的各种证据运用专业判断，形成适当的审计意见。本阶段的主要工作有：审计期初余额、比较数据、期后事项和或有事项；考虑持续经营问题和获取管理层声明；汇总审计差异，并提请被审计单位调整或披露；复核审计工作底稿和财务报表；与管理层和治理层沟通；评价所有审计证据，形成审计意见；编制审计报告，等等。

复习思考题

一、填空题

1．审计一般方法按查账顺序可以分为__________法和__________法。

2．顺查法的查账顺序依次是__________、__________和__________。

3．逆查法的优点是便于抓住__________，可以节省人力、物力和时间。

4．监盘法一般可分为实地监盘和__________两个阶段。

二、单项选择题

1．以下不是审计查账技术方法的是（　　）。

A．顺查法　　B．监盘法　　C．函证法　　D．询问法

2．审计人员亲自到现场观察企业内部控制、人员素质的方法通常称为（　　）。

A．询问法　　B．函证法　　C．观察法　　D．鉴定法

3．注册会计师采用函证程序获取审计证据，最能证明下列财务报表项目的相关认定是（　　）。

A．应付账款的完整性认定　　B．应收账款存在性认定

C．固定资产的存在性认定　　D．主营业务成本的计价认定

4．下列不适用函证的项目有（　　）。

A．银行存款　　B．库存现金

C．由其他单位代为保管的存货　　D．应收账款

5．（　　）是指注册会计师对被审计单位内部或外部生成的，以纸质、电子或其他介质形式存在的记录或文件进行审查。

A．函证　　B．询问

C．检查文件与记录　　D．重新计算

6．（　　）是指注册会计师以书面或口头记录方式，向被审计内部或外部的知情人员获取财务信息或非财务信息，并对答复进行评价的过程。

A．函证　　B．询问　　C．分析程序　　D．观察

7．注册会计师对被审计单位重要比率或趋势进行分析以获取审计证据的方法属于（　　）。

A．重新计算法　　B．检查法　　C．分析程序法　　D．观察法

8．（　　）是指注册会计师在审计准则的框架下，运用专业知识和经验在备选方案中做出决策。

A．职业怀疑态度　　B．审计的职业判断

C．计划审计工作　　D．应对审计风险

9．会计师事务所接受审计委托时，应同被审计单位签订（　　）。

A．审计准则　　B．审计业务约定书

C．审计通知书　　D．审计报告

10．"凡事预则立，不预则废"这句话在审计工作中体现在（　　）上。

A．审计计划　　B．审计业务约定书

C．审计准则　　D．审计工作底稿

三、多项选择题

1．审查书面资料的方法是审计最基本的方法，这类方法审查的对象主要是（　　）。

A．会计凭证　　B．会计账簿

C．财务报表　　D．有关文件、合同、契约等

2．注册会计师在接受业务委托时，必须获取的客户信息是（　　）。

A．考虑客户的诚信

B．能够遵守道德规范

C．具有执行业务必要的素质、专业胜任能力、时间和资源

D．内部控制

3．审计终结阶段的主要工作包括（　　）。

A．初步分析审计风险　　B．搜集审计证据

C．复核审计工作底稿　　D．编写审计报告

4. 审计业务约定书的具体内容包括（　　　　）。
A. 财务报表审计的目标　　　　B. 管理层对财务报表的责任
C. 执行审计的工作安排　　　　D. 确定审计收费
5. 在审计实务中，审计业务约定书不可以采用的形式有（　　　　）。
A. 合同式　　B. 媒体公告式　　C. 口头约定式　　D. 信函式
6. 审计业务约定书的作用是（　　　　）。
A. 增进会计师事务所和被审计单位之间的了解
B. 作为被审计单位评价审计业务完成情况和会计师事务所检查被审计单位约定履行情况的依据
C. 如果出现法律诉讼，审计业务约定书是确定会计师事务所和被审计单位约定履行情况的依据
D. 只保证会计师事务所正当的利益
7.（　　　　）是根据取证顺序和会计核算顺序的关系来区分的。
A. 顺查法　　B. 抽查法　　C. 详查法　　D. 逆查法
8. 函证的方式有（　　　　）。
A. 逆查　　B. 积极式　　C. 顺查　　D. 消极式
9. 检查文件或记录适用于（　　　　）。
A. 银行存款总账　　　　B. 保险柜内的现金
C. 销售发票记账联　　　　D. 应收账款明细账
10. 以下属于审计技术方法的有（　　　　）。
A. 抽查法　　B. 观察法　　C. 重新计算法　　D. 分析程序法

四、简答题

1. 审计查账技术方法有哪些？
2. 顺查法和逆查法、详查法和抽查法各有什么优缺点？
3. 什么是审计程序？民间审计程序的主要工作有哪些？
4. 审计业务约定书有什么作用？内容包括哪些方面？

五、操作题

操作题 2-1

1. 案例资料

会计师事务所接受委托，于2019年2月1日至15日对某公司2018年底的财务报表进行审计。注册会计师王某怀疑公司存货有问题。于是，在2019年2月1日早8时，对该公司材料、产成品实施了监盘，因A材料和甲产品在材料与产成品的存货中所占比重相当大，故以二者为重点进行审查。审查过程中获取的有关证据如下。

① A材料2019年2月1日实存数20 000千克，2018年12月31日账面实存数为15 000千克。此外，A材料明细账还显示：2018年1月1日至31日A材料入库数为10 000千克，出库数为4 000千克。

② 甲产品2019年2月1日实存数8 000件，2018年12月31日甲产品明细账显示其余额为10 000件；2019年1月1日至31日入库数为3 000件，出库数为2 000件。

2. 要求

根据案例资料回答以下两个问题。

（1）说明本案例的审计目的是什么？

（2）指出注册会计师为了证实存货的存在性采用了哪些审计方法。

操作题 2-2

1．案例资料

注册会计师在审查 ABC股份有限公司 2019年 12月 31日的资产负债表货币资金项目时，发现该公司 2019年 12月 31日的银行存款账面余额为 130 350元。从银行取得的对账单上显示该公司 2019年 12月 31日的银行存款余额为 127 000元。经过逐笔核对后，查明有如下未达账项。

（1）12月 31日，公司送存转账支票一张，票面金额 16 000元。银行尚未入账。

（2）12月 30日，公司开出转账支票一张，票面金额 400元。持票人尚未到银行办理转账手续。

（3）12月 30日，委托银行收款 12 500元。银行已收款入账，但收款通知尚未到达公司。

（4）12月 30日，银行代公司支付水费 250元。付款通知单尚未到达公司。

2．要求

根据以上资料回答以下问题。

（1）本案例的审计目的是什么？运用了哪些审计技术方法？

（2）请编制银行存款余额调节表。

第3章

注册会计师执业准则和职业道德守则

学习目标

1. 了解我国注册会计师执业准则体系。
2. 熟悉注册会计师鉴证业务准则内容。
3. 熟悉会计师事务所质量控制准则内容。
4. 熟悉注册会计师职业道德准则基本内容。

引导案例

东方电子财务舞弊案的背后

2001年，被誉为“中国第一股”的烟台东方电子股份有限公司（以下简称东方电子）爆出财务舞弊丑闻，业界一片哗然，人们在谴责东方电子的同时，也将矛头指向了注册会计师甚至当时的审计准则。那么，到底是事务所不作为导致的“审计失败”，还是如同有些人声称的会计师事务所“情有可原”？

一、事件回顾

1994年，东方电子的前身、主营计算机键盘生产和销售的烟台无线电六厂完成股份制改造，成立了烟台东方电子股份有限公司，并同时发行了内部职工股。当时东方电子采用定向募集方式，向社会发行股票募集资金。其中，社会法人股150万股、内部职工股3 450万股。尽管每股面值1元，发行价1.6元，承诺每股分红不低于0.30元，但发行期限内却没有将股票售完，最后剩下1 044万股内部职工股。

1997年，东方电子在深圳证券交易所上市。发行价每股7.88元，开盘当天便冲高到每股18元。

2000年，东方电子利润已达4.73亿元，增长了6.7倍；经过4次高比例的送配，总股本扩张了13.4倍，股本流通增长了35倍。但每股收益始终维持在0.5左右，被众多股评家和媒体冠以“中国最优秀上市公司”“中国第一股”等称号。

2001年11月22日，东方电子董事会发布公告，承认“公司在利润确认方面存在问题”。由此东方电子财务舞弊案正式浮上水面，随着证监会检查组的进驻，东方电子被股民告上法庭。

2002年4月18日，东方电子发布风险提示，“因重大会计差错调整可能导致经营业绩下滑”；

5月8日，红极一时的东方电子被深交所“特别处理”，戴上了ST的帽子。

2002年5月14日，负责审计东方电子的山东乾聚会计师事务所所长刘天聚因涉嫌出具证明文件重大失实罪被公安机关刑事拘留，6月20日经烟台市检察院批准逮捕。

2003年，经山东省烟台市中级人民法院异地审理，分别判处东方电子原董事长隋元柏、原董事会秘书高峰有期徒刑两年和一年，并分别处以罚金5万元和2.5万元；原总会计师方跃被判处有期徒刑一年，缓刑一年，并处罚金5万元。

二、东方电子财务舞弊的主要方法

1. 抛售内部职工股，股票收益作为主营业务收入

1993年1月东方电子开始股份制改造，1994年1月向社会发行股票，其中内部职工股占3 450万股，但在发行期内有1 044万股内部职工股没有售完。隋元柏、高峰通过在各自老家收罗身份证的方式，盗用他人名义，在某证券公司烟台分公司设立了44个个人账户并同时借助成立的空壳公司——烟台震东高新技术发展公司，将1 044万股内部职工股由烟台震东高新技术发展公司分批转入并抛售，所得收益作为主营业务利润入账。

2. 进行内幕交易

自1997年股票上市至2001年8月间，东方电子根据自已所掌握的中期财务报表、年度财务报表及成立北京东方网络管理公司等内幕消息，进行了大量内幕交易。自1997年至2000年，在公司高管隋元柏、高峰指挥下，东方电子累计投入68亿元资金，累计购入股票8 500万股，抛出1.57亿股，内幕交易额高达51亿元。

3. 伪造会计凭证

东方电子高层指使销售部门人员采取修改客户合同、私刻客户印章、向客户索要空白合同、粘贴复印伪造合同4种手段，从1997年开始，先后伪造销售合同1 242份，合同金额17.296 8亿元；虚开销售发票2 079张，金额17.082 3亿元。同时，为了应付审计，销售部门还伪造客户的函证。

4. 虚假拆分资金

为掩盖资金的真实来源，东方电子通过在烟台某银行南大街分理处设立的东方电子户头、账号，在该行工作人员的配合下，中转、拆分由证券公司所得的收入，并根据虚假的合同和发票，伪造了1 509份银行进账单和相应的对账单，金额共计17.047 5亿元。该分理处还依据隋元柏、方跃等人指示，在东方电子提供的会计师事务所出具的询证函上加盖“确认”公章，从而为东方电子虚造财务报告打下了基础，也为该报告通过审计埋下了伏笔。

5. 串通客户舞弊

为了把假象做得更真实，东方电子的管理高层还指使销售部门人员与个别客户串通，通过向客户汇款，再由客户汇回的方式，虚增销售收入。

东方电子正是通过上述财务舞弊手段，用调整后的主营业务收入等数据制作各年度的资产负债表、损益表、利润分配表、现金流量表等虚假财务报表，在1997年至2001年上半年共计虚增主营业务收入17.049 9亿元，占历年销售收入总额的47%。

东方电子1996年至2001年事发以来，山东烟台乾聚会计师事务所一直为其提供包括审计在内的鉴证服务。按常规，合作的双方应该彼此相互了解，是什么原因导致主审计师没有发现东方电子如此大的造假行为呢？原因抑或是多方面的造成的。但是，审计师不遵守执业准则和职业道德及审计执业准则与职业道德准则的不严密，都会导致审计失败。

通过此典型案例，我们可以看出会计师事务所和注册会计师在对企业年度财务报表审计中，应该严格遵守审计执业准则和职业道德守则，对社会公众负责。那么，什么是注册会计师执业准则？什么是注册会计师职业道德守则？

3.1　注册会计师执业准则

注册会计师执业准则是由注册会计师职业团体制定的一整套权威性标准，用以规定注册会计师在提供审计服务时应具有的素质和资格及应遵循的行为准则。它是衡量和评价注册会计师审计服务质量的基本判定标准。经过较长时间的发展，注册会计师执业准则已形成一整套较为全面、完善的自我约束体系，包括注册会计师业务准则和会计师事务所质量控制准则，如图 3.1 所示。

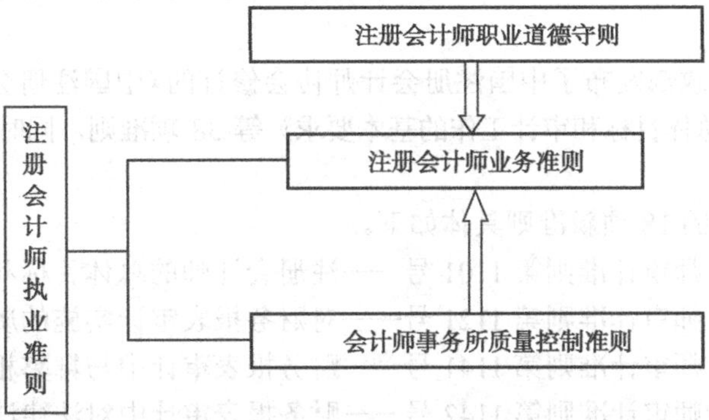

图 3.1　注册会计师执业准则体系

我国《注册会计师法》第三十五条规定：“中国注册会计师协会依法拟定注册会计师执业准则、规则，报国务院财政部批准后施行。”1994 年 5 月，中国注册会计师协会开始筹备进行中国审计准则的研究与制定，并成立审计准则组专门负责审计准则的起草工作。财政部于 2006 年 2 月 15 日发布该准则，并于 2007 年 1 月 1 日起在会计师事务所施行。为了提高执业质量、维护社会公众利益、促进社会主义市场经济的健康发展，2010 年 11 月财政部发布了中国注册会计师协会修订的《中国注册会计师审计准则第 1101 号——注册会计师的总体目标和审计工作的基本要求》等 38 项准则，自 2012 年 1 月 1 日起施行。为了满足资本市场改革与发展对高质量会计信息的需求、保持我国审计准则与国际准则的持续全面趋同、规范和指导注册会计师应对审计环境与注册会计师利用内部审计人员的工作、应对违反法律法规行为、应对财务报表披露审计等审计实务的新发展，财政部于 2019 年 2 月发布了中国注册会计师协会修订的《中国注册会计师审计准则第 1101 号——注册会计师的总体目标和审计工作的基本要求》等 18 项审计准则，并于 2019 年 7 月 1 日起施行。

注册会计师业务准则包括鉴证业务准则和相关服务准则。

我国注册会计师鉴证业务准则体系设计为两个层次：第一个层次为鉴证业务基本准则；第二个层次为审计准则、审阅准则和其他鉴证业务准则。

1. 中国注册会计师鉴证业务基本准则

《中国注册会计师鉴证业务基本准则》主要包括以下几项内容。

① 鉴证业务的定义和目标。规范鉴证业务的内涵，将鉴证业务分为基于认定的业务和直接报告业务，并区分合理保证和有限保证鉴证业务的目标。

② 业务承接。要求注册会计师在接受委托前，应当初步了解业务环境，规定只有具备能够遵守独立性和足够专业胜任能力等相关职业道德要求，并且拟承接的鉴证业务具备规定的所有特征，注册会计师才能接受该项鉴证业务。

③ 鉴证业务要素。规范了鉴证业务涉及的三方关系（注册会计师、责任方和预期使用者）、鉴证对象、评价和计量的标准、鉴证证据和鉴证报告。

2. 中国注册会计师鉴证业务具体准则

为了进一步推进我国审计准则的建设和完善、满足行业和市场经济发展对审计准则的需求、提高执业质量、维护社会公众利益，中国注册会计师协会于2004年和2005年对已有的审计准则体系进行了全面的更新，于2006年2月共拟定发布或修订发布了41项审计准则，并于2007年1月1日起实施。

2010年11月，财政部发布了中国注册会计师协会修订的《中国注册会计师审计准则第1101号——注册会计师的总体目标和审计工作的基本要求》等38项准则，同时废除财会〔2006〕4号文中的35项准则。

2019年2月修订的18项新准则具体如下。

① 中国注册会计师审计准则第1101号——注册会计师的总体目标和审计工作的基本要求

② 中国注册会计师审计准则第1121号——对财务报表审计实施的质量控制

③ 中国注册会计师审计准则第1141号——财务报表审计中与舞弊相关的责任

④ 中国注册会计师审计准则第1142号——财务报表审计中对法律法规的考虑

⑤ 中国注册会计师审计准则第1151号——与治理层的沟通

⑥ 中国注册会计师审计准则第1211号——通过了解被审计单位及其环境识别和评估重大错报风险

⑦ 中国注册会计师审计准则第1221号——计划和执行审计工作时的重要性

⑧ 中国注册会计师审计准则第1231号——针对评估的重大错报风险采取的应对措施

⑨ 中国注册会计师审计准则第1251号——评价审计过程中识别出的错报

⑩ 中国注册会计师审计准则第1311号——对存货、诉讼和索赔、分部信息等特定项目获取审计证据的具体考虑

⑪ 中国注册会计师审计准则第1331号——首次审计业务涉及的期初余额

⑫ 中国注册会计师审计准则第1401号——对集团财务报表审计的特殊考虑

⑬ 中国注册会计师审计准则第1411号——利用内部审计人员的工作

⑭ 中国注册会计师审计准则第1501号——对财务报表形成审计意见和出具审计报告

⑮ 中国注册会计师审计准则第1502号——在审计报告中发表非无保留意见

⑯ 中国注册会计师审计准则第1503号——在审计报告中增加强调事项段和其他事项段

⑰ 中国注册会计师审计准则第1511号——比较信息：对应数据和比较财务报表

⑱ 质量控制准则第5101号——会计师事务所对执行财务报表审计和审阅、其他鉴证和相关服务业务实施的质量控制

在《中国注册会计师鉴证业务基本准则》的统御下，审计准则用于规范注册会计师执行历

史财务信息（主要是财务报表）审计业务，要求注册会计师综合使用审计方法，对财务报表获取合理程度的保证；审阅准则用于注册会计师执行历史财务信息审阅业务，要求注册会计师主要使用询问法和分析程序法，对财务报表获取有限程度的保证；其他鉴证业务准则用于规范注册会计师执行历史财务信息审计和审阅以外的其他鉴证业务。

3.2 质量控制准则

质量控制准则是会计师事务所为了确保审计工作质量符合《中国注册会计师审计准则》的要求而建立和实施的控制政策与程序的总称。它既是会计师事务所管理活动的重要组成部分，也是会计师事务所内部控制的核心。质量控制准则是对会计师事务所为确保审计质量而应建立和实施的控制政策与程序的规范，一般包括人员质量、对工作的指导与监督及检查复核等方面的标准。

1997 年 1 月 1 日，《中国注册会计师质量控制基本准则》由财政部批准开始实施。该准则共 5 章，即总则、一般原则、全面质量控制、审计项目的质量控制及附则。从结构上说，《中国注册会计师质量控制基本准则》采用国际审计质量控制准则的两层式结构，更多地考虑了实际操作性。它的重点体现在第三、四章，即分别从会计师事务所的角度和审计项目的角度出发阐述质量控制的要求。

中国注册会计师协会于 2006 年发布了《会计师事务所质量控制准则第 5101 号——业务质量控制》和《中国注册会计师审计准则第 1121 号——历史财务信息审计的质量控制》。这是对原准则《中国注册会计师质量控制基本准则》的重大修改，并使《中国注册会计师质量控制基本准则》成为《会计师事务所质量控制准则第 5101 号——业务质量控制》统御下的准则，不再作为基本准则。2010 年和 2019 年中国注册会计师协会分别对质量控制准则 5101 号及 1121 号做了修订。下面对两项准则的基本内容进行介绍。

3.2.1 业务质量控制

会计师事务所的业务质量控制是会计师事务所为合理保证所有业务均符合质量控制准则，达到相应的质量要求而采取的质量控制政策和程序。这些政策和程序是对会计师事务所各个业务环节及各个方面的全方位的控制。《会计师事务所质量控制准则第 5101 号——业务质量控制》指出，会计师事务所的业务质量控制的构成要素为：对业务质量承担的领导责任；相关职业道德要求；客户关系和具体业务的接受与保持；人力资源；业务执行；监控。

1. 领导对业务质量控制承担的责任

会计师事务所应当制定政策和程序，培育以质量为导向的内部文化，并规定主任会计师对质量控制制度承担最终责任。会计师事务所的管理层及其做出的示范对会计师事务所的内部文化有重大影响，会计师事务所的管理层应当树立质量至上的意识。会计师事务所应当通过下列措施实现业务质量控制的目标：合理确定管理责任，以避免重商业利益轻业务质量；建立以质量为导向的业绩评价、薪酬及晋升的政策和程序；投入足够的资源，制定和执行质量控制政策与程序，并形成相关文件记录。

受会计师事务所主任会计师委派承担业务质量控制运作的人员应当具有足够的经验和能力，以及拥有必要的权限，以便能够履行其责任。

2. 相关职业道德要求

会计师事务所应当制定政策和程序，以合理保证会计师事务所及其人员遵守职业道德规范；会计师事务所及其人员应当恪守客观、公正的原则，保持专业胜任能力和应有的关注，并对执业过程中获知的信息保密。

会计师事务所制定的政策和程序应当强调遵守职业道德规范的重要性，并通过下列途径予以强化：会计师事务所管理层的示范；教育和培训；监控；对违反职业道德规范行为的处理。

会计师事务所应当制定政策和程序，以合理保证会计师事务所及其人员，包括聘用的专家及其他需要满足独立性要求的人员，保持职业道德规范要求的独立性。

这些政策和程序应当使会计师事务所能够：向相关人员传达独立性要求；识别和评价对独立性造成威胁的情况及关系，采取适当的防护措施以消除对独立性的威胁，或者将其降至可接受的水平，必要时可解除业务约定。

会计师事务所制定的政策和程序应当要求：项目负责人向会计师事务所提供与客户委托业务相关的信息，以使会计师事务所能够评价这些信息对保持独立性要求的总体影响；会计师事务所人员立即向会计师事务所报告对独立性造成威胁的情况和关系，以便会计师事务所采取适当行动；会计师事务所搜集相关信息，并向适当人员传达。

会计师事务所向适当人员传达搜集的相关信息，可以实现下列目标：会计师事务所及其人员能够易于确定是否满足独立性要求；会计师事务所能够保持并更新有关独立性的记录；会计师事务所能够针对已识别的对独立性的威胁采取适当的行动。

会计师事务所应当制定政策和程序，以保证能够获知违反独立性要求的信息，并采取适当行动予以解决。这些政策和程序应当包括下列要求：所有应当保持独立性的人员，将注意到的违反独立性的情况立即告知会计师事务所；会计师事务所将已识别的违反这些政策和程序的情况立即传达给需要与会计师事务所共同处理这些情况的项目负责人，以及需要采取适当行动的会计师事务所内部其他相关人员和受独立性要求约束的人员；项目负责人、会计师事务所内部的其他相关人员，以及需要保持独立性的其他人员，在必要时立即告知会计师事务所他们为解决有关问题采取的行动，以便会计师事务所决定是否采取进一步的行动。

会计师事务所和相关项目负责人采取的适当行动包括采取适当的防护措施以消除对独立性的威胁或将威胁降低至可接受的水平，或者解除业务约定。

此外，会计师事务所还应当为需要保持独立性的人员提供独立性教育。会计师事务所应当至少每年一次从所有受独立性约束的人员处获取其遵守独立性政策和程序的书面确认函。

会计师事务所应当制定下列政策和程序，以防范同一高级人员由于长期执行某一客户的鉴证业务可能对独立性造成的威胁：建立适当的标准，以便确定是否需要采取防护措施，将由于关系密切造成的威胁降低至可接受的水平；对所有的上市公司的财务报表进行审计，按照法律法规的规定定期轮换项目负责人。

在建立适当的标准时，会计师事务所应当考虑下列事项：鉴证业务的性质，包括涉及公众利益的范围；高级人员提供该项鉴证业务服务的年限。

3. 客户关系和具体业务的接受与保持

会计师事务所应当制定有关客户关系和具体业务的接受与保持的政策及程序，以保证只有在下列情况下，才能接受或保持客户关系和具体业务：已考虑客户的诚信，没有信息表明客户缺乏诚信；具有执行业务需要的素质、时间和资源；能够遵守职业道德规范。

针对有关客户的诚信，会计师事务所应当考虑下列主要事项：客户主要股东、关键管理人员、关联方及治理层的身份和商业信誉；客户的经营性质；有关客户主要股东、关键管理人员及治理层对内部控制环境、会计准则等的态度；客户是否过分考虑将会计师事务所的收费维持在尽可能低的水平；工作范围受到不适当限制的迹象；客户可能涉嫌洗钱或其他刑事犯罪行为的迹象；变更会计师事务所的原因。

会计师事务所可以通过下列途径获取与客户诚信相关的信息：与为客户提供专业会计服务的现任或前任人员进行沟通，并与其讨论；向会计师事务所其他人员、监管机构、金融机构、法律顾问和客户的同行等第三方询问；从相关数据库中搜索客户的背景信息。

在确定是否具有接受新业务所需的必要素质、专业胜任能力、时间和资源时，会计师事务所应当考虑下列事项，以评价新业务的特定要求和所有相关级别的现有人员的基本情况：会计师事务所人员是否熟悉相关行业或业务对象；会计师事务所人员是否具有执行类似业务的经验，或者是否具备有效地获取必要知识和技能的能力；会计师事务所是否拥有足够的具有必要素质和专业胜任能力的人员；在需要时，是否能够得到专家的帮助；如果需要项目质量控制复核，那么是否具备符合标准和资格要求的项目质量控制复核人员；会计师事务所是否能够在提交报告的最后期限内完成业务。

4. 人力资源

会计师事务所制定的人力资源政策和程序应当解决下列人事问题：招聘；业绩评价；人员素质；专业胜任能力；职业发展；晋升；薪酬；人员需求预测。会计师事务所应当在人力资源政策和程序中强调对各层次人员进行继续培训的重要性，并提供必要的培训资源和帮助，以使人员能够发展和保持必备的素质与专业胜任能力。

会计师事务所应当制定业绩评价、薪酬和晋升程序，对发展和保持专业胜任能力并遵守职业道德规范的人员给予应有的肯定与奖励。业绩评价、薪酬及晋升程序应当强调：使人员知晓会计师事务所对业绩和遵守职业道德规范的期望；向人员提供业绩、工作进步及职业发展方面的评价和咨询；帮助人员了解提高业务质量及遵守职业道德规范是晋升更高职位的主要途径，而不遵守会计师事务所的政策和程序可能招致惩戒。

会计师事务所应当对每项业务委派至少一名项目负责人，对鉴证业务应当委派两名项目负责人。会计师事务所应当制定政策和程序，明确下列要求：将项目负责人的身份和作用告知客户管理层与治理层的关键成员；项目负责人具有履行职责所必要的素质、专业胜任能力、权限和时间；清楚界定项目负责人的职责，并告知该项目负责人。

5. 业务执行

会计师事务所应当制定政策和程序，对执行的业务从下列方面进行质量控制：项目负责人负责对项目组的工作进行指导、监督与复核；项目负责人负责就疑难问题或争议事项进行适当咨询；如果存在业务质量的分歧，则在意见分歧得到解决前，会计师事务所和项目负责人不得出具报告；会计师事务所对所有上市公司的财务报表审计实施项目质量控制复核，即由独立于项目组的专门人员实施项目质量控制复核。

6. 监控

会计师事务所必须制定政策和程序，对质量控制制度各要素的运行情况形成适当的记录。会计师事务所应当对其质量控制政策和程序的执行及结果适时进行监督、检查，以便及时发现问题，不断健全完善质量控制政策和程序，确保审计工作符合审计准则要求。要求会计师事务所制定监控政策和程序，周期性地选取已完成的业务进行检查，周期最长不得超过3年。在每个周期内，应对每个项目负责人的业务至少选取一项进行检查。

3.2.2 对财务报表审计实施的质量控制

为了规范注册会计师对财务报表审计实施质量控制程序的责任及项目质量控制复核人员的责任，特制定《中国注册会计师审计准则第1121号——对财务报表审计实施的质量控制》。

该准则的主要内容如下：

① 要求项目负责人对会计师事务所分派的每项审计业务的总体质量负责。项目负责人是指会计师事务所中负责某项审计业务及其执行，并代表会计师事务所在审计报告上签字的主任会计师或经授权签字的注册会计师。项目负责人应当在审计业务的所有阶段，通过自身行动和传达适当信息，向项目组其他成员强调下列事项的重要性，以保证审计业务的质量：按照法律法规、职业道德规范和审计准则的规定执行审计工作；遵守适用的会计师事务所质量控制政策和程序；根据具体情况出具适当的审计报告。

② 要求项目负责人考虑项目组成员是否均已遵守职业道德规范，并就是否遵守审计业务独立性要求形成结论。在整个审计过程中，项目负责人应当对项目组成员违反职业道德规范的迹象保持警惕。如果发现项目组成员违反职业道德规范，那么项目负责人应当与会计师事务所的相关人员商讨，以便采取适当的措施。在评价项目组成员的独立性时，项目负责人应当做到：从会计师事务所获取相关信息，以识别和评价对独立性造成威胁的情况和关系；评价已识别的有关违反会计师事务所独立性政策和程序的情况，以确定是否对审计业务的独立性造成威胁；采取适当的防护措施以消除对独立性的威胁，或者将其降低至可接受的水平，如果仍不能解决问题，则项目负责人应当立即向会计师事务所报告，以采取适当的行动；记录与独立性有关的结论及讨论情况。

③ 要求项目负责人确信有关客户关系和具体审计业务的接受与保持的质量控制程序已得到恰当遵守，形成的有关结论是适当的，并已记录于工作底稿上。项目负责人无论是否参与有关审计业务接受与保持的决策过程，都应当确定最近的决策是否适当。在决定是否保持与某一客户的关系时，项目负责人应当考虑本期或上期审计中发现的重大事项及其对保持该客户关系的影响。如果项目负责人在接受审计业务后获知了某项信息，则如果该信息在接受业务前获知，可能导致会计师事务所拒绝该项审计业务，项目负责人应当立即与会计师事务所沟通该信息，以使会计师事务所和项目负责人能够采取必要的行动。

④ 要求项目负责人确信项目组整体具有适当的素质、专业胜任能力及必要的时间，能够按照法律法规、职业道德规范和审计准则的规定执行审计业务，并根据具体情况出具恰当的审计报告。项目组整体应当具备适当的素质和专业胜任能力，包括通过适当的培训和参与审计业务，具有执行该项审计业务的知识和实务经验；掌握法律法规、职业道德规范和审计准则的规定；具有相关技术知识，如信息技术知识；熟悉客户所在的行业；具有职业判断能力；掌握会计师事务所的质量控制政策和程序。

⑤ 要求项目组负责人对审计业务从下列方面实施质量控制：项目负责人负责对项目组的工作进行指导、监督与复核；项目负责人负责就疑难问题或争议事项进行适当咨询；有关业务质量的分歧在意见分歧得到解决前，项目负责人不得出具报告；对所有上市公司财务报表审计，在由独立于项目组的专门人员实施项目质量控制复核后，才能出具报告。

⑥ 对会计师事务所质量控制制度持续考虑和评价的过程，包括定期选取已完成的审计业务进行检查，以使会计师事务所能够合理保证其质量控制制度正在有效运行。项目负责人可以根据会计师事务所传递的最新信息，从以下方面考虑监控过程的结果：在该信息中指出的缺陷是否会影响审计业务；会计师事务所的整改措施对该审计业务是否足够。

3.2.3　对质量控制制度的记录

要求会计师事务所制定政策和程序，以使项目组在出具业务报告后及时将工作底稿归整为最终业务档案。会计师事务所应当根据业务的具体情况，确定适当的业务工作底稿归档期限。对历史财务信息审计和审阅业务、其他鉴证业务，业务工作底稿的归档期限为业务报告日后 60 天内。

会计师事务所应当制定政策和程序，以满足下列要求：安全保管业务工作底稿并对业务工作底稿保密；保证业务工作底稿的完整性；便于使用和检索业务工作底稿；按照规定的期限保存业务工作底稿。

无论业务工作底稿保存在纸质、电子还是其他介质上，会计师事务所都应当针对业务工作底稿设计和实施适当的控制。

会计师事务所应当制定政策和程序，以使业务工作底稿保存期限满足法律法规的规定和会计师事务所的需要。对历史财务信息审计和审阅业务、其他鉴证业务，会计师事务所应当自业务报告日起，对业务工作底稿至少保存 10 年。

业务工作底稿的所有权属于会计师事务所。会计师事务所可自主决定是否允许客户获取业务工作底稿的部分内容或摘录部分工作底稿，但披露这些信息不得损害会计师事务所执行业务的有效性。对鉴证业务，披露这些信息不得损害会计师事务所及其人员的独立性。

课堂训练 3-1

【单选题】1. 下列各项中，属于会计师事务所质量控制要素的是（　　）。

A. 鉴证目标　　B. 对业务质量承担领导责任

C. 三方关系人　　D. 合理保证

【单选题】2. 根据质量控制准则要求，对项目质量实施监控，要求会计师事务所对已完成的业务进行检查，周期最长不得超过（　　）年。

A. 3　　B. 2　　C. 4　　D. 5

3.3　职业道德守则

为了保证中国注册会计师行业的健康发展，树立良好的职业形象，中国注册会计师协会自组建以来一直非常重视注册会计师的道德教育和道德标准建设。早在 1992 年 9 月 30 日，中国注册会计师协会就颁布了依据《中华人民共和国注册会计师条例》制定的《中国注册会计师职业道德守则》(试行)。

为了进一步提高中国注册会计师协会会员职业道德水平、维护职业形象，中国注册会计师协会制定了《中国注册会计师职业道德守则》和《中国注册会计师协会非执业会员职业道德守则》，经中国注册会计师协会职业道德准则委员会审议通过，于2010年7月1日起施行。其中，《中国注册会计师职业道德守则》包括《中国注册会计师职业道德守则第1号——职业道德基本原则》《中国注册会计师职业道德守则第2号——职业道德概念框架》《中国注册会计师职业道德守则第3号——提供专业服务的具体要求》《中国注册会计师职业道德守则第4号——审计和审阅业务对独立性的要求》《中国注册会计师职业道德守则第5号——其他鉴证业务对独立性的要求》。

3.3.1 注册会计师职业道德守则

《中国注册会计师职业道德守则》是用来规范中国注册会计师协会会员职业道德行为、提高职业道德水准、维护社会公众利益的准则。

1. 职业道德基本原则

① 诚信原则。要求会员应当在所有的职业关系和商业关系中保持正直与诚实，秉公处事，实事求是。

② 独立原则。要求会员尤其是执业会员，在提供审计和其他鉴证业务时应当保持形式上和实质上的独立。

形式上的独立要求注册会计师避免出现重大的事实和情况，使一个理性且掌握充分信息的第三方在权衡这些事实和情况后，很可能推定会计师事务所或项目组成员的诚信、客观或职业怀疑态度已受到损害。

实质上的独立是一种内心状态，要求注册会计师在提出结论时不受有损于职业判断的因素影响，能够诚实公正行事，保持客观和职业怀疑态度。

③ 客观原则。要求会员不应因偏见、利益冲突及他人的不当影响而损害职业判断。

④ 专业胜任能力和应有的关注原则。专业胜任能力要求会员应当持续了解并掌握当前法律、技术和实务的发展变化，将专业知识和技能始终保持在应有的水平，确保为客户提供具有专业水准的服务；应有的关注要求会员勤勉尽责，按照有关工作要求认真、全面、及时地完成工作任务，在审计中保持职业怀疑态度，运用专业知识、技能和经验，获取和评价审计证据。

⑤ 保密原则。要求会员对因职业关系和商业关系而获知的信息予以保密。

⑥ 良好职业行为。要求会员应当遵守相关法律法规，避免发生任何损害职业声誉的行为。会员不得有下列行为：夸大宣传提供的服务、拥有的资质或获得的经验；贬低或无根据地比较其他注册会计师的工作。

2. 可能对职业道德基本原则产生不利影响的因素

对遵守职业道德基本原则产生不利影响的因素可以归纳为以下5类。

（1）自身利益导致不利影响的情形

① 鉴证业务项目组成员在鉴证客户中拥有直接经济利益。

② 会计师事务所过分依赖某一客户的收费。

③ 鉴证业务项目组成员与鉴证客户存在重要的密切商业关系。

④ 会计师事务所担心可能失去某一重要客户。

⑤ 审计项目组成员与审计客户进行雇用协商。

⑥ 会计师事务所有与鉴证业务相关的或有收费安排。

⑦ 在评价其所在会计师事务所人员以前提供专业服务的结果时，注册会计师发现重大错误。

(2) 自我评价导致不利影响的情形

① 会计师事务所设计或运行财务系统后，对该财务系统运行的有效性出具鉴证报告。

② 会计师事务所编制用于生成有关记录的原始数据，又将这些数据作为鉴证对象。

③ 鉴证业务项目组成员现在是或者最近曾是客户的董事或高级管理人员。

④ 鉴证业务项目组成员现在受雇于或最近曾受雇于客户，且在客户中担任能够对鉴证对象产生重大影响的职务。

⑤ 会计师事务所为鉴证客户提供的其他服务直接影响鉴证业务中的鉴证对象信息。

(3) 过度推介导致不利影响的情形

① 会计师事务所推介审计客户的股份。

② 在鉴证客户与第三方发生诉讼或纠纷时，注册会计师担任该客户的辩护人。

(4) 密切关系导致不利影响的情形

① 项目组成员与客户的董事或者高级管理人员存在直系亲属或近亲属关系。

② 项目组成员与客户某员工存在直系亲属或近亲属关系，而该员工所处职位能够对业务对象产生重大影响。

③ 客户的董事或管理层，或者所处职位能够对业务对象产生重大影响的员工最近曾是会计师事务所的合伙人。

④ 注册会计师接受客户的礼品或享受优惠待遇（除非所涉价值微小）。

⑤ 会计师事务所的高级员工长期与某一鉴证客户发生关联。

(5) 外在压力导致不利影响的情形

① 会计师事务所受到客户解除业务关系的威胁。

② 如果会计师事务所坚持不同意审计客户对某项交易的会计处理，审计客户可能不将计划中非鉴证服务合同提供给该会计师事务所。

③ 会计师事务所受到客户的起诉威胁。

④ 会计师事务所受到因降低收费而不恰当地缩小工作范围的压力。

⑤ 由于客户的员工对所涉事项更具有专长，会计师事务所面临同意客户员工判断的压力。

⑥ 注册会计师被会计师事务所合伙人告知，除非同意审计客户的不恰当会计处理，否则将不被提升。

3. 应对不利影响的防范措施

应对不利影响的防范措施是指可以消除不利影响或者将其降低至可接受水平的行动或其他措施。它包括两类：法律法规和职业道德规范规定的防范措施；在具体工作中采取的防范措施。

在具体工作中，应对不利影响的防范措施包括会计师事务所层面的防范措施和具体业务层面的防范措施。

(1) 会计师事务所层面的防范措施

① 领导层强调遵循职业道德基本原则的重要性。

② 领导层强调鉴证业务项目组成员应当维护公众利益。

③ 实施项目质量控制，监督业务质量。

④ 识别不利影响，评价不利影响的严重程度。

⑤ 监控对某一客户收费的依赖程度。

⑥ 防止项目组以外的人员对业务结果施加不当影响。

⑦ 及时培训事务所有关政策和程序及其变化。

⑧ 建立惩戒机制，保障相关政策和程序得到遵守。

（2）具体业务层面的防范措施

① 对已执行的鉴证业务，由鉴证业务项目组以外的注册会计师进行复核，或者在必要时提供建议。

② 向客户审计委员会、监管机构或注册会计师协会咨询。

③ 与客户治理层讨论有关职业道德问题。

④ 向客户治理层说明提供服务的性质和收费的范围。

⑤ 由其他会计师事务所执行或重新执行部分业务。

⑥ 轮换鉴证业务项目组合伙人和高级员工。

3.3.2 职业道德指导意见

职业道德指导意见分为两个层次：一是基本原则；二是具体要求。基本原则部分与前面所述的《中国注册会计师职业道德基本守则》大致相同，也包括注册会计师履行社会责任，恪守独立、客观、公正的原则，保持应有的职业谨慎，保持和提高专业胜任能力，遵守《中国注册会计师审计准则》等执业规范。下面仅对其具体要求部分予以介绍。

（1）独立性

《中国注册会计师职业道德规范指导意见》（以下简称《职业道德指导意见》）要求，注册会计师在执行鉴证业务时，应保持形式上和实质上的独立，不得因任何利害关系影响其客观、公正的立场。可能损害独立性的因素包括经济利益、自我利益、关联关系和外界压力等。会计师事务所和注册会计师应当采取必要的措施消除损害独立性的因素的影响或将其降低至可接受的水平。当采取的措施不足以消除影响或将其降低至可接受水平时，会计师事务所应当拒绝承接业务或解除业务约定。

（2）专业胜任能力

尽管目前我国注册会计师队伍的素质得到了明显的提高，但离市场经济的要求还有一定的差距，特别是在年龄结构、专业知识、技能和经验等方面尚有不尽如人意之处。针对这种情况，《职业道德指导意见》要求注册会计师应当通过教育、培训和执业实践保持并提高专业胜任能力，不得宣称自己具有本不具备的专业知识、技能或经验，不得提供不能胜任的专业服务。

（3）保密

针对我国目前存在注册会计师利用获知的客户信息买卖客户的股票、与客户发生分歧时通过媒体进行炒作等问题，《职业道德指导意见》要求注册会计师应当对执业过程中获知的客户信息保密，这一责任不因业务约定的终止而终止；注册会计师在特定情况下可以披露客户的有关信息，但应当考虑是否了解和证实了所有相关信息、信息披露的方式和对象、可能承担的法律责任和后果等问题。

（4）收费与佣金

会计师事务所的收费应当公平地反映为客户提供的专业服务的价值，但是收费问题与业务竞争相互联系。因此，许多国家禁止低价收费。

同时，除法规允许外，会计师事务所不得以或有收费方式提供鉴证服务，收费与否或者多少不得以鉴证工作结果或实现特定目的为条件；会计师事务所和注册会计师不得为招揽客户而向推荐方支付佣金，也不得以向第三方推荐客户而收取佣金。

(5) 与执行鉴证业务不相容的工作

如果注册会计师正在或将要提供的服务与其提供鉴证服务所需要的独立性发生冲突，就产生了不相容的工作。为此，《职业道德指导意见》要求注册会计师不得从事有损于或可能有损于其独立性、客观性、公正性或职业声誉的业务、职业或活动；会计师事务所不得为某一上市公司同时提供财务报表编制和审计服务；会计师事务所的高级管理人员或员工不得担任鉴证客户的董事（包括独立董事）、经理或其他关键管理职务。

(6) 接替前任注册会计师的审计业务

近年来，某些上市公司存在频繁变更会计师事务所，甚至在一个会计年度财务报表审计过程中接连变更会计师事务所的现象。这既可能涉及会计师事务所和注册会计师的不正当竞争及独立性问题，又可能涉及上市公司潜在的财务欺诈行为。为此，《职业道德指导意见》要求：后任注册会计师在接替前任注册会计师的审计业务时，不得蓄意侵害前任注册会计师的合法权益；在接受审计委托前，后任注册会计师应当向前任注册会计师询问审计客户变更会计师事务所的原因，并关注前任注册会计师和审计客户之间在重大会计、审计等问题上可能存在的意见分歧。如果后任注册会计师发现前任注册会计师所审计的对象存在重大错报，则应当提请审计客户告知前任注册会计师，并要求审计客户安排三方会谈，以便采取措施进行妥善处理。

(7) 广告、业务招揽和宣传

目前，有些会计师事务所在媒体上刊登不恰当的广告，采用不正当的手段招揽业务，或者进行抬高自己的宣传，引起了同行的强烈不满。针对上述情况，《职业道德指导意见》要求注册会计师应当维护职业形象，在向社会公众传递信息时应当客观、真实、得体；会计师事务所不得利用新闻媒体对其能力进行广告宣传，但刊登设立、合并、分立、解散、迁址、名称变更、招聘员工等信息及注册会计师协会为会员所做的统一宣传不在此限；会计师事务所和注册会计师不得采用强迫、欺诈、利诱或骚扰等方式招揽业务。

课堂训练 3-2

【单选题】1. 注册会计师的下列行为中，不违反职业道德规范的是（　　）。

A. 对自己的能力进行广告宣传
B. 不以个人名义承接一切业务
C. 承接了主要工作由其他专家完成的业务
D. 按服务成果的大小进行收费

【多选题】2. 注册会计师要保持其独立性，必须做到（　　　）。

A. 项目组成员与被审计单位的主要负责人在伦理上没有亲密关系
B. 不与被审计单位沟通
C. 与被审计单位在经济上没有利害关系
D. 不参与被审计单位的经济活动

复习思考题

一、填空题

1. ＿＿＿＿＿是规范注册会计师执行审计业务、获取审计证据、形成审计结论、出具审计报告的专业标准。

2．我国业务鉴证准则体系设计为两个层次：第一个层次为________；第二个层次为审计准则、审阅准则和其他鉴证业务准则。

3．注册会计师在执行审计或其他鉴证业务时，应当在实质上和形式上________外部组织和所服务的对象。

4．《中国注册会计师审计准则第5101号——业务质量控制》适用于________。

二、单项选择题

1．注册会计师执行鉴证业务的目标分为合理保证和有限保证两种，下列业务中保证程度最高的是（　　）。

A．上市公司年报审计　　B．上市公司半年报审阅

C．预测性财务信息审核　　D．对财务信息执行商定程序

2．下列关于注册会计师进行项目质量控制复核的时间陈述中，恰当的是（　　）。

A．应在出具报告前完成项目质量控制复核

B．应与管理层沟通后完成项目质量控制复核

C．应与治理层沟通后完成项目质量控制复核

D．应与审计委员会沟通后完成项目质量控制复核

3．如果甲会计师事务所是有限责任会计师事务所，则下列人员中对会计师事务所业务质量控制承担最终责任的是（　　）。

A．高级合伙人　　B．项目经理　　C．项目合伙人　　D．主任会计师

4．会计师事务所应当要求项目合伙人负责组织对业务执行实施指导监督和复核。指导监督和复核的总体要求是为了（　　）。

A．使项目组了解工作目标

B．会计师事务所和项目合伙人出具适合具体情况的报告

C．项目合伙人检查各成员是否能够顺利完成业务工作

D．考虑项目组是否有足够的时间进行审计工作

5．职业道德基本原则要求会员保持形式上和实质上的独立性。下列关于独立性的陈述不正确的是（　　）。

A．实质上的独立性要求注册会计师在提出结论时不受职业判断的因素影响

B．实质上的独立性要求会员不能与客户存在任何经济利益关系

C．如果会员在形式上不独立，则很可能被推定为其诚信、客观或职业怀疑态度已经受到损害

D．注册会计师在执行鉴证业务时必须在形式上和实质上保持独立性

6．注册会计师在职业活动中应当保持良好的职业行为。注册会计师下列行为中不会损害其良好的职业行为的是（　　）。

A．夸大宣传其积累的经验

B．与其他会员的工作进行比较

C．对执行的业务性质和收费依据与审计客户管理层进行沟通

D．夸大宣传其拥有的资质

7．下列对注册会计师专业胜任能力的表述不恰当的是（　　）。

A．注册会计师专业胜任能力包括获取和保持两个阶段

B．如果注册会计师在缺乏足够的知识和专业能力的情况下提供专业服务，其行为的性质属于欺诈

C．注册会计师拥有了专业胜任能力就能够胜任所有的特定业务

D．专业胜任能力的基本原则要求注册会计师提供专业服务时合理利用职业判断

8．通常情况下，会计师事务所确定收费的基础是（　　）。

A．审计报告的类型

B．完成审计工作的时间多少

C．承担审计工作责任的大小

D．每一专业人员适当的小时收费标准或日收费标准

9．会计师事务所不能按时完成审计工作，应当采取的措施为（　　）。

A．聘请专业人员帮助　　B．转包给其他会计师事务所

C．减少业务收费　　D．拒绝接受委托

10．如果审计项目组成员的主要近亲属从审计客户中购买商品，则下列说法中不正确的是（　　）。

A．如果按正常的商业程序公平交易，则通常不会对独立性产生不利影响

B．如果交易性质特殊或金额较大，则可能因自身利益产生不利影响

C．会计师事务所不能承接该业务

D．会计师事务所应当评价不利影响的重要程度并在必要时采取防范措施以消除不利影响或将其降低至可接受水平

三、多项选择题

1．审计小组成员李文的丈夫是H公司的股东，下列防范措施中能够消除不利影响的有（　　）。

A．李文审计H公司前要求其丈夫出售持有H公司的全部股份

B．将李文调离审计小组

C．在审计报告意见段后增加强调事项段

D．请其他注册会计师复核李文的审计工作底稿

2．我国注册会计师承办的业务类型有（　　）。

A．财务报表审计和审阅　　B．内部控制审核

C．代编财务信息　　D．管理咨询

3．注册会计师为客户提供鉴证业务的目标有（　　）。

A．合理保证　　B．绝对保证　　C．消极保证　　D．有限保证

4．会计师事务所在制定质量控制制度时应当考虑（　　）因素。

A．收费标准和时间预算　　B．对业务质量承担的领导责任

C．客户关系和具体业务的接受与保持　　D．相关职业道德要求

5．业务执行是会计师事务所业务质量控制的关键环节，是鉴证业务项目组对（　　）工作环节的总称。

A．项目质量控制复核　　B．业务执行中的咨询

C．意见分歧的处理和解决　　D．对业务执行的指导监督和复核

6．注册会计师发现的下列情形中，属于因自我评价导致对独立性产生不利影响的是（　　）。

A．鉴证业务项目组成员曾担任客户的董事

B．审计项目组成员与审计客户的董事存在近亲属关系

C. 审计客户的董事最近曾是会计师事务所的合伙人

D. 鉴证业务项目组成员最近曾受雇于客户，并且所处的职位能够对鉴证对象施加重大影响

7. 注册会计师发现的下列情形中，因自身利益导致对独立性产生不利影响的有(　　)。

A. 鉴证业务项目组成员在鉴证客户中拥有很小的经济利益

B. 鉴证业务项目组成员正在与鉴证客户协商受雇于该客户

C. 会计师事务所的收入过分依赖于某一客户

D. 会计师事务所承接的审计业务采用或有收费安排

四、简答题

1. 我国注册会计师执业准则包括哪些方面？

2. 我国注册会计师在执行业务时，应坚持哪些基本的职业道德准则？

3. 注册会计师职业道德中的独立原则的内涵是什么？

五、操作题

1. 案例资料

清水公司是振华会计师事务所的常年审计客户。2018年 11月，振华会计师事务所与清水公司续签了审计业务约定书，审计清水公司 2018年年度财务报表。假定存在以下情形。

（1）清水公司由于财务困难，应付振华会计师事务所 2017年年度审计费用 120万元一直没有支付。经双方协商，振华会计师事务所同意清水公司延期至2018年年底支付。在此期间，清水公司按银行同期贷款利率支付资金占用费。

（2）清水公司由于财务人员短缺，2018年向振华会计师事务所借用一名注册会计师，由该注册会计师将经会计主管审核的记账凭证输入计算机信息系统。振华会计师事务所未将该注册会计师包括在清水公司 2018年年度财务报表审计项目组。

（3）甲注册会计师已连续 5年担任清水公司年度财务报表审计的签字注册会计师。根据有关规定，在审计清水公司 2018年年度财务报表时，振华会计师事务所决定不再由甲注册会计师担任签字注册会计师。但在成立清水公司 2018年年度财务报表审计项目组时，振华会计师事务所要求其继续担任外勤审计负责人。

（4）由于清水公司降低 2018年年度财务报表审计费用近 1/3，导致振华会计师事务所审计收入不能弥补审计成本，振华会计师事务所决定不再对清水公司下属的 2个重要的销售分公司进行审计，并以审计范围受限为由出具了保留意见的审计报告。

（5）清水公司要求振华会计师事务所在出具审计报告的同时，提供内部控制审核报告。为此，此行签订了业务约定书。

（6）振华会计师事务所针对审计过程中发现的问题，向清水公司提出了会计政策选用和会计处理调整的建议，并协助其解决相关账户调整问题。

2. 要求

根据《中国注册会计师职业道德守则》有关独立性的规定，分别判断上述 6 种情形是否对振华会计师事务所的独立性造成损害，并简要说明理由。

第4章

审计目标与审计计划

学习目标

1. 明确审计总体目标、审计具体目标的内容。
2. 理解管理层认定的内容和审计具体目标之间的关系。
3. 了解审计计划的内容。
4. 掌握审计计划的编制方法。

引导案例

面对客户的欺诈伎俩，审计师不能忘记自己的目标

20世纪80年代，凯锐公司总经理王小宾用并不存在的化肥槽做抵押来获得他永远也无法还清的贷款。他的做法很简单，将注册会计师周一在广丰县稽核过的化肥槽连夜运到上饶市，这样当注册会计师周二赶到上饶市的时候，化肥槽又被计算一遍。诸如此类的小伎俩让债权人受到数以百万元计的损失。

注册会计师们为什么不在不同地区同时进行审计？原因也许是他们过于相信自己的客户。但是，注册会计师们又为什么在面对客户可能的欺诈伎俩时，不牢记自己的目标呢？

在这个10年，四季建筑公司将一批建筑合同的收入确认入账，而该合同中的建筑根本从未动工。物料采购回来后存放在施工地点，四周用篱笆围着。而公司的注册会计师们认为没必要去施工现场，他们仅仅靠使用完工百分比法来计算成本和收益。尽管这在技术上是合法的，但夸大了收入。当这一事实被披露时，该公司股价大跌。媒体宣称被注册会计师欺骗了，而注册会计师们却说他们的做法无可厚非。

20世纪90年代，一位名叫李滔滔的男士使用了类似王小宾的做法来欺骗注册会计师。他利用管道把色拉油在不同地区的容器间移动，这样注册会计师便会将一种资产多次重复计算。注册会计师们又一次被愚弄了。他们为什么没有考虑到这些可能性并使用有效手段来保证正确稽核存货呢？答案就是，注册会计师们认为不需要这么做。而当他们在另一些案例中发现了类似问题时，却说那不过是与公认会计原则有关的一个可笑的意外。

以上3个经典骗局有两个是注册会计师由于客户的欺诈行为而出具错误审计意见。四季建筑公司的会计对收入的确认不符合逻辑。对于此类欺骗，公众投资者实际上是无法避免的。于是，人们发问：面对客户的欺诈伎俩，注册会计师到哪里去了？如果你是注册会计师，那么最佳反应应该是：在任何时候、在任何地点，不要忘了自己的审计目标。

4.1 审计目标

审计目标是审计行为的出发点，是注册会计师执行审计业务所期望达到的境地和最终结果。不同国家、不同历史时期、不同审计体系的审计目标也是不一致的。审计目标又分为审计的总体日标和审计的具体日标。

4.1.1 审计的总体目标

审计的总体目标既是审计工作所期望达到的境地和最终结果，也是注册会计师进行审计工作的基本原则。它是审计工作的指南和归宿，决定着审计的基本方向、工作方法、业务过程和业务范围。审计证据的收集和审计程序的执行都要服从于审计的总体目标。《中国注册会计师审计准则第1101号——注册会计师的总体目标和审计工作的基本要求》指出，在执行财务报表审计工作时，注册会计师的总体目标如下。

① 对财务报表整体是否不存在由于舞弊或错误导致的重大错报获取合理保证，使得注册会计师能够对财务报表是否在所有重大方面按照适用的财务报告编制基础编制发表审计意见。

② 按照审计准则的规定，根据审计结果对财务报表出具审计报告，并与管理层和治理层沟通。

4.1.2 管理层对财务报表的认定

认定是指管理层在财务报表中做出的明确或隐含的表达。被审计单位管理层对会计资料的真实、合法、完整负有会计责任，注册会计师的责任则是依据审计准则以审计报告的形式对被审计单位财务报表的合法、公允发表意见。注册会计师要发表恰当的审计意见，需要考虑被审计单位会计资料的若干具体方面，这些方面就是管理层认定。管理层对财务报表组成要素认定的内容主要包括以下几个方面。

1. 与各类交易和事项相关的认定

① 发生。发生是指记录的交易和事项已发生且与被审计单位有关。

提示　如果没有发生销售交易，但在销售明细账中记录了一笔销售，则违反了该认定。

② 完整性。完整性是指所有应当记录的交易和事项均已记录。

提示　如果发生了销售交易，但没有在销售明细账和总账中记录，则违反了该认定。

③ 准确性。准确性是指与交易和事项有关的金额及其他数据已恰当记录。

提示　如果在销售交易中，发出商品的数量与账单上的数量不符，或者是开账单时使用了错误的销售价格，或者是账单中的乘积或加总有误，或者是在销售明细账中记录了错误的金额，则违反了该认定。

④ 截止。截止是指交易和事项已记录于正确的会计期间。

提示　如果本期交易推到下期，或者下期交易提到本期，则违反了该认定。

⑤ 分类。分类是指交易和分类已记录于恰当的账户。

提示　如果将现销记录为赊销，或者将出售经营性固定资产所得的收入记录为营业收入，导致交易分类的错误，则违反了该认定。

课堂思考 4-1

管理层对财务报表发生认定和完整性认定有何区别？

2. 与期末账户余额相关的认定

① 存在。存在是指记录的资产、负债和所有者权益是存在的。

提示 如果不存在某顾客的应收账款，而在应收账款明细表中却列入了对该顾客的应收账款，则违反了该认定。

② 权利和义务。权利是指记录的资产由被审计单位拥有或控制；负债是指记录的负债是被审计单位应当履行的偿还义务。

提示 将他人寄售商品列入被审计单位的存货中，违反了权利认定；将不属于被审计单位的债务记入账内，违反了义务认定。

③ 完整性。完整性是指所有应当记录的资产、负债和所有者权益均已记录。

提示 如果存在某顾客的应收账款，却没有在应收账款明细表中列入对该顾客的应收账款，则违反了该认定。

④ 计价和分摊调整。计价和分摊调整是指资产、负债和所有者权益以恰当的金额包括在财务报表中，与之相关的计价和分摊调整已恰当记录。

提示 如果某存货项目在报表日已经跌价，而管理层未计提存货跌价准备，则表明与存货相关的计价是错误的，也就违反了计价和分摊认定。

课堂思考 4-2

存在认定和发生认定有何区别？

3. 与披露相关的认定

① 发生及权利和义务。发生及权利和义务是指披露的交易、事项及其他情况已发生，且与被审计单位有关。

提示 如果被审计单位拥有被抵押的固定资产，则需要将其在财务报表中披露，并说明与之相关的权利受到限制。

② 完整性。完整性是指所有应当在财务报表中的披露均已包括。

提示 如果被审单位有关联方和关联交易，则需要在财务报表中充分披露。这是对披露的完整性认定的运用。

③ 分类和可理解性。分类和可理解性是指财务信息已被恰当地披露和描述，且披露内容表达清楚。

提示 被审计单位存货的主要类别是否已披露、是否将一年内到期的长期负债列为流动负债，是对披露的分类和可理解性认定的运用。

④ 准确性和计价。准确性和计价是指财务信息和其他信息已公允披露，且金额恰当。

提示 被审计单位财务报表附注是否分别对原材料、在产品和产成品等存货成本核算方法做了恰当说明，是对披露的准确性和计价认定的运用。

4.1.3 审计的具体目标

注册会计师了解了认定，就很容易确定每个项目的具体审计目标，并以此作为评估重大错报风险及设计和实施进一步审计程序的基础。具体审计目标是审计总目标的具体化，必须根据审计总目标和被审计单位管理层认定来确定。

将审计总目标与管理层各项认定相对应，便形成了审计具体目标。

1. 与各类交易和事项相关的审计目标

① 发生。发生是指由发生认定推导出的审计目标是确认已记录的交易是真实的。发生认定所要解决的问题是管理层是否把那些不曾发生的项目列入财务报表。这主要与财务报表组成要素的高估有关。

② 完整性。完整性是指由完整性认定推导出的审计目标是确认已发生的交易确实已经记录。这主要与财务报表组成要素的低估有关。

③ 准确性。准确性是指由准确性认定推导出的审计目标是确认已记录的交易是按正确的金额反映的。

④ 截止。截止是指由截止认定推导出的审计目标是确认接近资产负债表日的交易记录于恰当的期间。

⑤ 分类。分类是指由分类认定推导出的审计目标是确认被审计单位记录的交易经过适当分类。

2. 与期末账户余额相关的审计目标

① 存在。存在是指由存在认定推导出的审计目标是确认记录的金额确实存在。

② 权利和义务。权利和义务是指由权利和义务认定推导出的审计目标是确认资产归属于被审计单位、负债属于被审计单位的义务。

③ 完整性。完整性是指由完整性认定推导出的审计目标是确认已存在的金额均已记录。

④ 计价和分摊调整。计价和分摊调整是指资产、负债和所有者权益以恰当的金额包括在财务报表中，与之相关的计价或分摊调整已恰当记录。

3. 与披露相关的审计目标

① 发生及权利和义务。发生及权利和义务是指如果将没有发生的交易及事项，或者将与被审计单位无关的交易和事项包括在财务报表中，则违反该目标。

② 完整性。完整性是指如果应该披露的交易和事项没有包括在财务报表中，则违反该目标。

③ 分类和可理解性。分类和可理解性是指财务信息已被恰当地披露并描述，且披露内容表述清楚。

④ 准确性和计价。准确性和计价是指财务信息与其他信息已公允披露，且金额恰当。

管理层认定是确定审计目标的基础，注册会计师通常将管理层认定转化为能够通过审计程序予以实现的审计目标。管理层认定、审计目标和审计程序之间的关系举例如表4.1所示。

表4.1 管理层认定、审计目标和审计程序之间的关系举例

管理层认定	审计目标	审计程序
存在	资产负债表列示的存货存在	实施存货监盘程序
完整性	销售收入包括了所有已发货的交易	检查发货单、销售发票的编号及销售明细账
准确性	应收账款反映的销售业务基于正确的价格和数量，计算准确	比较价格清单与发票上的价格、发货单与销售订购单上的数量是否一致，重新计算发票上的金额
截止	销售业务记录在恰当期间	比较上一年度的最后几天和下一年度最初几天的发货单日期与记账日期
权利和义务	资产负债表中的固定资产确实为公司所有	查阅所有权证书、购货合同、结算单和保险单
计价和分摊	以净值记录应收账款	检查应收账款账龄分析表、评估计提的坏账准备是否充分

4.2 审计计划

审计计划是指注册会计师为了完成审计业务，达到预期的审计目的，在具体执行审计程序之前编制的工作计划。审计计划应由审计项目负责人编制，形成书面文件并在工作底稿中加以记录。审计计划包括针对审计业务制定总体审计策略和具体审计计划。

4.2.1 编制审计计划前的准备工作

注册会计师应当在本期审计业务开始时开展以下初步业务活动。

① 按照《中国注册会计师审计准则第 1121 号——对财务报表审计实施的质量控制》的规定，针对保持客户关系和具体审计业务，实施相应的质量控制程序。

② 按照《中国注册会计师审计准则第 1121 号——对财务报表审计实施的质量控制》的规定，评价遵守相关职业道德要求（包括独立性要求）的情况。

③ 按照《中国注册会计师审计准则第 1111 号——就审计业务约定条款达成一致意见》的规定，就审计业务约定条款与被审计单位达成一致意见。

具体的准备工作介绍如下。

1. 了解被审计单位的基本情况

在编制审计计划前，注册会计师应当了解被审计单位的基本情况，据此确定能够影响财务报表的重要事项。

① 企业年度各种财务报表及其他经济资料。

② 企业合同、协议、公司章程、营业执照。

③ 重要会议记录。

④ 企业相关内部控制制度。

⑤ 财务会计机构及工作组织。

⑥ 厂房、设备及办公场所或营业场所。

⑦ 国家的宏观发展趋势对被审计单位及所在行业的影响。

⑧ 其他重要情况。

2. 查阅上一年度的审计档案

注册会计师在编制审计计划前，应当查阅企业上一年度的审计档案，并关注以下事项对本期审计工作的影响。

① 上年度的审计意见类型。

② 上年度的审计计划及审计总结。

③ 上年度重要的审计调整事项。

④ 上年度的或有损失。

⑤ 上年度的管理建议书要点。

⑥ 上年度的其他重要事项。

如果注册会计师属于首次接受企业委托，还应当考虑是否向前任注册会计师查询审计工作底稿。

3. 执行分析程序

在审计计划阶段，注册会计师需要通过执行分析程序来确定被审计单位的经营状况，并据以确定审计重点。

4.2.2 总体审计策略的编制与审核

总体审计策略是对审计的预期范围和实施方式所做的规划，是从接受审计委托到出具审计报告整个过程基本工作内容的综合规划。

1. 总体审计策略的编制

总体审计策略是指用以确定审计的范围、时间和方向，并指导制订具体审计计划的计划。

在制定总体审计策略时，注册会计师应当做到以下几点。

① 确定审计业务的特征，以界定审计范围。这是指被审计单位编制财务报表适用的会计准则和相关的会计制度；特定行业的报告要求；预期的审计工作涵盖范围。

② 明确审计业务的报告目标，以计划审计的时间安排和确定所需沟通的性质。

③ 根据职业判断，考虑用以指导项目组工作方向的重要因素。

④ 考虑初步业务活动的结果，并考虑项目合伙人对被审计单位执行其他业务时获得的经验是否与审计业务相关（如适用）。

⑤ 确定执行业务所需资源的性质、时间安排和范围。

在调配审计资源时，注册会计师需要考虑下列情况：项目组人员的选择，以及向具体审计领域调配资源；向具体审计领域调配资源的数量；何时调配资源及如何管理、指导、监督这些资源，等等。

2. 总体审计策略的审核

按照审计准则规定，编制完成的总体审计策略应当经会计师事务所的有关业务负责人审核和批准。总体审计策略的审核内容主要包括以下事项。

① 审计目的、范围及重点审计领域的确定是否恰当。

② 时间安排是否合理。

③ 审计小组成员的委派与分工是否恰当。

④ 对被审计单位内部控制制度的信赖程度是否恰当。

⑤ 对审计重要性的确定及审计风险的评估是否恰当。

⑥ 对专家、内部注册会计师及其他注册会计师工作的利用是否恰当。

4.2.3 具体审计计划的编制与审核

具体审计计划是指注册会计师依据总体审计策略而制订的，对实施总体审计策略需要的审计程序性质、时间和范围所做的详细方案与说明。

1. 具体审计计划的编制

注册会计师应当针对总体审计策略中所识别的不同事项，制订具体审计计划，并考虑通过有效利用审计资源实现审计目标。具体审计计划比总体审计策略更加详细，应当包括风险评估程序、计划实施的进一步审计程序和其他审计程序。可以说，为获取充分、适当的审计证据而确定审计程序性质、时间和范围的决策是具体审计计划的核心。

（1）风险评估程序

具体审计计划应当包括按照《中国注册会计师审计准则第 1211 号——通过了解被审计单位及其环境识别和评估重大错报风险》规定的风险评估程序。风险评估程序是指注册会计师为了解被审计单位及其环境，以识别和评估财务报表层次及认定层次的重大错报风险（无论该错报由于舞弊或错误导致）而实施的审计程序。

（2）计划实施的进一步审计程序

具体审计计划应当包括按照《中国注册会计师审计准则第 1231 号——针对评估的重大错报风险采取的应对措施》的规定，认定层次计划实施的进一步审计程序的性质、时间安排和范围。进一步审计程序包括控制测试和实质性程序。

（3）其他审计程序

具体审计计划应当包括根据审计准则的规定，注册会计师针对审计业务需要实施的其他审计程序。例如，《中国注册会计师审计准则第 1141 号——财务报表审计中与舞弊相关的责任》《中国注册会计师审计准则第 1324 号——持续经营》《中国注册会计师审计准则 1142 号——财务报表审计中对法律法规的考虑》《中国注册会计师审计准则第 1323 号——关联方》等准则中对注册会计师针对这些特定项目在审计计划阶段应当执行的程序及其记录做出了规定。

2. 具体审计计划的审核

对具体审计计划，主要审核的事项有以下几点。

① 审计程序是否达到审计目标。

② 审计程序是否符合各审计项目的具体情况。

③ 重点审计领域中各审计项目的审计程序是否恰当。

④ 重点审计程序的制定是否恰当。

提示 ① 虽然制订总体审计策略的过程通常在具体审计计划之前，但是它们具有内在的紧密联系，对其中一项的决定可能会影响甚至改变对另外一项的决定。例如，注册会计师在了解被审计单位及其环境的过程中，注意到被审计单位对主要业务的处理依赖复杂的自动化信息系统，因此信息系统的可靠性及有效性对其经营、管理、决策及编制可靠的财务报表具有重大影响。对此，注册会计师可能会在具体审计计划中制定相应的审计程序，并调整总体审计策略的内容，做出利用信息风险管理专家工作的决定。

② 计划审计工作并非审计业务的一个孤立阶段，而是一个持续的、不断修正的过程，贯穿于整个审计业务的始终。由于未预期事项、条件的变化或在实施审计程序中获取的审计证据等原因，注册会计师在必要时应当对总体审计策略和具体审计计划做出更新及修改。

复习思考题

一、填空题

1. 审计目标分为审计的__________和审计的__________。

2. 没有记录一项确已发生的销售违背了__________认定。

3. 财务报表审计的总体目标是____________________________________。

4. 审计计划包括____________________和____________________。

5. 审计计划是一个____________________、____________________的过程

二、单项选择题

1．注册会计师计划负债项目的审计时，应特别关注的认定是（　　）。

A．存在或发生　　B．完整性　　C．估价或分摊　　D．表达与披露

2．下列各项中，管理层违反了权利和义务认定的是（　　）。

A．未将已发生的销售业务登记入账　　B．待摊费用的摊销期限不恰当

C．将未曾发生的销售提前入账　　D．未将作为抵押物的存货予以披露

3．下列各项中，属于注册会计师总体审计策略审核事项的是（　　）。

A．审计程序是否达到审计目标

B．审计程序是否适合各审计项目的具体情况

C．重点审计程序的制定是否恰当

D．对审计重要性的确定和审计风险的评价是否恰当

4．财务报表审计目标是注册会计师通过执行审计工作对（　　）发表审计意见。

A．会计资料及其他有关资料的真实性、合法性

B．经济活动

C．财务报表的合法性和公允性

D．财务状况、经营成果和现金流量

5．注册会计师证实某项资产是按历史成本入账还是按公允价值入账，主要是为了证实资产（　　）的认定。

A．存在　　B．完整性　　C．计价与分摊　　D．准确性

6．注册会计师审计上市公司年报时，一般会将发生认定作为重点证明的财务报表项目是（　　）。

A．应付账款　　B．营业收入　　C．货币资金　　D．长期借款

7．注册会计师在对资产类财务报表项目的存在性认定获取审计证据时，细节测试的方向是（　　）。

A．从财务报表到尚未记录的项目　　B．从尚未记录的项目到财务报表项目

C．从会计记录到支持性证据　　D．从支持性证据到会计记录

8．注册会计师已获取被审计单位将2019年12月31日已经发生的一笔赊销业务收入记入到2020年1月3日营业收入账上的充分、适当的审计证据，则注册会计师应当界定营业收入的（　　）认定存在重大错报。

A．披露　　B．准确性　　C．截止　　D．发生

9．注册会计师通过分析存货周转率的波动情况最有可能获取审计证据证明存货的认定是（　　）。

A．存在　　B．权利和义务　　C．披露　　D．计价和分摊

10．下列关于具体审计计划的各种说法中，不恰当的是（　　）。

A．制订具体审计计划的主要目的是为了获取充分、适当的审计证据以将检查风险降低至可以接受的水平

B．具体审计计划的核心内容是确定审计程序的性质、时间、安排和范围

C．具体审计计划的内容包括何时召开项目组的预备会议和总结会议、预期项目负责人和经理如何对审计工作底稿进行复核

D．具体审计计划可以由于非预期事项条件的变化或在实施审计程序中获取的审计证据等原因进行必要的更新和修改

三、多项选择题

1．财务报表审计的总体目标是确定（　　）。

A．财务报表是否按照适用会计准则和相关会计制度编制

B．财务报表是否在所有重大方面公允反映被审计单位的财务状况、经营成果和现金流量

C．财务报表是否反映会计处理方法前后一致

D．被审计单位盈利预测是否准确

2．下列属于存货项目中“计价与分摊”认定的具体审计目标是（　　）。

A．资产负债表日已记录的存货全部存在

B．公司对所有存货均拥有所有权

C．年末采购和销售的截止恰当

D．存货项目的总计数与总账一致

3．注册会计师对财务报表进行审计的目的是对财务报表的（　　）内容发表意见。

A．财务报表是否不存在重大错报

B．财务报表是否按照财务报表编制基础编制

C．财务报表是否反映了管理层的判断和决策

D．财务报表是否在所有重大方面公允反映被审计单位的财务状况、经营成果和现金流量

4．注册会计师应当根据被审计单位的具体情况确定适当的审计目标。如果注册会计师正在审计某上市公司财务报表，则下列项目的存在认定应作为重点审计领域的是（　　）。

A．固定资产　　B．应付账款　　C．应收账款　　D．营业收入

5．注册会计师在对某上市公司财务报表进行审计时，往往会将（　　）项目的完整性作为重点审计领域。

A．预付账款　　B．短期借款　　C．应付账款　　D．应收账款

6．注册会计师为了证实对被审计单位已发生的销货业务均已记录入账，常用的控制测试程序有（　　）。

A．检查发运凭证是否连续编号　　B．检查赊销业务是否经过授权审批

C．检查销售发票是否连续编号　　D．观察是否按期寄出对账单

7．下列各项认定类别中仅仅与各类交易和事项相关的有（　　）。

A．发生　　B．计价和分摊　　C．准确性　　D．截止

8．下列关于计划审计工作的说法中，不正确的是（　　）。

A．计划审计工作需要了解被审计单位及其环境，一旦确定就无须进行修改

B．计划审计工作一般由项目组中经验最多的人完成，项目合伙人批准

C．小型被审计单位无须制订审计总体计划

D．项目负责人和项目组其他关键成员应当参与计划审计工作

9．具体审计计划包括的内容有（　　）。

A．风险评估程序　　B．审计的范围、时间和方向

C．计划实施的进一步审计程序　　D．计划其他审计程序

10．注册会计师对项目组成员指导监督与复核的性质、时间和范围主要取决于（　　）因素。

A．评估的重大错报风险水平　　B．审计重要性水平

C．被审计单位的规模和复杂程度　　D．执行审计工作项目组成员的素质和胜任能力

四、简答题

1. 被审计单位管理层对财务报表的认定分为哪几类？

2. 简述管理层的认定与具体审计目标的关系。

3. 总体审计策略和具体审计计划的基本内容有哪些？

五、操作题

1. 案例资料

H上市公司已被列为ST公司行列，自1997年连续亏损两年半（根据国家有关规定，ST公司如果连续亏损3年，则列为PT公司或被摘牌）。但是该公司1999年底一举扭亏为盈，每股收益达0.417元。不料，2000年中期财务报表显示复归亏损。经审查，H公司扭亏为盈是因为与境外银行达成了债务重组协议，获得3.66亿元的债务重组收益。但其逾期借款达十几亿元，财务负担十分沉重。从股票交易市场H公司的股价变动情况看，2000年2月21日的最低价是4.58元，到4月21日年度财务报表披露期间，其股价最高涨到10.73元，每股翻了一倍多。可见，局外人并不清楚H公司扭亏为盈的实质是什么，只看到了公司扭亏为盈、每股收益很高这一表面现象。

在我国的上市股份公司中，有部分公司连续亏损两年半，眼看就要被列入PT或被摘牌，而第3年则扭亏为盈，免遭PT厄运；有的公司还摘掉了ST的帽子，有人将其称为“两年半现象”。在国家有关部门将净资产收益率为10%作为配股及格线时，净资产收益率在10%的上市公司特别集中，被称为“保十现象”“利润操纵”。后来，配股及格线降至净资产收益率为6%时，上市公司的净资产收益率不再集中在10%，而是有所下降。这种现象一方面说明会计制度存在缺欠，另一方面给注册会计师审计提出了新的问题。

2. 要求

（1）结合此案例说明民间审计目标确立和实现的意义。你认为民间审计目标应包括哪些？对合法性、公允性审计目标应如何理解？

（2）结合此案例分析“两年半现象”及“利润操纵”存在的深层次原因。

第5章 审计风险与审计重要性

学习目标

1. 理解审计风险的含义。
2. 理解审计重要性的含义。
3. 掌握审计风险的构成及计算。
4. 掌握审计重要性的确定及运用。
5. 掌握审计风险和审计重要性之间的关系。

引导案例

万福生科股份有限公司审计失败案

一、背景材料

万福生科股份有限公司（前身为湖南省桃源县湘鲁万福有限责任公司，以下简称万福生科）是湖南省常德市一家以稻米精深加工系列产品的研发、生产和销售为主营业务的公司。2011年9月27日，被称为我国南方最大的以大米淀粉糖、大米蛋白为核心产品的稻米精深加工及副产物高效综合利用的循环经济型企业的万福生科成功登陆创业板。但是在2012年8月，湖南证监局在对万福生科进行常规稽查时，从该公司银行流水中查了资金流向，对照后发现虚增收入等涉嫌财务造假的违法违规行为。而在证监局一次常规稽查中就发现的问题，中磊会计师事务所（以下简称中磊所）在进行发行上市审计和2011年年度报告的审计中均没有发现——作为万福生科的审计机构，中磊所对其2008年至2011年的财务报告进行了审计，并出具了标准无保留意见的审计报告。为此，证监会通报了中磊所的审计过失，并对签字会计师给予警告及罚款。

二、审计失败的原因

万福生科自2011年以财务舞弊成功上市至披露2012年年度报表，谎言雪球越滚越大。相关专家表示，只要会计师事务所尽职调查，万福生科就不可能瞒天过海，明目张胆地造假并顺利上市。深入反思，导致这起审计失败的主要原因是审计机构忽视了审计质量，发表了不实审计报告。

1. 未充分了解被审计单位及其环境以评估风险

在风险导向审计中，了解被审计单位及其环境是必要程序。万福生科所处的稻米加工行业其实在2009年就已经发生了变化，全国稻米加工企业由于原料供应危机导致大面积停产。但是在招股书中，万福生科对此风险只字未提，打着本地原料供应充分的幌子粉墨登场创业板，并隐瞒不报2012年上半年的停产。对此，中磊所没有充分关注此格局的重大变化，识破其原材料供应谎言，以识别和评估重大错报风险。

2. 未执行有效的实质性程序来应对风险

对重大错报风险的评估只是一种判断，无论评估的重大错报风险结果如何，注册会计师都应当针对所有重大的各类交易、账户余额和披露实施实质性审计程序。

首先，未执行有效的细节测试。针对登记入账的销售交易是否真实，注册会计师应从主营业务收入明细账中抽取若干分录，追查发运凭证及其他作证、追查存货的永续盘存记录、测试存货余额及检查更多涉及外部单位的单据，如外部运输单位出具的运输单据、客户签发的订货单据和到货签收记录，同时独立调查相关重要交易和客户的情况。

其次，未有效函证往来款项。在此案件中，针对往来款项尤其是预付账款，2011年年末万福生科的预付账款比上年末增长了450%。中磊所更应该重点关注，选择适当的方式就账户余额及其组成部分，并对重大交易或重要合同的细节进行函证，谨慎分析和评价结果，则虚增的往来账项就会无立足之地。

最后，未全面执行分析性程序。中磊所如果仔细研究万福生科财务数据间的关系，结合专业判断进行实质性分析，则也较容易发现舞弊迹象。例如，将销售毛利率与同行业公司相比较，2008年至2010年万福生科淀粉糖毛利率分别高达27.7%、29.39%、28.13%，而生产同类产品的其他企业同期毛利率却仅仅在10%左右。这一分析能从侧面反映万福生科虚增利润的财务操纵行为，但中磊所却未执行有效的实质性分析程序。

本案例给注册会计师的启示是：在风险导向审计模式下，注册会计师应充分了解被审计单位情况并识别相关的审计风险，合理确定重要性水平，实施必要的审计程序。本章将引入审计实践中的两个重要基本理论：审计风险和审计重要性。

5.1 审计风险

审计风险是注册会计师进行审计时必须考虑的因素。《中国注册会计师审计准则》要求注册会计师遵守职业道德规范，计划和实施审计工作以对财务报表不存在重大错报获取合理保证。为将审计风险控制在可接受水平，注册会计师必须衡量投资者心中的差错重要程度，以便合理执行审计计划，将审计误差控制在这种重要程度之下。

5.1.1 审计风险的定义及特征

1. 审计风险的定义

风险在一般意义上是指未来事项发生的不确定性，尤其是发生损失的可能性。审计风险从最终意义上讲，是针对注册会计师所发表的不正确的审计意见而言的。因此，美国注册会计师协会（American Institute of Certified Public Accountants，AICPA）将审计风险定义为：“对存在重要错报的财务报告，注册会计师可能无意识地没能对他们的审计意见做出适当调整的风险。”我国新颁布的《中国注册会计师审计准则第1101号——注册会计师的总体目标和审计工作的基本要求》对审计风险也给出了一个类似的定义：“审计风险，是指当财务报表存在重大错报时，注册会计师发表不恰当审计意见的可能性。”总之，审计风险取决于重大错报风险和检查风险。

2. 审计风险的特征

审计风险一般具有以下几个方面的特征。

(1) 审计风险是客观存在的

从审计发展的历史看，审计风险是审计发展到一定阶段的产物，与特定的经济条件相联系。审计风险不以人的意志为转移，是独立于注册会计师意识之外的客观存在。对于审计风险，人们只能认识它和控制它，在有限的空间和时间内改变审计风险存在与发生的条件，降低其发生的概率，而不可能完全消除它。

(2) 审计风险贯穿于审计过程的始终

尽管审计风险是通过最终的审计结论与预期的偏差表现出来的，但这种偏差是由多方面的因素造成的，审计程序的每一个环节都可能导致审计风险的产生。因此，不同的审计计划和审计程序会产生与之相应的审计风险，并会影响最终的审计风险。

(3) 审计风险是注册会计师的非故意行为引起的

审计风险是注册会计师在审计过程中无意造成的，并非故意行为。注册会计师的舞弊行为不属于审计风险，而是须负法律责任的违法行为。认识审计风险的无意性，对研究与控制审计风险非常重要。

(4) 审计风险是可控的

虽然审计风险的产生及其后果难以预料，但人们仍然可以通过主观努力对其进行适当的控制，将其控制在可接受的范围之内。由于审计风险是可以控制的，所以注册会计师不必对其产生惧怕心理。在审计过程中，可以通过识别风险领域和种类，采取相应的措施将审计风险降低至可接受的水平。

综上所述，审计风险是一种不可完全避免的客观存在，是由注册会计师的非故意行为引起的。它存在于审计过程的各个阶段，但又是可以适当控制的。注册会计师只有了解审计风险的这些特征，才能更好地运用审计风险模型指导审计实务，以提高审计的工作效果与效率。

5.1.2　审计风险的构成要素及其相互关系

审计风险可进一步分解为两个基本的构成要素：重大错报风险和检查风险。

1. 重大错报风险

重大错报风险是指财务报表在审计前存在重大错报的可能性。重大错报风险分为财务报表层次的重大错报风险和认定层次的重大错报风险。其中，财务报表层次的重大错报风险通常与控制环境有关，并与财务报表整体错报存在着广泛联系。它可能影响多项认定，但难以限于某类交易、账户、余额、列报与披露的具体认定。它很可能是源于薄弱的控制环境。认定层次的重大错报风险由固有风险与控制风险构成。

① 固有风险是指假定不存在相关内部控制时，某一账户或交易类别单独或者连同其他账户、交易类别产生重大错报或漏报的可能性。固有风险与被审计单位管理层的诚信程度、管理层对财务报告可靠性的态度、被审计单位业务的复杂程度及所在行业的特性等因素有关。

② 控制风险是指某一账户或交易类别单独或者连同其他账户、交易类别产生错报或漏报，而未能被内部控制防止、发现或纠正的可能性。现代企业为了保证经营管理活动顺利且有效地进行，都建立了内部控制，内部控制的存在有利于防范和检查交易或事项的发生及其在处理过

程中的差错。但是内部控制的这种能力有限，会因种种原因而失效。因此，内部控制的局限性是控制风险产生的主要原因。

2. 检查风险

检查风险是指如果存在某一错报，该错报单独或连同其他错报可能是重大的，注册会计师为将审计风险降低至可接受的低水平而实施审计程序后没有发现这种错报的风险。检查风险是由于现代审计方法本身的局限性造成的，同时也受审计程序的性质、时间和范围的影响，取决于审计程序设计的合理性和执行的有效性。例如，详查法比抽查法更能减少检查风险，但是由于成本效益原则的限制，现代审计更多采用的是抽查法。因此，注册会计师必须通过审计程序的合理安排将检查风险调整到适当的水平。

在审计风险的两个构成要素中，重大错报风险与被审计单位有关，直接受被审计单位的经营活动及内部控制等情况的影响，注册会计师对此无能为力。但是，注册会计师可以通过加深对被审计单位的了解，对其重大错报风险的高低做出合理的评估，并在此基础上确定实质性测试的性质、时间和范围，以便将审计风险降低到可接受的水平。重大错报风险和检查风险两者之间的相互关系可以从定性与定量两个方面加以考察。

从定性的角度看，审计风险的两个构成要素之间不是孤立存在的，而是相互联系、相互作用的。在既定的审计风险水平下，可接受的检查风险与认定层次重大错报风险的评估（包括固有风险的评估和控制风险的评估）成反向关系，如表 5.1 所示。评估的重大错报风险越高，可接受的检查风险越低；评估的重大错报风险越低，可接受的检查风险越高。

表 5.1　审计风险各要素之间的变动关系

注册会计师对报表层次重大错报风险的评估	注册会计师对认定层次重大错报风险的评估		
	高	中	低
	注册会计师可接受的检查风险		
高	最低	较低	中等
中	较低	中等	较高
低	中等	较高	最高

从定量的角度看，根据概率论原理，总体审计风险可以看成是重大错报风险和检查风险的联合概率，如下式所示。

$$审计风险 = 重大错报风险 \times 检查风险$$

或

$$AR = MMR \times DR$$

由于认定层次的重大错报风险由固有风险和控制风险构成，所以审计风险模型可进一步表示为：

$$审计风险 = 重大错报风险 \times 检查风险 = 固有风险 \times 控制风险 \times 检查风险$$

或

$$AR = MMR \times DR = IR \times CR \times DR$$

由于《中国注册会计师审计准则第 1101 号——注册会计师的总体目标和审计工作的基本要求》中规定审计风险由重大错报风险和检查风险构成，因此本书采用以下模型。

$$审计风险 = 重大错报风险 \times 检查风险$$

总体审计风险是注册会计师认为可以承受的风险水平，即按照注册会计师的职业判断，就财务报表发表意见来说是适当的水平。审计准则要求注册会计师将总体审计风险限定在低水平。

例如，如果注册会计师将总体审计风险设定为5%，则注册会计师发表的无保留意见的真实含义可表述为：有95%的把握认为财务报表不存在重要的错报或漏报。经验表明，将审计风险设为小于等于10%比较合适。重大错报风险的评估以了解被审计单位及其环境为基础。虽然注册会计师可以通过分析、研究被审计单位经营环境和评价其内部控制等程序识别财务报表重大错报风险的可能性，但这并不能改变实际的重大错报风险水平。换句话说，注册会计师无法改变实际的重大错报风险，因为它对注册会计师来说是不可控的。因此，为谨慎起见，注册会计师在编制审计计划时，除非有充分的证据表明重大错报风险不高，否则注册会计师不应该将重大错报风险评估为低水平。

检查风险是注册会计师的可控变量。它是重大错报风险的函数。一方面，注册会计师评估的重大错报风险水平及注册会计师可接受的总体审计风险水平共同决定了检查风险水平；另一方面，实际检查风险水平又与特定环境下实施实质性审计测试的范围相关，即注册会计师可以通过增加实质性测试来降低检查风险，使得它与重大错报风险的联合概率能够达到预期的、可接受的总体审计风险。根据上述等式，检查风险的计算如下式所示。

$$检查风险 = 审计风险 \div 重大错报风险$$

或

$$DR = AR \div MMR$$

上式中算出的DR是注册会计师可接受的检查风险，不同于实际的检查风险。注册会计师将依据其可接受的检查风险水平实施实质性测试。假设注册会计师已确定如下风险水平：AR＝10%（设为低水平，因为它是发表审计意见的基础）、MMR＝30%（以了解和评价被审计单位及其环境为基础，包括内部控制），则有DR＝0.1÷0.3＝33%。如果对内部控制的研究和评价表明内部控制比上述的要弱，则MMR应评估为80%而非30%，此时检查风险将降为12.5%。这就要求注册会计师大幅度增加实质性测试程序，以弥补较弱的内部控制，使总体审计风险水平维持在设定的10%水平。

课堂思考 5-1

1．确定检查风险高低的目的是什么？

2．认定层次的重大错报风险和检查风险之间是什么关系？

5.2 审计重要性

重要性是现代审计中的一个重要概念。注册会计师并非要将审计中发现的所有错报或者漏报都向管理层提出调整或重分类建议。相反，注册会计师一般只要求管理层将符合一定条件的错报或者漏报进行调整或重分类。在决定应否提出调整或重分类时要考虑的一个重要概念就是审计重要性。

5.2.1 审计重要性的含义

正确理解审计重要性的含义并加以有效的运用，对保证审计质量和实现审计目标具有十分重要的意义。根据《中国注册会计师审计准则第1101号——注册会计师的总体目标和审计工作的基本要求》和《中国注册会计师审计准则第1221号——计划和执行审计工作时的重要性》的规定：财务报表编制基础通常从编制和披露财务报表的角度阐释重要性概念。财务报表编制基础可能以不同的术语解释重要性，但通常而言，重要性概念可从以下方面进行理解。

① 如果合理预期错报（包括漏报）单独或汇总起来可能影响财务报表使用者依据财务报表做出的经济决策，则通常认为错报是重大的。

② 对重要性的判断是根据具体环境做出的，并受错报的金额或性质的影响，或者受两者共同作用的影响。

③ 判断某事项对财务报表使用者是否重大，是在考虑财务报表使用者整体共同的财务信息需求的基础上做出的。由于不同财务报表使用者对财务信息的需求可能差异很大，因此不考虑错报对个别财务报表使用者可能产生的影响。

注册会计师针对财务报表整体发表审计意见，因此没有责任发现对财务报表整体影响并不重大的错报。

5.2.2 重要性的两个层次

财务报表层次的重要性即总体重要性。由于财务报表审计的目标是注册会计师在审计工作的基础上对财务报表发表审计意见，所以注册会计师应当考虑财务报表层次的重要性，即财务报表存在严重的错报时，注册会计师就会判断其影响了财务报表使用者的经济决策，就不能认为财务报表是公允的。

由于财务报表所提供的信息来源于各类交易账户余额列表信息，只有通过对各类交易、账户余额和列报的相关认定实施审计，才能对财务报表总体不存在重大错报得出结论。然而，只根据财务报表层次的重要性水平无法计划各个具体项目的审计，因此注册会计师还需要考虑各类交易、账户余额、披露认定层次的重要性水平。这一层次的重要性水平也称为可容忍错报，是在不导致财务报表存在重大错报的情况下，注册会计师对各类交易、账户余额、披露确定可接受的最严重的错报。

5.2.3 重要性水平的确定

注册会计师在编制审计计划、实施审计及评价审计结果时，都要考虑重要性。在审计计划阶段，注册会计师要考虑重要性以决定要搜集审计证据的数量和类型，进而设计应执行的审计程序；在审计执行阶段，随着审计过程的推进，注册会计师应当及时评价计划阶段确定的重要性水平是否仍然合理，并根据具体环境的变化或在审计执行过程中进一步获取的信息，修正计划的重要性水平，进而修改进一步审计程序的性质、时间和范围；在审计结果评价阶段，注册会计师必须根据所发现的错报或漏报决定是否需要修正初始重要性水平，进而评价是否已获取了充分、适当的审计证据，将总体审计风险维持在可接受的水平。

1. 财务报表层次的重要性水平

财务报表层次的重要性水平是指注册会计师认为财务报表中可以出现而又不致影响有理性的人员做出决策的最大错报数额。注册会计师在编制审计计划时做出的重要性水平判断通常称为计划重要性。由于环境可能发生变化，加之在审计过程中可能会获得有关被审计单位的额外信息，所以初步判断的重要性水平最终可能不同于审计结束阶段评价审计发现结果时所用的重要性水平。

例如，某被审计单位也许取得了维持其经营所需的资金，对此，注册会计师在计划审计工作时不敢轻信，通过审计证实该公司的短期偿债能力确实比去年大大改善。在这种情况下，评价审计发现结果时所用的重要性水平就可能高于计划重要性水平。

（1）影响重要性水平判断的因素

《中国注册会计师审计准则第 1221 号——计划和执行审计工作时的重要性》规定，注册会计师在编制审计计划时应对重要性水平做出初步判断，以确定所需收集的审计证据的数量和性质。在确定计划的重要性水平时，需要考虑以下主要因素。

① 对被审计单位及其环境的了解。被审计单位的行业状况、法律环境与监管环境等其他外部因素，以及被审计单位业务的性质，对会计政策的选择和应用，被审计单位的目标、战略及相关的经营风险，被审计单位的内部控制等因素都会影响注册会计师对重要性水平的判断。

② 审计的目标，包括特定报告要求。信息使用者的要求等因素影响注册会计师对重要性水平的确定。例如，对特定报表项目进行审计的业务，其重要性水平可能需要以该项目金额，而不是以财务报表的一些汇总性财务数据为基础加以确定。

③ 财务报表各项目的性质及相互关系。财务报表使用者对不同报表项目的关心程度不同。一般而言，如果认为流动性较高的项目出现较小金额的错报就会影响报表使用者的决策，则注册会计师应当对此从严制定重要性水平。由于财务报表各项目之间是相互联系的，因此注册会计师在确定重要性水平时，需要考虑这种相互联系。

④ 财务报表项目的金额及波动幅度。财务报表项目的金额及波动幅度可能促使财务报表使用者做出不同的反应。因此，注册会计师在确定重要性水平时，应当深入研究这些项目的金额及波动幅度。

（2）评价重要性水平的基础

重要性是相对的，确定错报是否重要需要有一个比较的基准。在实务中，有许多汇总性财务数据可以用作确定财务报表层次的重要性水平的基准，如总资产、净资产、销售收入、费用总额、毛利、净利润等。

在计划审计工作时，注册会计师应清楚地知道有多种与财务报表有关的重要性水平。不仅如此，每张财务报表也存在多种重要性水平。注册会计师对基准的选择有赖于被审计单位的性质和环境。例如，对以盈利为目的的被审计单位，来自经常性业务的税前利润或税后净利润可能是一个适当的基准；对收益不稳定的被审计单位或非营利性组织来说，选择税前利润或税后净利润作为判断重要性水平的基准就不合适；对资产管理公司，净资产可能是一个适当的基准。注册会计师通常选择一个相对稳定、可预测且能够反映被审计单位正常规模的基准。由于销售收入和总资产具有相对稳定性，因此注册会计师经常将其用作确定计划重要性水平的基准。

在确定恰当的基准后，注册会计师通常运用职业判断合理选择百分比，据以确定重要性水平。例如，对以盈利为目的的企业，按照经常性业务的税前利润或税后净利润的 5%，或者总收入的 1%，作为确定重要性的比例；对非营利性组织，按照费用总额或总收入的 1%作为确定重要性的比例；对共同基金公司，按照净资产的 1%作为确定重要性的比例。

涉及不正当行为的数额通常认为比相同数额的无意错误更重要，因为不正当行为反映了管理层或其他有关人员的诚实和可信性有问题。如果可能引起有合同义务上的结果，则在其他情况下认为是较小的错误，也可能是重要的。例如，财务报表中所披露的营运资本数额比贷款协议所规定的最低数额仅高几百元，而改正后的营运资本数额又低于这个最低额，有贷款久拖不还，则可能严重地影响流动负债和非流动负债的分类。如果影响到收益的趋势，则在其他情况下认为不重要的错报，也可能是重要的。例如，过去5年中财务报表所列的收益每年递增3%，而本年的收益却下降1%，则这种趋势的变化也许就是很重要的。同样，如果某项错报使亏损报告为盈利，则更应引起注意。

2. 交易、账户余额或披露层次的重要性水平

将财务报表层次的重要性水平分配于各账户之所以必要，是因为证据是针对每个账户搜集的，而不是针对整个财务报表搜集的。注册会计师只有通过验证各账户的余额，才能得出有关财务报表合法性、公允性的总体结论。各类交易、账户余额或披露层次的重要性水平称为可容忍错报。可容忍错报的确定以注册会计师对财务报表层次的重要性水平的初步评估为基础，是在不导致财务报表存在重大错报的情况下，注册会计师对各类交易、账户余额或披露确定的可接受的最大错报。

例如，注册会计师将总额为200 000元的财务报表层次的重要性水平中的100 000元分配给应收账款项目，则应收账款的可容忍错报为100 000元。这就意味着，只要应收账款中的错报不超过100 000元，就可以认为应收账款的表达是公允的。

在确定各类交易、账户余额或披露层次的重要性水平时，将财务报表层次的重要性水平在各资产负债表账户之间进行分配时，注册会计师必须考虑到特定账户发生错报的可能性和验证该账户可能需要花费的成本。下面举一简例说明账户、交易、披露层次重要性水平的确定。某公司资产负债表（简表）中的资产项目如表5.2所示。

表5.2　资产负债表（简表）　　元

项　目	金　额
现金	100 000
应收账款	450 000
存货	450 000
资产总计	1 000 000

假如按资产总额的5%确定资产负债表层次的重要性水平为50 000元。据以往经验，注册会计师可以用很小的审计成本确定现金的错报不会超过1 000元；应收账款的少报不会超过5 000元；至于存货错报的估计尚缺乏依据，搜集有关存货的证据所须花费的成本最多。因此，注册会计师决定将重要性的初步判断进行如表5.3所示的分配。

表5.3　重要性水平初步判断与分配　　元

项　目 / 类　型	可容忍错报	
	多　报	少　报
现金	1 000	1 000
应收账款	15 000	5 000
存货	34 000	44 000
报表整体重要性	50 000	50 000

注册会计师的这种分析和决定非常有效。如果扩大现金项目可容忍的错报，则不得不减少应收账款和存货项目的可容忍错报。这是不理想的，因为后两者的审计成本高于现金的审计成本。由于搜集有关存货证据的审计成本最高，所以尽管存货和应收账款两者的账面余额相等，前者的可容忍错报仍要高于后者。

在实际工作中，往往很难事前预测哪些账户可能发生错报，也很难事先确定某个账户的错报是多报还是少报。同样，也无法事先确定每个账户相对审计成本的高低。因此，将重要性的初步判断在各个账户之间分配，是一个非常困难的职业判断。但是，注册会计师至少必须考虑

两项主要因素：各类交易、账户余额或披露的性质及错报的可能性；各类交易、账户余额或披露层次的重要性水平和财务报表层次的重要性水平之间的关系。由于为各类交易、账户余额或披露确定的重要性水平，即可容忍错报对审计证据数量有直接的影响，所以注册会计师应当合理确定可容忍错报。

3. 实际执行的重要性水平

实际执行的重要性水平是指注册会计师确定的低于财务报表层次的重要性水平的一个或多个金额，旨在将未更正和未发现错报的汇总数超过财务报表层次的重要性水平的可能性降至适当的低水平。如果适用，则实际执行的重要性水平还指注册会计师确定的低于特定类别的交易、账户余额或者披露的重要性水平的一个或多个金额。

确定实际执行的重要性水平并非简单的机械计算，需要注册会计师运用职业判断。通常而言，实际执行的重要性水平通常为财务报表整体重要性的 50%至 75%。如果存在以下情况，则注册会计师可能选用较低的百分比来确定实际执行的重要性水平。

① 首次接受委托的项目。

② 连续审计项目，以前调整项目较多。

③ 项目总体风险较高。

④ 存在或预期存在值得关注的内部控制缺陷。

如果存在下列情况，则注册会计师可能考虑选择较高的百分比来确定实际执行的重要性水平。

① 连续审计项目，以前调整项目较小。

② 项目总体风险为低到中等。

③ 以前期间的审计经验表明内部控制运行有效。

4. 在审计中运用实际执行的重要性水平

实际执行的重要性水平在审计中的作用主要体现在以下几个方面。

① 注册会计师在计划审计工作时可以根据实际执行的重要性水平确定需要对哪些类型的交易、账户余额和披露实施进一步审计程序，即通常选取金额超过实际执行的重要性水平的财务报表项目，因为这些财务报表项目有导致财务报表出现重大错报的可能。

② 运用实际执行的重要性水平确定进一步审计程序的性质、时间安排和范围。例如，在实施实质性分析程序时，注册会计师确定的已记录的金额和预期值之间的可接受差异通常不超过实际执行的重要性水平；在运用审计抽样实施细节测试时，注册会计师可以将可容忍错报金额设定为等于或低于实际执行的重要性水平。

5. 对审计过程中识别出的错报的考虑

（1）错报的定义

错报是指某一财务报表项目的金额、分类、列报或披露，与按照适用的财务报告编制基础应当列示的金额、分类、列报或披露之间存在的差异；或者根据注册会计师的判断，为使财务报表在所有重大方面实现公允反映，需要对金额、分类、列报或披露做出的必要调整。错报可能是由于错误或舞弊导致的。

（2）错报的分类

① 事实错报。这类错报产生于被审计单位搜集和处理数据的错误、对事实的忽略或误解，或者舞弊行为。例如，注册会计师在审计测试中发现购入存货 15 000 元，但账面记录的金额却为 10 000 元。

② 判断错报。这类错报是指注册会计师认为管理层对会计估计做出不合理的判断或不恰当地选择和运用会计政策而导致的差异。

③ 推断错报。这类错报是指注册会计师对总体存在的错报做出的最佳估计数，涉及根据在审计样本中识别出的错报来推断总体的错报。推断错报通常是通过测试样本估计出的总体错报减去在测试中发现的已经识别的具体错报。

（3）对识别出的错报的考虑

注册会计师在完成财务报表全部账目审查之后，在评价财务报表的公允表达时，应评价在审计中所确定的尚未更正错报的累计额是否重要。该错报的累计额由注册会计师已通过审计发现的事实错报（包括前期审计中已确认的尚未更正错报的净影响结果）、判断错报和审计推断错报之和组成。同时，注册会计师应考虑期后事项与或有事项是否已做适当处理。

如果注册会计师认为该错报属于重要错报，就需要考虑通过扩大审计程序或请求管理层调整财务报表来降低审计风险。如果管理层拒绝调整财务报表和执行扩大审计程序的结果并不能使注册会计师认为尚未更正错报的累计额属不重要，那么注册会计师就应考虑按照有关审计报告准则的要求发表保留意见或否定意见；如果注册会计师所确定的尚未更正的错报累计额只是接近重要性水平，那么注册会计师就应考虑尚未检查出的错报连同累计尚未更正错报额是否可能超过重要性水平。因此，当累计尚未更正错报额接近重要性水平时，注册会计师员应考虑通过执行额外审计程序或要求管理层就已确定的错报调整财务报表，以降低审计风险。

我们仍以前例来说明估计错报并进行比较。假定在存货项目审计中，总体价值为 450 000 元，样本价值为 50 000 元，注册会计师发现价值为 4 800 元的多报错报。计算错报估计数的方法之一是将错报金额（4 800 元）除以样本金额（50 000 元），然后用所得结果乘以总体账面总值（450 000 元），从而得出错报估计数为 43 200 元的多报错报。

课堂思考 *5-2*

请指出例中存货项目的已识别的具体错报和推断错报分别是多少？

以此类推，对资产负债表（简表）中的其他两个项目实施审计程序，确定其估计差错如表 5.4 所示。在表 5.4 中，右边一栏显示每一账户多报错报的估计总数，而错报估计总数则是每一账户错报估计数之和，即 56 000 元。至此，可以将财务报表层次的重要性水平与联合错报的估计数进行比较。

表 5.4　财务报表层次的重要性水平与联合错报的估计数　　元

账　户	可容忍错报（多报）	错报金额的估计数（多报）
现金	1 000	800
应收账款	15 000	12 000
存货	34 000	43 200
财务报表层次的重要性水平	50 000	
错报估计总数		56 000

在本例中，错报估计总数高于财务报表层次的重要性水平，所以财务报表公允性不能接受。注册会计师可以进一步检查存货中的多报是否确实超过了 43 200 元，或者提出保留意见或否定意见。假定要进一步审计，注册会计师的力量将主要集中于存货中的错报。

假定存货多报错报总额估计数是 34 000 元至 37 200 元之间，这一估计数虽然高于该账户的可容忍的错报，但注册会计师却可能无须扩大审计测试的范围，因为这时的错报估计总数可能等于或低于 50 000 元的财务报表层次的重要性水平。不过，注册会计师必须评价存货多报是否会影响使用者的决策。

复习思考题

一、填空题

1．审计风险由＿＿＿＿＿和＿＿＿＿＿构成。

2．重大错报风险由＿＿＿＿＿风险和＿＿＿＿＿风险构成。

3．重要性的确定包括＿＿＿＿＿和＿＿＿＿＿两个层次。

4．审计过程中识别的错报包括＿＿＿＿＿＿＿＿、＿＿＿＿＿＿＿＿和＿＿＿＿＿＿＿＿3个方面。

5．如果注册会计师认为错报属于重要错报，就需要考虑通过＿＿＿＿＿或请求管理层调整财务报表来降低审计风险。

二、单项选择题

1．假设可接受的审计风险水平为5%，而评估的重大错报风险80%，则可接受的检查风险水平是（　　）。

A．5%　　B．6.3%　　C．40%　　D．16%

2．注册会计师在执行年度财务报表审计时，下列各项中最有可能帮助其对重要性水平做出初步判断的是（　　）。

A．计划实施实质性测试时确定的预期样本量

B．被审计单位的中期财务报表

C．内部控制调查问卷

D．与管理层的沟通函

3．编制审计计划时，注册会计师应对重要性水平做出初步判断，以确定（　　）。

A．所须审计证据的数量　　B．可容忍误差

C．初步审计策略　　D．审计意见类型

4．在检查风险一定的情况下，认定层次的重大错报风险和可接受的检查风险之间的关系是（　　）关系。

A．重大错报风险越高，可接受的检查风险越低

B．重大错报风险越低，可接受的检查风险越低

C．重大错报风险越高，可接受的检查风险越高

D．重大错报风险的高低与可接受的检查风险无关

5．实际执行的重要性水平通常为财务报表层次重要性水平的50%至75%。如果存在（　　）的情况，注册会计师可能选用较低的百分比来确定实际执行的重要性。

A．首次接受委托的项目　　B．连续审计项目，以前调整项目较小

C．项目总体风险为低到中等　　D．以前期间的审计经验表明内部控制运行有效

6．ABC会计师事务所接受委托对XYZ股份有限公司2019年年度的财务报表进行审计。项目负责人A注册会计师为了编制审计计划执行了分析性复核程序，分析程序的结果显示XYZ公司的利润率从2018年的25%下降为2019年的15%。因此，注册会计师应当（　　）。

A．提请被审计单位在财务报表附注中说明

B．考虑被审计单位财务报表中错报的可能性

C．在审计报告中增加强调事项段

D. 评价被审计单位管理层的工作表现

7. 下列关于重大错报风险的说法中，不恰当的是（　　）。

A. 由财务报表层次重大错报风险可以界定某类具体认定

B. 财务报表层次重大错报风险可能影响多项认定

C. 财务报表层次重大错报风险通常与控制环境有关

D. 重大错报风险是财务报表在审计前存在重大错报的可能性，评估重大错报风险与审计项目组成员的经验有关

8. 根据审计风险模型“审计风险＝重大错报风险×检查风险”，下列决定注册会计师将要实施审计程序的性质、时间、安排和范围的风险因素是（　　）。

A. 审计风险　　B. 可接受检查风险

C. 抽样风险　　D. 重大错报风险

9. 控制风险和固有风险是主要针对（　　）的重大错报风险而确定的。

A. 审计执行层次　B. 认定层次　C. 审计计划层次　D. 重要性

10. 重要性取决于在具体环境下对错报金额性质的判断。下列有关重要性的理解不正确的是（　　）。

A. 对重要性的判断是根据具体环境做出的

B. 重要性受到错报数量或性质的影响，或者受两者的共同影响

C. 判断某项对财务报表使用者是否有重大影响是在考虑财务报表使用者整体共同财务信息需求的基础上做出的

D. 当错报金额低于财务报表层次的重要性水平时，表明不重大

三、多项选择题

1. 评价重要性的基础有（　　）。

A. 资产总额　　B. 净资产　　C. 营业收入　　D. 净利润

2. 对于特定被审计单位而言，审计风险和审计证据的关系可以表述为（　　）。

A. 期望的审计风险越低，所需的审计证据数量就越多

B. 评估的固有风险越低，所需的审计证据数量就越少

C. 评估的控制风险越高，所需的审计证据数量就越多

D. 可接受的检查风险越高，所需的审计证据数量就越多

3. 有关审计重要性的概念，以下表述正确的是（　　）。

A. 制订审计计划时要运用重要性，以初步确定审计证据的数量

B. 在评价审计结果时要运用重要性，以确定未更正错报是否低于重要性水平

C. 重要性与审计风险呈反向关系

D. 重要性包括数量和性质两个方面

4. 如果尚未调整的错报或漏报的汇总数超过重要性水平，注册会计师应当考虑（　　）以降低审计风险。

A. 扩大实质性测试范围　　B. 追加审计程序

C. 提请被审计单位调整会计报表　　D. 出具否定意见审计报告

5. 下列有关检查风险的说法中，正确的有（　　）。

A. 注册会计师通过控制重大错报风险来降低检查风险

B. 重大错报风险的水平决定了可接受的检查风险

C. 可接受的检查风险影响了实质性程序的性质、时间和范围

D．如果不能将重要账户的检查风险降低至可以接受的水平，则应当发表否定意见

6．注册会计师在确定计划的重要性水平时，需要考虑（ ）主要因素。

A．对被审计单位及其环境的了解

B．审计的目标

C．财务报表各项目的性质及相互之间的关系

D．财务报表项目的金额及波动幅度

7．注册会计师在运用重要性原则评价审计结果时，应从错报的( )两个方面考虑。

A．行业状况 B．内部控制状况 C．数量 D．性质

8．（ ）相对稳定、可预测，且能够反映被审计单位的正常规模，注册会计师经常将其用作确定计划重要性水平的基准。

A．营业收入 B．总资产 C．营业外收入 D．存货

9．审计风险构成要素包括（ ）。

A．重大错报风险 B．检查风险 C．审计重要性 D．合理保证

10．注册会计师在对振华股份有限公司审计时，针对存货项目设定的可容忍错误是30 000元。审计中通过样本测试，样本错报5 000元，估计总体错报33 000元，则（ ）。

A．实际错报5 000元 B．实际错报38 000元

C．推断错报28 000元 D．推断错报33 000元

四、简答题

1．简述审计风险的概念，并说明审计风险的构成因素及其相互关系。

2．如何理解重要性概念？

3．影响重要性确定的因素有哪些？

4．审计报告阶段如何运用重要性原则？

五、操作题

操作题5-1

1．案例资料

注册会计师在对B公司2019年年度财务报表进行审计时，对审计风险的有关要素分别做出如表5.5所示的评估。

表5.5 对审计风险的有关要素的评估

情 况	可接受的审计风险水平	评估的重大错报风险
1	5%	90%
2	5%	40%
3	5%	10%

2．要求

（1）根据审计风险模型，计算注册会计师在不同情形下应确定的检查风险水平。

（2）根据计算的结果，说明检查风险的评估基础及其对确定实质性测试的性质、时间和范围的影响。

操作题5-2

1．案例资料

A和B注册会计师对XYZ股份有限公司2019年年度财务报表进行审计，其未经审计的有关财务报表项目金额如表5.6所示。

表5.6 未经审计的有关财务报表项目

财务报表项目名称	金额/万元
资产总计	3 000
股东权益合计	1 800
主营业务收入	4 700
税前利润总额	470
净利润	352.5

2．要求

（1）如果以资产总额、净资产（股东权益）、主营业务收入和净利润作为判断基础，采用固定比例法，并假定资产总额、净资产、主营业务收入和税前利润的固定百分比数值分别 0.5%、1%、0.5%、5%，试计算并确定XYZ股份有限公司2019年年度财务报表层次的重要性水平（要求列示计算过程）。然后，说明在分配各账户重要性水平时应考虑哪些因素。

（2）简要说明重要性水平和审计风险之间的关系。

第 6 章

审计证据与审计工作底稿

学习目标

1. 了解审计证据的概念、特征和分类。
2. 了解审计工作底稿的定义、分类和归档。
3. 掌握审计证据的鉴别和评价。
4. 掌握审计工作底稿的填写和复核。

引导案例

审计证据的收集与整理——轿车之谜

1999年5月24日，S市审计局派出一个审计小组对市某公司进行资产、负债及损益的审计。经过一连几天的深入检查，审计小组一一查出了该公司存在的多提职工教育经费、多提福利费、多支付职工风险金集资利息和违控购置等问题，并发现经常停放在公司办公楼前的一辆得利卡牌轿车没有在账上反映。

针对这一疑问，审计小组在公司上下进行了较广泛的座谈。关于轿车的来源，公司的干部、职工有两种说法。一种说法是 1998年 10月份买的。可该公司近几年连续亏损，且从 1998年开始由银行对其资金运营进行监管，其大额开支必须经过银行同意，不可能有那么多资金用于购车。另一种是抵债收回来的。审计小组不仅看到了一份由甲单位出具的抵债协议书，而且得到公司领导和财会人员的一致解释：车刚收回，没来得及入账。后一种说法似乎更有说服力。

为了破解轿车之谜，审计小组决定兵分两路：一路到市车辆证照登记管理部门查询该车的证照手续办理情况；另一路则直奔甲单位查询有关抵债的情况。

到市车辆证照登记管理部门的注册会计师查出了购车发票，并从中获知该车系武汉某公司出售的初步证据；对甲单位进行查询的注册会计师虽然起初被甲单位推说财会人员不在所抵制，但最终还是将甲单位说服，甲单位承认了与该公司签订假抵债协议书的实情。据此，审计小组立即派人员前往出售该车的武汉某公司查询，了解到购车款是通过 S市某银行储蓄所名为壹贰叁的账户以转账支票方式支付的，金额为 138万元。经查询该银行账户，审计小组发现户主正是该公司。显然，车是买的，不是抵债收回的。

谜底被揭穿后，该公司领导和财会人员不得不说出了购车款的来源。1997年，该公司主管部门的负责人授意用该公司历年收取的商品收入 1 000多万元设立小金库，涉嫌经济犯罪。市纪检司法部门对其进行了立案查处，在处理1 000多万元小金库时，该公司称其中有 138万元是职工集资款，并出示了收取和退还职工集资款的有关手续凭证，专案组也就剔除了其中 138 万元。哪知该公司原收取的职工集资款已汇入账内长期借款账户，并未纳入原小金库收入，在用原小金库资金退还职工集资款 138 万元后，其账内仍以职工集资款名义虚列着 138 万元的债务。直到 1998 年该公司以为调包成功，就将这 138 万元转入某银行储蓄所，开设了壹贰叁账户，在账外又形成了一个新的小金库。

至此，审计人员彻底破解了这桩轿车之谜。

试问：审计人员为查明该公司轿车之谜，采用了哪些方法？收集了哪些审计证据？何为审计证据？

6.1 审计证据

6.1.1 审计证据的概念

按照《中国注册会计师审计准则第 1101 号——注册会计师的总体目标和审计工作的基本要求》的规定，审计证据是指注册会计师为了得出审计结论和形成审计意见而使用的信息。审计证据包括构成财务报表基础的会计记录所含有的信息和其他的信息。《中国注册会计师审计准则第 1301 号——审计证据》进一步明确了会计记录的内涵，是指对初始会计分录形成的记录和支持性记录。例如，支票、电子资金转账记录、发票和合同；总账、明细账、会计分录及对财务报表予以调整但未在账簿中反映的其他分录；支持成本分配、计算、调节和披露的手工计算表及电子数据表。

依据会计记录编制财务报表是被审计单位管理层的责任，注册会计师应当测试会计记录以获取审计证据。但是，会计记录中含有的信息本身并不足以提供充分的审计证据作为对财务报表发表审计意见的基础，注册会计师还必须获取用作审计证据的其他信息。其他信息内容比较广泛，包括有关被审计单位所在行业的信息、被审计单位内外部环境的其他信息等。

财务报表依据的会计记录中包含的信息和其他信息共同构成了审计证据，两者缺一不可。如果没有前者，则审计工作将无法进行；如果没有后者，则可能无法识别重大错报风险。只有两者结合在一起，才能将审计风险降低至可接受的水平，为注册会计师发表审计意见提供合理的基础。

注册会计师运用适当的审计程序，采用的所有审计手段无非都是围绕着搜集审计证据这一目的进行的。通过审计证据的搜集和评价可以证明被审计单位财务报表的合法性与公允性、证明经济活动的合法性与效益性，并证明注册会计师所做的结论和所提的意见的正确性。总之，审计证据是做好审计工作、合理提出审计报告、达到审计目标的重要条件。

课堂思考 6-1

如何理解审计证据的构成？

6.1.2 审计证据的特征

注册会计师获取的审计证据应当具有充分性和适当性。

1. 充分性

审计证据的充分性是对审计证据数量的衡量。注册会计师需要获取的审计证据的数量受其对重大错报风险评估的影响，并受审计证据质量的影响。通常审计项目风险越大，所需的证据数量就越多。审计过程中需要大量专业判断，注册会计师及助理人员审计经验丰富，可减少对审计证据数量的依赖程度，所需的证据数量就可相对少些。相反，则必须增加审计证据的数量。发现了错误或舞弊，其他方面存在问题的可能性就会增加，注册会计师就必须扩大审计范围、增加抽查数量来获取较多的审计证据，以确保审计结论的可靠性和审计意见的恰当性。审计证据的类型和途径影响其可靠性，可靠性越高，所需的证据数量就越少。现代审计是抽样审计，总体项目越多、规模越大，所需的证据数量就越多。审计的总体特征是指总体各项目之间的差别，其差别越大，离散程度越高，所需的证据数量就越多。

2. 适当性

审计证据的适当性是对审计证据质量的衡量，即审计证据在支持审计意见所依据的结论方面具有的相关性和可靠性。审计证据应当与审计目标相关联，并能如实反映客观事实。

审计证据的适当性受以下两个因素影响。

① 相关性。注册会计师只能利用与审计目标相关联的审计证据来证明或否定被审计单位所认定的事项，所以只有相关性的证据才是适当的、有说服力的。例如，存货监盘表是与存货的存在这一目标相关的，但却不能证明存货的所有权和价值。再如，检查应收账款在资产负债表日后收款的记录可以提供有关销售交易发生和准确性（应收账款的存在和计价）的审计证据，但是与销售交易的截止不一定相关。

搜集的证据如果与审计目标不相关，即使证据再可靠、数量再多，也起不到证明作用，只会浪费时间和审计成本。搜集审计证据必须紧紧围绕审计目标进行。

② 可靠性。可靠性是指证据能够如实反映审计事项的客观事实。审计证据的可靠性受其来源和性质的影响，并取决于获取审计证据的具体环境。注册会计师通常按照下列原则考虑审计证据的可靠性：从外部独立来源获取的审计证据比从其他来源获取的审计证据更可靠；内部控制有效时内部生成的审计证据比内部控制薄弱时内部生成的审计证据更可靠；直接获取的审计证据比间接获取或推论得出的审计证据更可靠；以文件记录形式（纸质、电子或其他介质）存在的审计证据比口头形式的审计证据更可靠；从原件获取的审计证据比从传真或复印件获取的审计证据更可靠。

通常情况下，注册会计师以函证方式直接从被询证者获取的审计证据比被审计单位内部生成的审计证据更可靠。通过函证等方式从独立来源获取的相互印证的信息，可以提高注册会计师从会计记录或管理层书面声明中获取的审计证据的保证水平。

课堂训练 *6-1*

注册会计师在审计中搜集到以下4组审计证据。

① 注册会计师通过盘点现金编制的库存现金盘点表和被审计单位提供的现金日记账。

② 销货发票副本与销售明细账。

③ 注册会计师收回的应收账款函证回函和被审计单位的应收账款明细账。

④ 某项开支的会计记录与询问负责人该项开支的口头说明。

请问：每组审计证据中哪项审计证据更为可靠？

3. 充分性和适当性之间的关系

充分性和适当性是审计证据的两个重要特征，两者缺一不可，只有充分且适当的证据才是有证明力的。

注册会计师需要获取的审计证据的数量受审计证据质量的影响。审计证据质量越高，需要的审计证据的数量就可能越少。也就是说，审计证据的适当性会影响审计证据的充分性。如果审计证据的质量存在缺陷，那么注册会计师仅靠获取更多的审计证据可能无法弥补其质量上的缺陷。

课堂思考 *6-2*

如果注册会计师应当获取与销售收入完整性相关的证据，实际获取到的却是与销售收入真实性相关的证据，则说明审计证据存在什么问题？

6.1.3 审计证据的分类

审计证据按其存在形式（外形特征）分为实物证据、书面证据、口头证据和环境证据。这4类审计证据也称为审计证据的基本分类。

1. 实物证据

实物证据是指通过实际观察或清点获得，用以确定某种实物资产是否确实存在及其实有数量的证据。可以通过监盘确定库存现金、有价证券、存货和固定资产的实有数量及质量状况。实物证据通常是证明实物资产是否存在及其实有数量的非常有说服力的证据，但实物资产的存在并不能证实被审计单位对其拥有所有权，也不能确定其计价的合理性。

2. 书面证据

书面证据是指通过审查各种书面记录所获取的证据。书面证据的最初存在形式包括与审计有关的各种原始凭证、会计记录（记账凭证、会计账簿和各种明细表），各种会议记录和文件，各种合同、通知书、报告书及函件等。书面证据是注册会计师获取的最基本、数量最大的证据，是审计证据的主体，因此常常被称为基本证据。书面证据的可靠性取决于其获得的途径。

书面证据按其来源，还可进一步分为内部证据和外部证据：内部证据是指由被审计单位内部产生并保存的各种书面资料，包括被审计单位的会计记录、声明书、其他书面文件等；外部证据是指被审计单位以外的第三方编制的书面证据、证词等，一般包括从外单位获得的发票、运单、对账单，以及被审计单位的债权人与债务人对函证所做的回复等。内部证据不如外部证据可靠，但有些内部证据在3种情况下可靠性会增强。第一种是确认该证据是否经过外部流转，并获得其他单位或个人的承认。凡是经过外部鉴证的证据，其可靠性较高，如销售发票、付款支票等。第二种是确认产生该证据的内部控制是否健全有效。在健全有效的内部控制环境中产生的内部证据，其可靠性较高。第三种是确认该证据是否有其他证据相互印证。凡是单独存在的内部证据，其可靠性较差；有其他内部证据或外部证据相互印证，形成证据链的内部证据，其可靠性较高。在外部证据中，一种是由被审计单位以外的第三方所编制并直接递交注册会计师的各种证据，这种证据的证明力较强；另一种是由被审计单位以外的第三方所编制，但由被审计单位持有并提交注册会计师的书面证据，这种书面证据有被涂改或伪造的可能性，注册会计师应当提高警惕。

3. 口头证据

口头证据是指有关人员对注册会计师的提问进行口头答复所形成的证据，也称言辞证据。注册会计师应将各种重要口头证据做成记录，并注明是何人、何时、在何种情况下所做的口头陈述，必要时还应获得被询问者的签名确认。口头证据常常带有个人感情色彩或偏见，其证明力较小，本身并不足以证明事情的真相，但可从中发现一些重要线索，从而有利于确定下一步的审计重点与方向，以便搜集更为可靠的证据。

4. 环境证据

环境证据也叫状况证据，是指对审计单位产生影响的各种环境事实。它主要包括：内部控制、会计机构和人员情况；组织机构及管理人员情况；管理队伍构成及素质情况；经营情况及发展趋势；发展战略与经营方针；当地经济发展情况；所在行业经营及发展情况，等等。环境证据可帮助注册会计师了解被审计单位及其经济活动所处的环境、把握其经营业务的总体情况、分析其相关经济资料的合理性，从而便于掌握审计线索和审计重点。

实例研究 6-1

注册会计师在审计过程中发现某公司存在以下可能导致出现错误的状况。

库存现金未经认真盘点；接近资产负债表日前入库的某产品可能已记入存货项目，但未进行相关的会计记录；由外公司代管的甲材料可能并不存在；外公司存放在该公司的乙材料可能已记入该公司存货项目。试分别指出应搜集哪些审计证据。

分析

① 对期末库存现金进行监盘，搜集实物证据、口头证据。

② 对期末存货进行截止测试，搜集书面证据。

③ 向外公司函证，搜集书面证据、口头证据。

④ 询问管理层，审阅相关的合同与信函并函证，搜集口头证据、书面证据。

⑤ 了解该企业内部控制制度、会计机构和人员情况、管理队伍构成及素质情况，搜集环境证据。

6.1.4 评价审计证据充分性和适当性的考虑

搜集审计证据是审计实施阶段的主要工作，直接反映了审计工作的质量水平。注册会计师应根据审计目标、被审计事项的特点和范围，运用多种审计方法，按照审计程序深入细致地做好审计证据的搜集工作。在评价审计证据的充分性和适当性时需要考虑以下事项。

① 对文件记录可靠性的考虑。审计工作不涉及文件记录的真伪，注册会计师也不是鉴定文件记录真伪的专家，但应当考虑用作审计证据的信息的可靠性，并考虑与这些信息生成和维护相关控制的有效性。

② 使用被审计单位生成的信息时的考虑。注册会计师为获取可靠的审计证据，实施审计程序时使用的被审计单位生成的信息需要足够完整和准确。例如，注册会计师打算测试总体（如销售）是否具有某一特征（如赊销批准），如果选择测试项目的总体不完整，则测试结果就可能不太可靠。

③ 证据相互矛盾时的考虑。如果针对某项认定从不同来源获取的审计证据或获取不同性质的审计证据能够相互印证，则与该项认定相关的审计证据具有更强的说服力。反之，表明某项

审计证据可能不可靠，注册会计师需要追加必要的审计程序。

④ 获取审计证据时对成本的考虑。注册会计师可以考虑获取审计证据的成本和所获取信息的有用性之间的关系，但不应以获取审计证据的困难和成本为由减少不可替代的审计程序。

实例研究 6-2

假设注册会计师在搜集被审计单位应收账款的审计证据时，被审计单位的个别债务人对肯定式函证不予答复，注册会计师应关注哪些问题？如果再次发函询证仍无答复，则注册会计师应如何处理？

分析

注册会计师审查应收账款时，被审计单位的某些债务人不回答应收账款肯定式询证函时，一般注册会计师应关注以下几种情况。

① 债务人可能不能正确对待询证函，对所询证内容故意不予回答。

② 债务人可能未收到询证函或债务人的回函注册会计师未收到。

③ 债务人可能并不存在。

基于以上3种情况，注册会计师应再次向债务人发函询证。

如果第二次肯定式询证函仍无回答，注册会计师应实施替代程序予以验证，即审查与销售有关的文件，包括销售合同、销售订单、销售发票副本及发货凭证等，以证实这些应收账款的真实性，获取合理的审计证据。

课堂训练 6-2

众信会计师事务所某审计小组在举行审计项目小组讨论会，着重讨论审计证据的充分性和适当性的有关问题。甲注册会计师提出一种观点：从审计证据的质量越高需要的审计证据数量越少，可以得出审计证据的质量和数量是成反比的；反之，审计证据的质量越低需要的审计证据数量越多。也就是说，审计证据的数量可以弥补审计证据质量的不足。乙注册会计师则提出了另一观点：认为审计资源是有限的，为了获取更多的利润，对于那些获取审计证据比较困难和成本较高的程序，可以采取其他程序来替代，只要不影响最终的审计质量即可。

要求：

（1）简述一下审计证据的特性。

（2）你是否认同甲注册会计师的观点？请简要说明理由。

（3）你是否认同乙注册会计师的观点？请简要说明理由。

6.2 审计工作底稿

6.2.1 审计工作底稿的含义和目的

《中国注册会计师审计准则第 1131 号——审计工作底稿》中规定，审计工作底稿是指注册会计师对制订的审计计划、实施的审计程序、获取的相关审计证据，以及得出的审计结论做出的记录。审计工作底稿是审计计划、审计程序、审计证据和审计结论的载体，形成于审计工作的全过程。

编制审计工作底稿的目的主要有以下两点。

1. 提供证据，作为注册会计师得出实现总体目标结论的基础

审计工作底稿是注册会计师得出审计结论、形成审计意见的直接依据。及时编写审计工作底稿，有助于提高审计工作质量，便于在出具审计报告之前对取得的审计证据和得出的审计结论进行有效复核与评价。

2. 提供证据，证明注册会计师按照审计准则和相关法律法规的规定计划并执行了审计工作

在会计师事务所接受监督机构的职业质量检查时，或者因职业质量而涉及诉讼时，审计工作底稿能够提供证据，证明会计师事务所是否按照审计准则的规定执行了审计工作。

6.2.2 审计工作底稿的分类

审计工作底稿按其性质和作用划分，一般可分为综合类工作底稿、业务类工作底稿和备查类工作底稿。

1. 综合类工作底稿

这是注册会计师在审计准备和报告阶段，为规划、管理和总结整个审计工作并发表审计意见所形成的审计工作底稿。它主要包括审计业务约定书、审计计划、审计差异汇总表、试算平衡表、审计总结及审计调整分录汇总表、审计报告书未定稿等综合性的审计工作记录。一般而言，综合类工作底稿形成于审计计划和审计报告阶段。

2. 业务类工作底稿

这是注册会计师在审计实施阶段所形成的审计工作底稿。它主要包括注册会计师在执行预备调查、实施控制测试和实质性测试等审计程序时所形成的工作底稿。其基本格式如下。

业务类工作底稿基本格式

被审计单位名称____________ 索印号______ 页次______

审计项目名称____________ 编制人______ 日期______

会计期间或截止日____________ 复核人______ 日期______

索引号	审计内容及说明	金 额
	审计程序实施记录 审计标识 资料来源说明	
审计结论		

3. 备查类工作底稿

这是注册会计师在审计过程中形成的，对审计工作仅具有备查作用的审计工作底稿。它主要包括与审计约定事项有关的重要法律性文件、会计记录、经济合同与协议、企业营业执照、公司章程等原始资料的副本或复印件。注册会计师在审计准备、实施和报告 3 个阶段均可形成备查类工作底稿。

审计工作底稿是连接整个审计工作的纽带，是发表审计意见、出具审计报告的直接依据，是明确审计责任、评价审计工作业绩的依据。它为审计质量控制和质量检查提供了可能，对未来审计业务具有参考价值，可成为审计业务培训的重要资料。

6.2.3 审计工作底稿的编制

1. 审计工作底稿的基本要素

① 被审计单位名称。
② 审计项目名称。
③ 审计项目时点或期间。
④ 审计过程记录。
⑤ 审计标识及其说明。
⑥ 审计结论。
⑦ 索引号及页次。
⑧ 编制者姓名及编制日期。
⑨ 复核者姓名及编制日期。
⑩ 其他应说明事项。

2. 编制审计工作底稿的基本要求

① 在内容上做到资料翔实、重点突出、繁简得当、结论明确。
② 在形式上做到要素齐全、格式规范、标识一致、记录清晰。

6.2.4 审计工作底稿的复核

审计工作底稿复核制度是指审计组织对有关复核人员级别、复核程序与要点、复核人员职责等所做出的明确规定。通过对审计工作底稿的复核，能减少和消除工作失误，确保并提高审计工作质量。

1. 审计工作底稿的复核内容与要求

复核内容通常包括以下4点。
① 所引用的材料是否真实可靠。
② 所获取的审计证据是否充分恰当。
③ 所做的审计判断是否有理有据。
④ 所形成的审计结论是否正确。
复核要求包括以下4点。
① 做出必要的复核记录。
② 签署复核意见。
③ 对于发现的问题，应指示有关人员予以答复、处理，并形成相应的审计记录。
④ 签名。

2. 审计工作底稿的复核

（1）项目组成员的复核

《中国注册会计师审计准则第1121号——对财务报表审计实施的质量控制》规定，由项目组内经验较多的人员（包括项目合伙人）复核经验较少人员的工作时，复核人员应当考虑以下几点。
① 审计工作是否已按照法律法规、相关职业道德要求和审计准则的规定执行。
② 重大事项是否已提请进一步考虑。
③ 相关事项是否已进行适当咨询，由此形成的结论是否得到记录和执行。
④ 是否需要修改已执行审计工作的性质、时间安排和范围。

⑤ 已执行的审计工作是否支持形成的结论，并已得到适当的记录。

⑥ 获取的审计证据是否充分、适当，足以支持审计结论。

⑦ 审计程序的目标是否已经实现。

复核范围因审计规模、审计复杂程度及工作安排的不同而存在显著差异。有时由高级助理人员复核低层次人员执行的工作；有时由项目经理完成，并最终由项目合伙人复核。如上所述，对工作底稿实施的复核必须留下证据，一般由复核者在相关审计工作底稿上签名并署明日期。

（2）项目质量控制复核

《中国注册会计师审计准则第 1121 号——对财务报表审计实施的质量控制》规定，项目质量控制复核是指在审计报告日或审计报告日之前，项目质量控制复核人员对项目组做出的重大判断和在编制审计报告时得出的结论进行客观评价的过程。项目质量控制复核适用于上市实体的财务报表审计，以及会计师事务所确定需要实施项目质量控制复核的其他审计业务。项目合伙人有责任采取以下几项措施。

① 确定会计师事务所已委派项目质量控制复核人员。

② 与项目质量控制复核人员讨论在审计过程中遇到的重大事项，包括项目质量控制复核中识别的重大事项。

③ 在项目质量控制复核完成后，才能出具审计报告。

项目质量控制复核人员应当客观地评价项目组做出的重大判断及在编制审计报告时得出的结论。评价工作应当涉及以下内容。

① 与项目合伙人讨论重大事项。

② 复核财务报表和拟出具的审计报告。

③ 复核选取的与项目组做出的重大判断和得出的结论相关的审计工作底稿。

④ 评价在编制审计报告时得出的结论，并考虑拟出具审计报告的恰当性。

会计师事务所采用制衡制度，以确保委派独立的、有经验的注册会计师作为其所熟悉行业的项目质量控制复核人员。复核范围取决于审计项目的复杂程度及未能根据具体情况出具审计报告的风险。

6.2.5　审计档案的管理

注册会计师应当按照会计师事务所质量控制政策和程序的规定，及时将审计工作底稿归整为最终审计档案。审计档案的所有权归会计师事务所，应当妥善保管。

1. 审计档案的结构

审计档案分为永久性档案和当期档案：永久性档案是指那些记录内容相对稳定、具有长期使用价值，并对以后的审计工作具有重要影响和直接作用的审计档案；当期档案是指那些记录内容经常变化，主要供当期和下期审计使用的审计档案。典型的审计档案结构如下。

① 与沟通和报告相关的工作底稿。

② 审计完成阶段工作底稿。

③ 审计计划阶段工作底稿。

④ 特定项目审计程序表。

⑤ 进一步审计程序工作底稿。

2. 审计工作底稿的归档期限

审计工作底稿的归档期限为审计报告日后 60 天内。如果注册会计师未能完成审计业务，审计工作底稿的归档期限为审计业务中止后的 60 天内。在审计报告日后将审计工作归整为最终审计档案是一项事务性的工作，不涉及实施新的审计程序或得出新的结论。

在完成最终审计档案归整工作后，如果注册会计师发现有必要修改现有审计工作底稿或增加新的审计工作底稿，则无论修改或增加的性质如何，注册会计师均应当做如下记录。

① 修改或增加审计工作底稿的理由。

② 修改或增加审计工作底稿的时间和人员，以及复核的时间和人员。

3. 审计工作底稿的保管期限

在完成最终审计档案的归整工作后，注册会计师不得在规定的保存期满前删除或废弃审计工作底稿。会计师事务所应当自审计报告日起，对审计工作底稿至少保存10年。如果注册会计师未能完成审计业务，则会计师事务所也应当自审计业务中止日起，将该审计工作底稿至少保存10年。

4. 审计工作底稿的保密与查阅

会计师事务所应建立严格的审计工作底稿保密制度，并落实专人管理。除了以下情形外，会计师事务所不得对外泄露审计档案中涉及的商业秘密和其他有关内容。

① 法院、检察院及其他部门因为工作需要，在按规定办理了有关手续后，可以依法查阅审计档案。

② 注册会计师协会在进行执业情况检查时，可以查阅审计档案。

③ 不同会计师事务所的注册会计师因为工作的需要，经过委托人的同意，在按规定办理了有关手续后，可以查阅审计档案。

课堂训练 *6-3*

鸿飞会计师事务所承接了大苗公司2019年年度财务报表审计工作，审计报告日是2020年3月15日，提交审计报告的时间是2020年3月17日。同时，约定下一年的审计工作依然由鸿飞会计师事务所承接。鸿飞会计师事务所于2020年6月24日完成了审计工作底稿归档工作。

要求：

① 简答鸿飞会计师事务所本次审计的审计工作底稿的归档期限是否正确，并说明理由。

② 简答本次审计工作底稿的保存期限。

复习思考题

一、填空题

1．审计证据的充分性主要与注册会计师确定的__________有关。

2．审计证据的特征是指__________和__________。

3．审计证据的适当性取决于审计证据的______________和______________。

4．审计证据按其外形特征分为__________、__________、__________和__________4种。

5．审计工作底稿的复核分为____________________和____________________。

6．审计工作底稿的归档期限为审计报告日后__________天。

7．会计师事务所应当自审计报告日起，对审计工作底稿至少保存__________年。

二、单项选择题

1. 注册会计师为明确被审计单位的会计责任获取的以下审计证据中，无效的审计证据是（　　）。

A. 审计业务约定书　　B. 管理层声明书
C. 律师声明书　　D. 管理建议书

2. 注册会计师获取的被审计单位有关人员口头答复所形成的书面记录属于（　　）。

A. 书面证据　B. 口头证据　C. 实物证据　D. 环境证据

3. 为了证实应收账款是否存在，以下各项书面证据中可靠性最强的是（　　）。

A. 注册会计师向被审计单位债务人函证应收账款的回函
B. 销货发票副本
C. 被审计单位提供的债务人的对账单
D. 被审计单位应收账款账簿

4. 下列各项不属于环境证据的是（　　）。

A. 被审计单位管理人员的素质　　B. 各种管理条件和管理水平
C. 被审计单位管理层的声明书　　D. 被审计单位的内部控制情况

5. 会计师事务所接受委托对被审计单位进行审计所形成的审计工作底稿，其所有权应归属于（　　）。

A. 执行审计业务的注册会计师　　B. 被审计单位
C. 审计委托人　　D. 执行业务的会计师事务所

6. 注册会计师对 X公司进行审计未能完成审计业务，会计师事务所于 2020年 5月 10日终止审计，则应对审计工作底稿（　　）。

A. 长期保存　　B. 至少保存 10年
C. 至少保存 5年　　D. 至少保存至 2031年

7. 作为内部证据的会计记录在以下情形中可靠性较弱的是（　　）。

A. 在外边流转　　B. 经注册会计师验证
C. 有健全有效的内部控制　　D. 被审计单位管理层声明

8. 书面证据通常不能通过（　　）。

A. 检查取得　B. 分析程序取得　C. 观察取得　D. 函证取得

9. 注册会计师采用函证程序获取的审计证据最能够证明以下财务报表项目的相关认定的是（　　）。

A. 应付账款的完整性认定　　B. 应收账款存在认定
C. 固定资产的存在认定　　D. 主营业务成本计价认定

10. 下列关于审计工作底稿归档期限的要求与审计准则一致的是（　　）。

A. 审计报告日后 30天　　B. 审计报告日后 60天
C. 审计业务约定书后 60天　　D. 审计业务终止后 90天

三、多项选择题

1. 审计证据的适当性是指审计证据的（　　）。

A. 充分性　B. 区域性　C. 可靠性　D. 相关性

2. 审计证据的充分性和适当性之间的内在关系为（　　）。

A. 审计证据的适当性会影响审计证据的充分性
B. 审计证据的充分性较高，适当性就较低

C．审计证据的相关性和可靠性较低时，所需的证据数量相对较多
D．审计证据的相关性和可靠性较高时，所需的证据数量相对较少

3．综合类工作底稿包括（　　　）。
A．审计总结　　B．审计业务约定书
C．企业营业执照、公司章程的副本　　D．审计计划

4．审计证据的特征是（　　　）。
A．审计证据的充分性　　B．审计证据的风险性
C．审计证据的适当性　　D．审计证据的准确性

5．审计证据的充分性是对审计证据数量的衡量。影响审计证据数量的因素有（　　　）。
A．样本规模大小　　B．重大错报风险评估水平
C．拟采取的具体审计程序类别　　D．获取审计证据的质量

6．注册会计师应当对应收账款实施函证，除非存在（　　　）的情况。
A．根据重要性原则，有充分证据表明应收账款对财务报表不重要
B．注册会计师很可能认为函证无效
C．金额较小
D．账龄较短

7．注册会计师应当及时编制审计工作底稿，及时编制的主要目的体现在（　　　）。
A．提供充分、适当的记录，作为出具审计报告的基础
B．提供证据，证明注册会计师已经按照审计准则和相关法律法规的规定计划并执行了审计工作
C．保留对未来审计工作持续产生重大影响的事项记录
D．便于会计师事务所按照《会计师事务所质量控制准则第 5101 号》的规定实施质量控制复核与检查

8．下列关于审计证据充分性的阐述中，正确的有（　　　）。
A．与重大错报风险是正向关系
B．与审计项目的重要程度是正向关系
C．与审计证据质量是正向关系
D．与审计重要性是反向关系

9．下列审计证据中，属于内部书面证据的有（　　　）。
A．会计记录　　B．客户证券经纪人的证明
C．被审单位材料盘点表　　D．董事会会议纪要

10．在完成最终审计档案的归档工作后，如果发现有必要修改现有审计工作底稿或增加新的审计工作底稿，则无论修改或增加的性质如何，注册会计师均应记录（　　　）事项。
A．修改或增加审计工作底稿的时间和人员，以及复核的时间和人员
B．修改或增加审计工作底稿的理由
C．修改或增加审计工作底稿对审计结论测试的影响
D．修改或增加审计工作底稿对审计工作底稿保管期限的影响

四、简答题

1．什么是审计证据？审计证据有哪些特征？
2．什么是审计工作底稿？它有什么作用？
3．审计证据的充分性和适当性评价应特殊考虑哪些事项？

五、操作题

操作题6-1

1．案例资料

(1)供货商发票	(2)银行对账单	(3)总账
(4)已注销工薪支票	(5)工薪时间卡	(6)购货请购单
(7)验收报告	(8)董事会议记录	(9)汇款通知单
(10)已签约合同	(11)提货单副本	(12)应收账款明细账
(13)已注销应付票据	(14)销售发票复印件	(15)公司章程
(16)应收票据	(17)被审计单位声明书	

2．要求

指出以上证据哪些是内部证据、哪些外部证据。

操作题6-2

1．案例资料

DH会计师事务所与某股份有限公司签订业务约定书，承担其2019年年度财务报表审计业务。DH会计师事务所派出以注册会计师张伟为负责人的四人小组对该项目进行审计。在损益审计中，注册会计师要求公司提供完整的成本核算资料，遭到该公司财务经理的拒绝，理由是有关成本信息属公司的商业秘密，不能对外公开。注册会计师耐心解释注册会计师对其商业秘密负有保密义务。但该公司财务经理认为，DH会计师事务所不可避免地要接受有关部门及注册会计师协会的检查，反映到审计工作底稿中的成本信息很难保证其安全性。双方争执不下，审计业务约定只好中断。

2．要求

(1)结合案情分析该公司是否有权拒绝注册会计师的审计要求。为什么？

(2)本案中中止约定对会计师事务所是否为合理选择？

(3)讨论有关审计工作底稿保密的基本理论。

(4)如何才能解除被审计单位对审计工作底稿中商业秘密被外泄的担忧。

第7章 内部控制与风险评估

学习目标

1. 了解内部控制的概念及控制目标。
2. 了解内部控制的构成要素。
3. 了解内部控制与审计的关系。
4. 掌握重大错报风险评估的程序及应对措施。

引导案例

内部控制的性质及构成分析——湘缆破产案的背后

湖南湘潭电缆厂（简称湘缆）在1992年前是一个年产值为25亿元人民币的全国大型一类电线电缆骨干企业，曾位居全国500家重点企业之列。1995年5月后，以陈海燕为首的一批“蛀虫”钻进了湘缆，从此该公司（已更名为集团公司）陷入困境。至1998年上半年，集团产值较上年同期下降55%，销售收入同期下降70%，增加亏损5 000余万元，职工生活无保障，集团决策层9名领导有8名集体提出辞职。同年9月上旬，由国务院派出的稽查特派员来湘缆查办此案。审计表明，湘缆集团实有资产10.46亿元，总负债达12.02亿元，严重资不抵债。审计机关进一步查明，作为党委书记兼总经理的陈海燕主管湘缆1 000天，国有资产大量流失，湘缆竟亏损3.61亿元，平均每天亏损36万元。

湖南省审计厅和湘潭市审计局经过1年零5个月的艰辛工作，对湘缆集团28家全资和控股子公司的资产、负债和损益情况进行了全面审计，并与有关部门密切配合，延伸审计调查了与湘缆集团有经济业务往来的大阳股份公司等7家陈海燕等人私营、合伙经营公司的账目，彻底查明了以陈海燕为首的特大经济犯罪案的主要犯罪事实：他们利用职务之便，采取狡诈的手段，挪用公款90次，总计金额4 700余万元，贪污侵吞公款43万余元，虚开增值税发票3份，造成国家税收实际损失175万元，偷税45万余元。这之后，湘缆进入破产清算程序。

湘缆一案是注册会计师在实行经济责任审计时发现线索的，他们在对湘缆的内控制度进行测评后，发现其内部管理相当混乱，各项制度形同虚设。湘缆的破产原因是多方面的，其内部控制制度的缺陷和功效失灵是导致湘缆破产的主要原因之一。

有效的内部控制能够减少所需的审计证据。为评价重大错报风险，注册会计师必须了解内部控制并搜集相关证据以支持这一评价。因此，审计师需要掌握关键的内部控制和重大错报风险概念，以减少计划审计证据而对内部控制进行有效的评价。本章将讲述内部控制的概念和注册会计师如何对内部控制进行评价等问题。

7.1 内部控制概述

7.1.1 内部控制的概念及目标

1. 内部控制的概念

根据《中国注册会计师审计准则第1211号——通过了解被审计单位及其环境识别和评估重大错报风险》中的定义，内部控制是指被审计单位为了合理保证财务报告的可靠性、经营的效率和效果及对法律法规的遵循，由治理层、管理层和其他人员设计与执行的政策及程序。

内部控制属于管理范畴，贯穿于企业经济活动的各个方面，只要存在经济活动和经营管理，企业就需要有相应的内部控制。内部控制是企业管理现代化的必然产物。

2. 内部控制的目标

被审计单位管理层建立健全内部控制，主要是为了实现以下管理目标：保证业务活动的有效进行；保护资产的安全与完整；防止、纠正错误与舞弊；保证会计资料的真实、合法、完整。

具体到与会计系统有关的内部控制，其设计和运行一般应当能够实现以下目标。

① 保证业务活动按照适当的授权进行。为了确保业务活动有序、有效地进行，内部控制较为健全的被审计单位一般都为业务活动的批准、执行、复核、评价做出统一规定，并分别赋予不同层次的人员相应的职责和权利。除非经过批准，否则任何业务活动的开展都不得逾越这些规定。只有这样，有关业务活动所派生的凭证资料才能正常地传输给被审计单位的会计系统。

② 保证所有交易和事项以正确的金额、在恰当的会计期间及时记录于适当的账户，使财务报表的编制符合会计准则的相关要求。

③ 保证对资产和记录的接触、处理均经过适当的授权。只有经过适当的授权，才能接触、处理资产，目的是为了确保资产的安全与完整，防止资产被挪用和盗窃。同样，记录（包括业务记录与会计记录）作为一种控制手段，如果未经授权便可接触、处理，就会弱化控制，易被篡改、删除，可能导致舞弊。

④ 保证账面资产与实物资产定期核对相符。建立这种定期核对制度，使其相互牵制，既有助于核实会计记录的准确性，又有助于核实实物资产的完整性。更为重要的是，当两者不一致时，有助于管理层及时采取措施，确保账实相符。

7.1.2 内部控制的构成要素

现代内部控制概念是经过了一个漫长的发展过程，由内部牵制、内部会计与管理控制、内部控制结构、内部控制整体框架发展而来的。内部控制的构成要素包括以下几个方面。

1. 控制环境

控制环境构成了其他内部控制要素的基础，是反映董事会、最高管理层和企业所有者对内部控制及其重要性整体态度的控制政策、措施和行为。控制环境是一种基础性的氛围，能增强或弱化企业各种方针政策的作用，直接影响其他内部控制成分。影响控制环境的因素包括诚信原则和道德价值观、管理哲学及经营模式、培养和评定员工的胜任能力、董事会及审计委员会的参与、组织结构、权利和责任的分配方法、人力资源政策及实务。

2. 风险评估

风险评估是指企业为实现目标而对相关的风险进行确认和分析，以构成风险管理的基础。企业风险是指由于外部和内部的因素或压力使得企业目标无法实现，并最终影响企业生存和盈利性的风险。按其对控制目标的影响，可分为影响经营控制目标的风险和影响财务报告目标的风险：前者包括新技术、客户需求或预期的改变、竞争、新法规、自然灾害、经济环境的变化等；后者包括信息处理系统的改变、会计人员的变动、内部注册会计师的减少等。

3. 控制活动

控制活动是指保证管理层指令被执行的政策和程序。它有助于保证已经采取了必要的行动或措施以关注影响企业实现其目标的相关风险。用于防止和发现会计数据错误或舞弊的控制活动有助于会计信息系统编制出可靠的财务报表。这类控制活动一般可归结为以下几种：不相容职责的分离；适当的交易授权，文档的记录、批准、验证；对账控制、报告控制、资产保护控制。

4. 信息与沟通

信息与沟通是指管理层通过建立的对经济活动数据进行加工处理的信息系统为经营管理提供信息，并通过该系统实现信息传递的内部控制措施。与注册会计师相关的信息系统就是会计信息系统。财务报告控制要求向负责履行控制程序的人员清楚地传达具体的职责，每位相关的人员必须知道控制如何进行、各自在系统中的作用和责任及以一贯与高效的态度履行其职责的重要性。

5. 监督

监督是管理层对内部控制质量进行持续的或定期的评价，以确定各项控制是否按照意图运行、是否针对情况变化进行修正。监督可以有多种渠道，如对现有内部控制的专门调查、内部注册会计师的报告、控制活动的例外报告、操作人员的反馈、顾客的投诉等。

7.1.3 内部控制的固有局限性

无论内部控制的设计和运行多么严密，也不能认为是完全有效的。因此，对任何一个内部控制系统来说，总是存在着一些固有的局限性。由于内部控制存在固有的局限性，同时内部控制只能为财务报表公允反映提供合理的保证，所以在审计中，注册会计师面临的重大错报风险总是存在的，即审计风险模型中的重大错报风险始终大于 0。这就要求注册会计师在审计过程中，无论被审计单位的内部控制设计及运行多么有效，都必须对财务报表的重要账户或交易类别执行最低限度的实质性测试。

内部控制的固有局限性之所以存在，是基于以下几点原因。

① 由于内部控制的设计和运行受制于成本效益原则，所以在实务中，如果某项内部控制的设计与执行成本超过因错弊所造成的困难损失，那么企业管理层是不会去建立这样的内部控制的。因此，管理层采用的内部控制往往不是最理想的。

② 内部控制的设计一般仅针对常规交易或业务进行，对于非常规交易或业务，现有的内部

控制往往无法起到约束控制作用。

③ 即使企业管理层设计出一个理想的内部控制制度，这一制度也可能因为执行制度的人员粗心大意、判断失误或对管理层指令的误解而失效。

④ 内部控制可能因为执行人员滥用职权、超越内控，或者因为两个不同岗位职责的人员相互勾结、串通而失效。

⑤ 企业面临的经营环境或业务性质的改变会让现有的内部控制不再适用，从而削弱内部控制的作用，甚至引起内部控制失效。

7.1.4 内部控制与审计的关系

内部控制既是被审计单位对其经济活动进行组织、制约、考核和调节的重要工具，也是注册会计师用以确定审计程序的重要依据。在现代审计的发展过程中，对内部控制的重视与信赖，加速了现代审计方法的变革、节约了审计时间和审计费用，同时也扩大了审计范围、完善了审计职能。

注册会计师需要了解和评价的内部控制只是与财务报表审计相关的内部控制，并非被审计单位所有的内部控制。与审计相关的内部控制包括以下几项。

1. 为实现财务报表可靠性目标设计和实施的控制

注册会计师应当运用职业判断，考虑一项控制或连同其他控制是否与评估重大错报风险及针对评估的风险设计和实施进一步审计程序相关。

2. 其他与审计相关的控制

如果在设计和实施进一步审计程序时拟利用被审计单位生成的信息，则注册会计师应当考虑用以保证该信息完整性和准确性的控制可能与审计相关；如果用以保证经营效率、效果的控制及对法律法规遵守的控制与实施审计程序时评价或使用的数据相关，则注册会计师应当考虑这些控制可能与审计相关。

被审计单位通常有一些与审计无关的控制，注册会计师无须对其加以考虑。例如，被审计单位可能依靠某一复杂的自动控制系统提高经营活动的效率、增强经营活动的效果，但这些控制通常与审计无关，就无须对此加以考虑。

在确定内部控制与审计的关系时，还应当明确以下3点。

① 注册会计师在执行财务报表审计业务时，不论被审计单位规模大小，都应当对相关的内部控制进行充分的了解。

② 了解与评价内部控制，有利于注册会计师编制合理的审计计划、设计恰当的审计程序，以提高审计工作效率。注册会计师应根据对被审计单位内部控制的了解，确定是否进行符合性测试。

③ 对被审计单位内部控制的了解和符合性测试并非财务报表审计工作的全部内容。内部控制良好的单位，注册会计师可能评估其控制风险较低而减少实质性测试程序，但绝不能完全取消实质性测试。

课堂训练 7-1

【单选题】1. 对建立健全内部控制，负有责任的是（　　）。

A. 会计师事务所　　　　B. 注册会计师

C. 被审计单位财会人员　　D. 被审计单位管理层

【多选题】2.内部控制的控制环境包括（　　）。

A.管理层的理念和经营风格　　B.职权与责任的分配

C.定期对账　　D.人力资源政策与实务

7.2 风险评估

在风险导向审计模式下，注册会计师以重大错报风险识别、评估和应对为审计工作的主线，最终将审计风险控制在可接受的低水平。重大错报风险识别和评估是审计风险控制流程的起点。其中，重大错报风险识别是指找出财务报表层次和交易、账户余额或披露层次的重大错报风险；重大错报风险评估是指对重大错报风险发生的可能性和后果严重程度进行评估。

7.2.1 风险的识别

风险评估程序是指注册会计师为了解被审计单位及其环境，以识别和评估财务报表层次及交易、账户余额或披露层次的重大错报风险（无论该错报由于舞弊还是错误导致）而实施的审计程序。它可以为设计和实施针对评估的重大错报风险采取的应对措施提供基础。在进行风险评估时，注册会计师可以实施以下审计程序。

1. 风险评估程序

（1）询问被审计单位管理层和内部其他相关人员

询问被审计单位管理层可以了解竞争对手、主要客户、新的税收法规、经营目标和战略的变化，财务状况和经营成果，所有权结构变化等；需要询问的被审计单位内部其他人员是注册会计师根据判断认为可能拥有某些信息的人员，这些信息有助于识别由于舞弊或错误导致的重大错报风险。

（2）分析程序

运用分析程序有助于识别异常的交易或事项，找出存在潜在错报风险的领域。其具体运用步骤如下。

步骤1　确定将要执行的计算及比较。

步骤2　估计期望值。

步骤3　执行计算和比较。

步骤4　分析数据，确认重大差异。

步骤5　调查重大差异。

步骤6　考虑对审计风险和审计计划的影响。

（3）观察和检查

观察和检查的具体运用步骤如下。

步骤1　观察被审计单位的生产经营情况。

步骤2　检查文件、记录和内部控制手册。

步骤3　阅读由管理层和治理层编制的报告。

步骤4　实地观看被审计单位的生产经营场所和设备。

步骤 5 追踪交易在财务报告信息系统中的处理过程。

2. 了解被审计单位及其环境

注册会计师应从以下方面了解被审计单位及其环境。

① 相关行业状况、法律环境和监管环境及其他外部因素，包括适用的财务报表编制基础。

② 被审计单位的性质。了解被审计单位的性质，可以使注册会计师了解预期在财务报表中反映的各类交易、账户余额或披露。

③ 被审计单位对会计政策的选择和运用。注册会计师应当根据被审计单位的经营活动，评价会计政策是否适当，并与适用的财务报表编制基础、相关行业使用的会计政策保持一致。

④ 被审计单位的目标、战略及可能导致重大错报风险的相关经营风险。

⑤ 对被审计单位财务业绩的衡量和评价。

⑥ 被审计单位的内部控制。

3. 项目组内部的讨论

在了解被审计单位及其环境的过程中，注册会计师应当组织项目组成员对财务报表存在重大错报的可能性进行讨论，并运用职业判断确定讨论的目标、内容、人员、时间和方式。项目组通过讨论，可以使成员更好地了解在各自负责的领域中由于舞弊或错误导致财务报表重大错报的可能性，并了解各自实施审计程序的结果如何影响审计的其他方面，包括对确定进一步实施的审计程序的性质、时间、范围的影响。

在讨论内容方面，项目组成员应当讨论被审计单位面临的经营风险、财务报表容易发生错报的领域及发生错报的方式，特别是由于舞弊导致重大错报的可能性；在人员参加方面，项目组的关键成员应当参与讨论，如果项目组需要拥有信息技术或其他特殊技能的专家，这些专家也应该参与讨论。此外，项目组成员应当根据审计的具体情况，在整个审计过程中持续交换有关财务报表发生重大错报的可能性信息。同时，在讨论时应当强调在整个审计过程中保持职业怀疑态度，警惕可能发生重大错报的迹象，并对这些迹象进行严格追踪。

7.2.2 评估重大错报风险

1. 评估重大错报风险的审计程序

注册会计师在评估重大错报风险时应实施以下审计程序。

步骤 1 在了解被审计单位及其环境的整个过程中识别风险，并考虑各类交易、账户余额或披露。

步骤 2 结合对拟测试的相关控制的考虑，将识别出的风险与交易、账户余额或披露层次可能发生的错报领域相联系。

步骤 3 评估识别出的风险，并评价其是否更广泛地与财务报表整体相关，进而影响多项认定。

步骤 4 考虑发生错报的可能性。

注册会计师应当利用实施风险评估程序获取的信息，包括在评价控制设计和确定其是否得到执行时获取的审计证据，作为支持风险评估结果的审计证据，再根据风险评估结果，确定实施进一步审计程序的性质、时间和范围。注册会计师应当确定识别的重大错报风险是与特定的某类交易、账户余额、列报与披露的认定相关，还是与财务报表整体广泛相关，进而影响多项认定。

2. 识别两个层次的重大错报风险

如果识别的重大错报风险与财务报表整体广泛相关，进而影响多项认定，则是财务报表层次的风险。通常，控制环境对评估财务报表层次重大错报风险有重要影响，薄弱的控制环境带来的风险可能对财务报表层次的风险产生广泛影响，注册会计师应对整个财务报表制定总体应对措施。如果识别的重大错报风险与特定的某类交易、账户余额或披露的认定相关，则是认定层次的风险。认定层次的重大错报风险往往与某项控制活动有关，认定层次的风险应对主要是设计和实施进一步审计程序。

3. 考虑财务报表的可审性

注册会计师在了解被审计单位内部控制后，可能对被审计单位财务报表的可审性产生怀疑。如果发现以下情况，注册会计师应当考虑出具保留意见或无法表示意见的审计报告：被审计单位会计记录的状况和可靠性存在重大问题，不能获取充分、适当的审计证据以发表无保留意见；对管理层的诚信存在严重疑虑。必要时，注册会计师应当考虑解除审计业务约定。

课堂训练 7-2

【多选题】1. 风险评估程序包括以下哪些程序？（　　）

A. 询问被审计单位管理层和内部其他相关人员

B. 分析程序

C. 观察和检查

D. 函证

【多选题】2. 识别重大错报风险，要注意识别（　　）层次的错报风险。

A. 财务报表层次的重大错报风险

B. 业务层面的错报风险

C. 认定层次的重大错报风险

D. 整体层面的错报风险

7.3 风 险 应 对

《中国注册会计师审计准则第 1231 号——针对评估的重大错报风险采取的应对措施》规范了注册会计师针对已识别的重大错报风险确定总体应对措施，设计和实施进一步审计程序。由于重大错报风险可分为财务报表层次和认定层次，因此其风险应对也分别从两个层次进行考虑。

7.3.1 针对财务报表层次的重大错报风险的总体应对措施

注册会计师应当针对评估的财务报表层次的重大错报风险设计和实施总体应对措施。

① 向审计项目组强调在搜集和评价审计证据过程中保持职业怀疑态度的必要性。

② 分派更有经验或具有特殊技能的注册会计师，或者利用专家的工作。

③ 提供更多的督导。

④ 在选择进一步审计程序时，融入更多不可预见的因素，如表 7.1 所示。

⑤ 对拟实施审计程序的性质、时间和范围做出总体修改。

表 7.1 审计程序的不可预见性示例

审计领域	一些可适用的具有不可预见性的审计程序
存 货	① 向以前审计过程中接触不多的被审计单位员工询问，如采购、销售、生产人员等； ② 在不事先通知被审计单位的情况下，选择一些以前未曾到过的盘点地点进行存货监盘
销售和应收账款	① 向以前审计过程中接触不多或未曾接触过的被审计单位员工询问，如负责处理大客户账户的销售部人员； ② 改变实施实质性分析程序的对象，如对收入按细类进行分析； ③ 针对销售和销售退回延长截止测试期间
销售和应收账款	实施以前未曾考虑过的审计程序，具体如下： ① 函证确认销售条款或选定销售额较不重要，以及以前未曾关注的销售交易，如对出口销售实施实质性程序； ② 实施更细致的分析程序，如使用计算机辅助审计技术复核销售及客户账户； ③ 测试以前未曾函证过的账户余额。例如，金额为负或是 0 的账户，或者余额低于以前设定的重要性水平的账户； ④ 改变函证日期，即把所函证账户的截止日期提前或推迟； ⑤ 对关联公司销售和相关账户余额除进行函证外，再实施其他审计程序进行验证
固定资产	对以前由于低于设定的重要性水平而未曾测试过的固定资产进行测试，如考虑实地盘查一些价值较低的固定资产（汽车和其他设备）

7.3.2 针对认定层次的重大错报风险实施进一步审计程序

进一步审计程序是相对于风险评估程序而言的，是指注册会计师针对评估的认定层次重大错报风险实施的审计程序，包括控制测试和实质性程序。设计进一步审计程序时主要考虑以下五大因素。

① 风险的重要性。

② 重大错报发生的可能性。

③ 涉及的各类交易、账户余额或披露的特征。

④ 被审计单位采用的特定控制的性质。

⑤ 注册会计师是否拟获取审计证据，以确定内部控制在防止或发现并纠正重大错报方面的有效性。

综合以上几方面因素，注册会计师可以根据对重大错报评估的结果设计以下两种不同的方案。

① 综合性方案。综合性方案就是将测试控制运行的有效性与实质性程序结合使用，即控制测试与实质性程序穿行使用。

② 实质性程序方案。小型被审计单位可能不存在能够被注册会计师识别的控制活动，或者注册会计师认为控制测试很可能不符合成本效益原则，这时注册会计师实施的进一步审计程序主要是实质性程序。

7.3.3 控制测试

1. 控制测试的含义和要求

控制测试是指用于评价内部控制（简称控制）在防止或发现并纠正认定层次重大错报的有效性而实施的测试。这一概念需要与了解内部控制进行区分。了解内部控制包含两层含义：一是评价控制的设计；二是确定控制是否得到执行。测试控制运行的有效性与确定控制是否得到执行所需要的审计证据是不同的。

在实施风险评估程序获取控制是否得到执行的审计证据时，注册会计师应当确定某项控制是否存在、被审计单位是否正在使用。在测试控制运行的有效性时，注册会计师应当从以下方面获取关于控制是否有效的审计证据。

① 控制在所审计期间的相关时点是如何运行的。

② 控制是否得到一贯执行。

③ 控制由谁或以何种方式执行。

作为进一步审计程序的类型之一，控制测试并非在任何情况下都需要实施。当存在以下情形之一时，注册会计师应当实施控制测试。

（1）在评估认定层次重大错报风险时，预期控制的运行是有效的

如果在评估认定层次重大错报风险时预期控制的运行是有效的，注册会计师应当实施控制测试，就控制在相关期间或时点的运行有效性获取充分、适当的审计证据。只有认为控制设计合理，能够防止或发现并纠正认定层次的重大错报，注册会计师才有必要对控制运行的有效性实施测试。

（2）仅实施实质性程序不足以提供认定层次充分、适当的审计证据

如果认为仅实施实质性程序获取的审计证据无法将认定层次重大错报风险降低至可接受的低水平，注册会计师应当实施相关的控制测试，以获取控制运行有效性的审计证据。例如，一家连锁店超市每天会有大量的销售业务发生，抽查一定数量的销售业务凭证并不足以验证销售收入的完整性或准确性，所以注册会计师有必要实施控制测试了解销售业务内部控制运行的有效性。

为评价控制设计和确定控制是否得到执行而实施的某些风险评估程序并非专为控制测试而设计，但可能提供有关控制运行有效性的审计证据，注册会计师应当考虑这些审计证据是否足以实现控制测试的目的。注册会计师可以考虑在评价控制设计和获取其得到执行的审计证据的同时，测试控制运行的有效性，以提高审计效率。

2. 控制测试的性质

控制测试的性质是指控制测试所使用的审计程序的类型及其组合。注册会计师应当选择适当类型的审计程序，以获取有关控制运行有效性的保证。计划的保证水平越高，对有关控制运行有效性的审计证据的可靠性要求越高。

当拟实施的进一步审计程序主要以控制测试为主，尤其是仅实施实质性程序获取的审计证据无法将认定层次的重大错报风险降低至可接受的低水平时，注册会计师应当获取有关控制运行有效性的更高的保证水平。

控制测试采用审计程序的类型通常包括询问、观察、检查记录和重新执行。

3. 控制测试的时间

控制测试的时间包含两层含义：一是何时实施控制测试；二是测试所针对的控制适用的时点或期间。如果测试特定时点的控制，则注册会计师仅得到该时点控制运行有效性的审计证据；如果测试某一期间的控制，则注册会计师可获取控制在该期间有效运行的审计证据。因此，注册会计师应当根据控制测试的目的确定控制测试的时间，并确定拟信赖的相关控制时点或期间。

如果需要获取控制在某一期间有效运行的审计证据，则仅获取与时点相关的审计证据是不充分的，注册会计师应当辅以其他控制测试，包括测试被审计单位对控制的监督。

4. 控制测试的范围

控制测试的范围主要是指某项控制活动的测试次数。注册会计师应当设计控制测试，以获

取控制在整个拟信赖的期间有效运行的充分、适当的审计证据。确定控制测试范围的考虑因素主要有以下几点。

① 在拟信赖期间，被审计单位执行控制的频率。控制执行的频率越高，控制测试的范围越大。

② 在审计期间，注册会计师拟信赖控制运行有效性的时间长度。拟信赖期间越长，控制测试的范围越大。

③ 控制的预期偏差。预期偏差也可称预期偏差率，是控制未得到执行的预期次数占控制应当得到执行次数的比率。控制的预期偏差率越高，需要实施控制测试的范围越大。

④ 通过测试与认定相关的其他控制获取的审计证据的范围。当针对相关的其他控制获取审计证据的充分性和适当性较高时，测试该控制的范围可适当缩小。

⑤ 拟获取的有关认定层次控制运行有效性的审计证据的相关性和可靠性。

课堂训练 7-3

【单选题】1. 只有认为控制设计合理，能够防止或发现并纠正认定层次的重大错报，注册会计师才有必要进行（　　）。

A. 控制测试　　B. 细节测试

C. 实质性程序　　D. 穿行测试

【多选题】2. 控制测试的程序包括（　　）。

A. 观察　　B. 检查

C. 重新执行　　D. 重新计算

7.3.4 实质性程序

1. 实质性程序的含义和要求

实质性程序是指用于发现认定层次重大错报的审计程序，包括对各类交易、账户余额或披露的细节测试及实质性分析程序。注册会计师应当针对评估的重大错报风险设计和实施实质性程序，以发现认定层次的重大错报。

注册会计师实施的实质性程序应当包括以下与财务报表编制完成阶段相关的审计程序：将财务报表与其所依据的会计记录相核对；检查财务报表编制过程中做出的重大会计分录和其他会计调整。注册会计师对重大会计分录和其他会计调整检查的性质及范围，取决于被审计单位财务报告过程的性质和复杂程度及由此产生的重大错报风险。

注册会计师对重大错报风险的评估是一种判断，可能无法充分识别所有的重大错报风险，并且由于内部控制存在的固有局限性，无论评估的重大错报风险结果如何，注册会计师都应当针对所有重大的各类交易、账户余额或披露实施实质性程序。

2. 实质性程序的性质

实质性程序的性质是指实质性程序的类型及其组合。注册会计师应当根据各类交易、账户余额或披露的性质选择实质性程序的类型。

（1）细节测试

细节测试是对各类交易、账户余额或披露的具体细节进行测试，目的在于直接识别财务报表认定是否存在错报。细节测试适用于对各类交易、账户余额或披露认定的测试，尤其是对存在或发生、计价认定的测试。执行这类测试时，注册会计师主要通过一定的审计方法，如函证、检查实物资产、观察等来验证各类交易、账户余额或披露的真实性。例如，注册会计师为了验证构成资产负债表“货币资金”项目中的库存现金账户期末余额是否正确，往往会采用监督盘点的方式，要求企业的出纳清点实际库存的现金，并与现金日记账的余额进行核对。

注册会计师应当针对评估的风险设计细节测试，获取充分、适当的审计证据，以达到认定层次所计划的保证水平。

控制测试的目的是评价控制是否有效运行；细节测试的目的是发现认定层次的重大错报。尽管两者的目的不同，但注册会计师可以考虑针对同一交易同时实施控制测试和细节测试，以实现双重目的。如果拟实施双重目的测试，则注册会计师应当仔细设计和评价测试程序。

（2）实质性分析程序

在实施实质性程序的过程中使用的分析程序称为实质性分析程序，主要是研究数据间的关系并确定审计重点。其基本内容包括比较分析、比率分析和趋势分析等，用以识别各类交易、账户余额或披露及相关认定是否存在错报。例如，在主营业务收入的审计中，通过各月份收入数据的比较，注册会计师可以确定收入变化幅度较大的月份，并将其作为审计测试的重点。如果被审计单位201×年1月至11月主营业务收入均为2 000万元左右，12月份收入跃升为3 000万元，通常注册会计师会重点关注12月份的有关凭证与账簿。

在设计实质性分析程序时，注册会计师应当考虑以下因素：对特定认定使用实质性分析程序的适当性；对已记录的金额或比率做出预期时，所依据的内部或外部数据的可靠性；做出预期的准确程度是否足以在计划的保证水平上识别重大错报；已记录金额和预期值之间可接受的差异额。

当实施实质性分析程序时，如果使用被审计单位编制的信息，则注册会计师应当考虑测试与信息编制相关的控制，以及这些信息是否在本期或前期经过审计。

3. 实施实质性程序的时间

如果在期中实施了实质性程序，注册会计师应当针对剩余期间实施进一步的实质性程序，或者将实质性程序和控制测试结合使用，以将期中测试得出的结论合理延伸至期末。

注册会计师在期中实施实质性程序，会增加期末存在错报而未被发现的风险，并且该风险随着剩余期间的延长而增加。在考虑是否在期中实施实质性程序时，注册会计师应当考虑以下因素：控制环境和其他相关的控制；实施审计程序所需的信息在期中之后的可获得性；实质性程序的目标；评估的重大错报风险；各类交易账户余额或披露及相关认定的性质；针对剩余期间，能否通过实施实质性程序或将实质性程序与控制测试相结合，降低期末存在错报而未被发现的风险。

如果在期中检查出某类交易或账户余额存在错报，则注册会计师应当考虑修改与该类交易或账户余额相关的风险评估及针对剩余期间拟实施实质性程序的性质、时间和范围，或者考虑在期末扩大实施实质性程序的范围，或者重新实施实质性程序。

4. 实施实质性程序的范围

在确定实施实质性程序的范围时，注册会计师应当考虑评估的认定层次重大错报风险和实施控制测试的结果。注册会计师评估的认定层次的重大错报风险越高，需要实施实质性程序的范围越广。如果对控制测试结果不满意，则注册会计师应当考虑扩大实施实质性程序的范围。

在设计细节测试时，注册会计师除了从样本量的角度考虑测试范围外，还要考虑选样方法的有效性等因素。例如，从总体中选取大额或异常项目，而不是进行代表性抽样或分层抽样。

实施实质性分析程序可能发现偏差，但并非所有偏差都值得展开进一步调查。可容忍或可接受的偏差越大，作为实质性分析程序一部分的进一步调查的范围就越小。因此，在设计实质性分析程序时，注册会计师应当确定已记录金额和预期值之间可接受的差异额。在确定该差异额时，注册会计师应当主要考虑各类交易、账户余额或披露及相关认定的重要性和计划的保证程度。

复习思考题

一、填空题

1．内部控制是指被审计单位为了合理保证财务报表的________、________和________，由治理层、管理层和其他人员设计与执行的政策及程序。

2．内部控制的构成要素包括__________、__________、__________、__________和__________5个方面。

3．风险评估程序主要包括__________、__________和__________3个程序。

4．进一步审计程序包括__________和__________。

5．重大错报风险可以分为__________和__________两个层次。

二、单项选择题

1．控制风险评估太低，将使注册会计师可能没有进行足够的实质性测试，进而导致审计（　　）。

A．无效率　　B．无效果　　C．A和B　　D．有效果，但无效率

2．注册会计师只应关注会计和内部控制系统中与（　　）相关的那些政策及程序。

A．管理目标　　B．财务报表认定　　C．交易轨迹　　D．投资和理财循环

3．下列各项中，预防员工贪污、挪用销货款的最有效的方法是（　　）。

A．记录应收账款明细账的人员不得兼任出纳

B．收取顾客支票和收取顾客现金由不同的人担任

C．请顾客将货款直接汇入公司指定的银行账户

D．公司收到顾客支票后立即寄送收据给顾客

4．注册会计师了解被审计单位及其环境的目的是（　　）。

A．为了进行风险评估程序

B．收集充分适当的审计证据

C．为了识别和评估财务报表重大错报风险

D．控制检查风险

5．注册会计师了解控制环境通常考虑的因素是（　　）。

A．内部控制的人工成分

B．内部控制的自动化成分

C．董事会对内部控制重要性的态度和认识

D．对控制的监督

6．下列不属于控制活动的是（　　）。

A．授权控制　　B．财产保护控制　　C．对控制的监督　　D．职责分离

7．（　　）是指未加控制就容易发生错误或舞弊的业务环节。

A．整体层面　　B．交易流程　　C．业务流程　　D．关键控制点

8．控制测试是为了确定（　　）而实施的审计测试。

A．财务报表层次的认定是否正确　　B．控制运行的有效性

C. 控制是否得到执行　　　　　　　　D. 控制设计的合理性

9. 控制测试的对象是被审计单位的（　　）。

A. 内部控制　　B. 财务报表　　C. 账簿与凭证　　D. 交易与事项

10. 实质性分析程序通常是针对在一段时期内的（　　）的。

A. 各类交易　　　　　　　　B. 存在稳定预期关系的大量交易

C. 各类账户余额　　　　　　D. 各类披露

三、多项选择题

1. 内部控制的固有限制是由于（　　）。

A. 设计和运行受制于成本与效益原则

B. 一般仅为常规业务活动而设计的

C. 有关人员内外勾结、内外串通而失效

D. 执行人员滥用职权或屈从于外部压力而失效

2. 注册会计师为了记录对内部控制的了解和对控制风险的评价，可选用的方法有（　　）。

A. 检查表　　B. 调查问卷　　C. 文字叙述　　D. 流程图

3. 注册会计师再次评估认定层次的重大错报风险的情况有（　　）。

A. 在评估认定层次重大错报风险时，预期控制的运行是有效的

B. 仅实施实质性程序不足以提供认定层次充分、适当的审计证据

C. 经了解，相关内部控制运行无效

D. 符合性测试结果不能减少实质性测试的工作量

4. 控制活动是指有助于确保管理层指令得以执行的政策和程序，包括（　　）。

A. 授权与业绩评价　　　　　B. 信息处理

C. 实物控制　　　　　　　　D. 职责分离

5. 下列属于注册会计师实施的风险评估程序有（　　）。

A. 询问管理层　　B. 分析程序　　C. 观察和检查　　D. 重新执行

6. 下列属于内部控制要素的有（　　）。

A. 控制环境　　B. 风险评估　　C. 控制活动　　D. 信息与沟通

7. 可以用作控制测试的程序类型包括（　　）。

A. 检查文件记录　　B. 重新执行　　C. 询问与观察　　D. 分析程序

8. 控制活动包括（　　）。

A. 风险评估　　B. 授权批准　　C. 独立检查　　D. 财产保护控制

9. 实质性程序的两种基本类型包括（　　）。

A. 风险评估程序　　B. 控制测试　　C. 细节测试　　D. 实质性分析程序

10. 下列关于财务报表层次重大错报风险的表述中，正确的是（　　）。

A. 直接界定于某类交易、账户余额或披露的具体认定

B. 通常与控制环境有关

C. 可能影响多项认定

D. 与财务报表整体存在广泛联系

四、简答题

1. 简述内部控制的构成要素。

2. 风险评估的程序是怎样的？

3．了解被审计单位及其环境的内容包括哪几个方面？

4．简述控制测试与实质性程序有何不同。

五、操作题

操作题 7-1

1．案例资料

新华有限责任公司财务部有3位会计人员，要完成以下6项工作：登记总账；登记应付款明细账；登记应收款明细账；开具支票，并登记现金日记账；检查银行对账单和调节表；处理并送存所收入的现金。

2．要求

根据内部控制的要求，将上述6项工作分为3组，并分配给3位会计人员。此外，你建议会计机构负责人承担哪一组的工作？

操作题 7-2

1．案例资料

某公司属于国有控股企业，最高权力机构是股东大会，执行机构是董事会，另外还设有职工代表大会及各职能部门、分公司等。其内部控制制度及业务活动情况如下。

（1）会计出纳分设。财务部经理的妻子担任出纳，并兼任满足行政部门需要的日常业务，亲自办理取款、购买、报销等手续；支票等票据由会计保管，支取款项的印章都由总经理亲自保管。

（2）材料采购等由供应部经理审批，专门采购员实施。根据规定，各项费用由总经理签字都可报销。某日，出纳在采购时发现当地主要媒体宣传另一公司A产品正在开展促销活动，称其为高科技产品，可以替代本公司主要原料并能够节约成本30%，促销时间仅两天。采购员认为时间过于紧张，来不及请示供应部经理，因此直接电告企业总经理。总经理决定采购10吨，价税合计100万元。出纳当即采购并由仓库验收入库，经总经理签字，办理了货款支付手续。后来生产车间反映，该批材料不适应生产要求，只能折价处理，造成损失30万元。总经理指示调整成本预算，将30万元损失计入正常材料耗费。

（3）办理销售、发货、收款3项业务的部门分别设立，同时考虑到销售部门比较熟悉客户情况，也便于销售部进行业务谈判，确定授权销售部兼任信用管理机构。对大额销售业务，销售部可自行定价、签署销售合同。为逃避银行对资金流动的监控，公司在销售业务中尽可能利用各种机会由业务员向客户收取现金，然后交财务部存放在专门的账户上。某月销售业务员甲联系到一个大客户，办理了300万元的销售任务，并将款项交财务部入账。次月，该业务员谎称对方要求退货，自行从其他公司低价购入同类商品要求仓储部门验收入库。仓储部门发现商品商标均丢失，但未进行进一步查验，直接办理了各项手续（但没有出具质检报告）。财务部将退货款项转入了业务员提供的银行账号。

2．要求

分析企业内部的会计控制方面存在什么问题，并说明应该如何修正。

第8章 审计抽样

学习目标

1. 了解审计抽样的含义及意义。
2. 掌握统计抽样和非统计抽样的含义及区别。
3. 理解属性抽样和变量抽样的含义。
4. 掌握样本的选取方法及抽样结果的评价步骤。
5. 了解属性抽样技术。
6. 理解变量抽样在实质性测试中的运用引导。

引导案例

审计抽样的运用

张华今年刚刚大学毕业，进入会计师事务所工作，他参加工作后的第一项任务就是向被审计单位的顾客寄送询证函。根据被审计单位的应收账款明细账，张华知道被审计单位大大小小的客户共有5 000多家，这么多家客户要全部寄送询证函是不可能做到的，也不符合成本效益原则。因此，张华必须采用抽样的方法，从被审计单位年末的所有客户中选择一部分进行函证。

当张华决定对被审计单位的客户进行抽样时，他发现自己面临一系列问题：首先，应当采用哪种抽样方法——统计抽样还是非统计抽样；其次，应当采用哪种方式进行抽样——随机抽样、等距抽样还是其他抽样方式；再次，确定了抽样的方式后，如何确定样本的规模？确定样本规模时应当考虑哪些因素？在抽样结束以后，又如何根据样本结果来推导总体的结果？究竟在总体中是否存在重要的错报？

本章内容将告诉张华如何处理这些问题。

8.1 审计抽样概述

8.1.1 审计抽样的意义

《中国注册会计师审计准则第1314号——审计抽样和其他选取测试项目的方法》中将审计

抽样定义为：审计抽样是指注册会计师对某类交易或账户余额中低于百分之百的项目实施审计程序，使所有抽样单元都有被选取的机会。其中，抽样单元是指构成总体的个体项目；总体是指注册会计师从中选取样本并据此得出结论的整套数据。

在现代审计的早期阶段，注册会计师大都采用逐笔核查凭证、账簿等会计资料的详细审计方法，并着重检查会计记录的真实性与正确性，以达到查错防弊的目的。但这种详细审计方法存在重复被审计单位会计人员的工作，审计人力、时间和费用耗费过多等问题。从 20 世纪 30 年代开始，审计实务中逐渐出现抽查方法，即注册会计师有选择地抽取一部分经济业务和会计记录进行审查，并根据抽查结果推断全部经济业务和会计记录的公允合理性。20 世纪 60 年代之后，随着概率论与数理统计原理的抽样技术被引入到审计中，审计抽样方法逐渐成为现代审计中的一个基本程序。

审计抽样的基本目标是在有限的审计资源条件下，搜集充分、适当的审计证据，以形成和支持审计结论。审计抽样的运用意味着注册会计师不可能也没有必要对被审计单位的所有经济业务和会计记录进行全面详细的审查，而只须恰当地检查部分经济业务和会计记录，并在此基础上推断和估计审计对象的整体情况。审计抽样不同于抽查，抽查作为一种技术，可以用来了解情况、确定审计重点、获取审计证据，使用中并无严格要求；审计抽样需要运用抽查技术，但更重要的工作内容是要根据审计目标及环境要求做出科学的抽样决策。

审计抽样对控制测试和实质性测试都适用，但并不适用于这些测试中的所有审计程序。审计抽样通常适用于顺查、逆查和函证等审计程序，不宜用于询问、观察和分析等审计程序。

8.1.2 审计抽样的种类

审计抽样通常按抽样决策的依据不同分为统计抽样和非统计抽样，而统计抽样又可按审计抽样所了解的总体特征不同分为属性抽样和变量抽样。

1. 统计抽样和非统计抽样

（1）统计抽样

统计抽样是指运用概率论和数理统计的方法确定样本数量与构成分布，随机抽取有效样本进行审查，并对所抽取的样本结果进行统计评价，最后以样本的审查结果来推断总体特征的方法。也就是说，统计抽样是以概率论和数理统计为理论基础，将数理统计的方法与审计工作相结合而产生的一种审计抽样方法。运用统计抽样技术可以使总体中每一单元都有被选取的机会，以便样本的特征尽可能接近总体的特征。

统计抽样具有以下优点：统计抽样能够科学地确定样本规模，避免出现样本过多或过少的现象；采用统计抽样，总体中每一项目被选取的机会是均等的，可以防止主观判断和随意性；统计抽样能够计算抽样误差在预定范围内的概率，并根据抽样推断的要求，把这种误差控制在预定范围之内；统计抽样能够客观地评估审计结果，运用概率论和数理统计原理对样本结果进行统计评价以推断总体特征，所得出的审计结论具有科学依据；统计抽样能够提高审计效率，并促使审计工作规范化。

（2）非统计抽样

非统计抽样也称判断抽样，是指注册会计师运用专业经验和主观判断，有目的地从特定审计对象总体中抽取部分样本进行审查，并以样本的审查结果来推断总体特征的审计抽样方法。采用这种方法能否取得成效，取决于注册会计师的经验和主观判断能力。

所有的审计样本，无论是采用统计抽样产生的，还是非统计抽样产生的，都要求以足以代表总体的方式来选取。两者的主要区别在于统计抽样可用概率论的方法来评价抽样风险和评估样本结果，而非统计抽样只能用经验和主观判断去评价抽样风险与评估样本结果。因此，正确运用统计抽样可以做到抽取适度的样本数量，就既能取得较好的效果，又能提高审计效率，还能科学地评价审计结果的可靠程度。而采用非统计抽样会导致如下结果：要么样本量过大，浪费人力和时间；要么样本量过小，要冒过多的风险，易得出错误的审计结论。

当然，统计抽样和非统计抽样的选用，并不影响运用于样本的审计程序的选择，也不影响单个样本项目证据的适当件和注册会计师对已发现的样本错误所做的适当反应。只要这两种技术运用得当，均可以提供审计所要求的充分、适当的证据，但是都存在某种程度的抽样风险和非抽样风险。因此，注册会计师执行审计测试，既可以运用统计抽样技术，也可以运用非统计抽样技术，还可以结合使用这两种抽样技术。在审计实务中，究竟选用哪种抽样技术，主要取决于注册会计师对成本效果方面的考虑。一般来说，非统计抽样可能比统计抽样花费的成本要小，但统计抽样的效果则可能比非统计抽样要好得多。更为重要的是，统计抽样能使注册会计师量化抽样风险。

2. 属性抽样和变量抽样

注册会计师通过使用统计抽样技术，可以了解总体很多不同的特征，但绝大多数统计抽样都是用来估计偏差率或错误金额的。统计抽样在审计工作中的具体应用主要有属性抽样和变量抽样两种。

（1）属性抽样

属性抽样是在精确度界限和可靠程度一定的条件下，为了测定总体特征的发生频率而采用的一种方法。根据控制测试的目标和特点所采用的审计抽样通常称为属性抽样。也就是说，属性抽样是用于控制测试方面的统计抽样。在控制测试中，只须通过对样本的审核来推断差错或舞弊的发生频率是多少，来证明被审计单位的内部控制是否有效地执行，而不必做出错误数额大小的估计。用于控制测试的属性抽样通常有固定样本量抽样、停-走抽样、发现抽样等方法。

（2）变量抽样

变量抽样是用来估计总体金额而采用的一种方法。根据实质性测试的目标和特点所采用的审计抽样通常称为变量抽样。也就是说，变量抽样是用于实质性测试方面的统计抽样。它通过检查财务报表各项目金额的真实性和正确性，来取得支持和做出审计结论所需的直接证据。用于实质性测试的变量抽样，通常有均值估计抽样、差异估计抽样和比率估计抽样等方法。

在审计实务中，经常存在同时进行控制测试和实质性测试的情况，在此情况下采用的审计抽样称为双重目的抽样。

8.1.3 审计抽样与专业判断

在审计抽样过程中，无论所采用的方法是统计抽样还是非统计抽样，都离不开注册会计师的专业判断。因为在运用审计抽样时仍存在许多不确定因素，这些不确定因素要由注册会计师运用正确的判断来加以解决，所以审计抽样并不排除专业判断。例如，注册会计师在决定使用审计抽样时，必须依靠专业判断决定是运用统计抽样还是运用非统计抽样。而在运用统计抽样的全过程中，如确定审计对象总体及其特征、设计与选取样本、对抽样结果进行质量和数量的评价等，也需要注册会计师运用专业判断。在审计实务中，往往把统计抽样和非统计抽样结合起来运用，各取所长，才能收到较好的审计效果。

8.1.4 审计抽样的过程

审计抽样的一般过程分为样本设计、样本选取及抽样结果的评价3个阶段。

1. 样本设计

样本设计是指注册会计师围绕样本的性质、样本量、抽样组织方式及抽样工作质量要求等方面所进行的规划工作。注册会计师运用审计抽样方法需要在科学、具体的规划指导下进行。在抽样之前，首要的工作是进行样本设计。注册会计师在进行设计样本时，应当考虑7个方面的基本因素。

（1）审计目标

具体审计目标是决定样本设计的前提因素。注册会计师在设计样本时，应当根据具体审计目标，考虑其所要获取审计证据的特征及构成误差的条件，以正确界定误差和审计对象总体，并确定采用何种审计抽样方法。这里，最为关键的是要根据具体审计目标正确界定误差。一般来说，在控制测试中，误差是指注册会计师认为使控制程序失去效能的所有控制失效事件；在实质性测试中，通常将误差界定为误报货币金额的绝对值或相对比率。

（2）审计对象总体及抽样单元

审计对象总体是指注册会计师为形成审计结论，拟采用抽样方法审计的经济业务及有关会计或其他资料的全部项目。注册会计师在确定审计对象总体时，应确保其相关性和完整性。相关性是指审计对象总体必须符合审计目标。例如，如果审计目标在于审查应收账款余额是否多计，则审计对象总体应确定为应收账款明细账；如果审计目标在于审查应付账款余额是否少计，则审计对象总体不仅应包括应付账款明细账，还应包括期后付款、未付发票等其他项目。完整性是指审计对象总体必须包括被审计单位的会计或其他资料的全部项目。

抽样单元是指构成审计对象总体的单位项目。注册会计师应当根据审计目标及被审计单位实际情况确定抽样单元。例如，注册会计师在确定被审计单位应收账款账面价值时，既可以将货币单位作为抽样单元，也可以将每个应收账款明细账余额作为抽样单元；在对被审计单位的购货业务进行控制测试时，还可以把每一张发票作为抽样单元。在此基础上，注册会计师可根据不同的要求，运用适当的方法，从审计对象总体中选择若干抽样单元，以组成适量、有效的样本。

（3）抽样风险和非抽样风险

注册会计师在运用抽样技术进行审计时，会遇到两方面的不确定性因素：一方面是直接与抽样相关的因素，由此造成的不确定性称为抽样风险；另一方面是与抽样无关的因素，由此造成的不确定性称为非抽样风险。

① 抽样风险。抽样风险是指注册会计师依据抽样结果得出的结论，与审计对象总体特征不相符的可能性。也就是说，抽样风险与选取的样本不能代表总体的可能性有关。抽样风险与样本量成反比，增加样本量可以降低抽样风险，但样本量过大会增加审计成本。因此，无论是进行控制测试还是实质性测试，注册会计师都应关注抽样风险。

在进行控制测试时，可能会产生两种抽样风险，即信赖不足风险和信赖过度风险。

- 信赖不足风险是指抽样结果使注册会计师没有充分信赖实际上应予信赖的内部控制的

可能性。这种风险一般会导致注册会计师执行额外的审计程序，从而降低审计效率，但不会影响审计效果。

- 信赖过度风险是指抽样结果使注册会计师对内部控制的信赖超过了其实际上可予信赖的可能性。这种风险会影响审计效果，很可能导致注册会计师得出不正确的审计结论。

在进行实质性测试时，也可能会产生两种抽样风险，即误拒风险和误受风险。

- 误拒风险又称α风险，是指抽样结果表明账户余额存在重大错误，而实际上并不存在重大错误的可能性。这种风险也会导致注册会计师执行额外的审计程序，从而降低审计效率。
- 误受风险又称β风险，是指抽样结果表明账户余额不存在重大错误，而实际上存在重大错误的可能性。这种风险也影响审计效果，很可能导致注册会计师得出不正确的审计结论。

由于信赖过度风险和误受风险会使审计工作无法达到预期的效果，所以对注册会计师来说是最危险的风险。而信赖不足风险和误拒风险属于保守型风险，出现这两种风险后，审计效率虽然不高，但一般都能保证其效果。

② 非抽样风险。非抽样风险是指注册会计师因采用不恰当的审计程序或方法，或者因误解审计证据等而未能发现重大误差的可能性。这种风险不是采用了审计抽样才带来的，而是由其他因素引起的。导致非抽样风险的原因主要包括注册会计师没能发现样本中的错误、运用不适当或无效的审计程序、错误解释样本结果等。非抽样风险同样对审计工作的效率和效果有一定的影响，且无论是抽样审计还是详细审计，都无法消除这一风险。非抽样风险无法量化，不能通过扩大样本量来降低，但可以通过对审计程序的详细计划及适当的指导和监督来有效降低。

（4）可信赖程度

可信赖程度通常用预计抽样结果能够代表审计对象总体特征的百分比来表示。例如，抽样结果有95%的可信赖程度，就是指抽样结果有95%的可能性代表了总体的特征、有5%的可能性没有代表总体的特征。由此可见，可信赖程度与风险是互补的。也就是说，1减去可信赖程度就是风险。例如，注册会计师在进行控制测试时，选择了95%的可信赖程度，就意味着有5%的风险去接受内部控制是有效的结论。在审计过程中，注册会计师对可信赖程度要求越高，或者对风险要求越低，须选取的样本量就应越大。

（5）可容忍误差

可容忍误差是指注册会计师为抽样结果可以达到审计目的，所愿意接受的审计对象总体的最大误差。注册会计师应当在审计计划阶段，根据审计重要性原则合理确定可容忍误差。可容忍误差越小，须选取的样本量就应越大；反之，可容忍误差较大，须选取的样本量即可小一些。

在进行控制测试时，可容忍误差是指注册会计师不改变对内部控制的可信赖程度所愿意接受的最大误差。换句话说，可容忍误差是指注册会计师可以接受的、内部控制实际运行偏离规定控制要求的最大比率，只要实际偏离程度低于这一比率，注册会计师就可以维持其对内部控制的可信赖程度。在进行实质性测试时，可容忍误差是指注册会计师能够对某一账户余额或某类经济业务总体特征做出合理评价所愿意接受的最大金额误差。其金额的确定通常与对重要性的考虑有关。

（6）预期总体误差

注册会计师应根据以前年度审计所发现的误差、被审计单位经营业务和经营环境的变化、内部控制的评价及实施分析程序的结果等，来确定审计对象总体的预期误差。预期总体误差和样本量之间存在着内在的联系：如果预期总体误差大，则需要选取较大的样本量；如果预期总体误差小，则需要选取的样本量也较小。在进行控制测试时，预期总体误差以预期总体偏差率的形式出现；在进行实质性测试时，预期总体误差以预期错报额的形式出现。

（7）分层

分层是指将某一审计对象总体划分为若干具有相似特征的子总体的过程。利用分层可以着重审计可能有较大错误的项目，并减少样本量。对总体进行分层，既可以按经济业务的重要性分层，也可以按经济业务的类型分层。分层主要适用于内部各组成部分具有不同特征的总体。注册会计师利用分层，既可以提高抽样效率，也可以使注册会计师能按项目的重要性、变化频率或其他特征选取不同的样本数，而且可以针对不同层次采用不同的审计程序，因此可以提高样本的代表性和审计的有效性。通常注册会计师应对包含最重要项目的层次实施全部审查。

2. 样本选取

注册会计师在选取样本时，应使审计对象总体内所有项目均有被选取的机会，只有这样才可使样本能够代表总体，从而保证由抽样结果所推断出的总体特征具有合理性和可靠性。样本选取的方法有多种，注册会计师应根据审计的目的和要求、被审计单位实际情况、审计资源条件的限制等因素来具体加以选择，以达到预期的审计质量与效率。常用的选样方法有随机选样、系统选样、分层选样、整群抽样和任意选样等。

（1）随机选样

随机选样是对审计对象总体或子总体的所有项目按随机规则选取样本的一种方法。随机选样通常运用随机数表或计算机产生的随机数来进行。随机数表就是随机产生的由 0 至 9 这 10 个数字所组成的多个多位数字，将这些数字随机地纵横排列而成的一种数表，如表 8.1 所示。

表 8.1　随机数表（部分列示）

行　列	1	2	3	4	5
1	59442	05102	09277	74814	01253
2	11818	26952	25080	81293	98378
3	65785	02086	51105	36318	75433
4	05933	89906	14489	32122	58220
5	31722	41042	03152	47870	84138
6	95118	82427	26536	46214	15819
7	14347	44109	98144	00533	00142
8	64447	15102	84810	11527	85189
9	82291	23664	37957	46319	82306

在采用随机数表时，首先应建立表中数字与总体中每一项目的一一对应关系；其次应选择一个起点和一个选号路线；最后按照选号路线依次选择样本。

实例研究 8-1

假定注册会计师对某公司连续编号为 001 至 400 的销货发票进行随机选样，拟从发票中选取一组样本量为 20 的样本。首先，注册会计师确定只用随机数表所列数字的前 3 位数来与发票号码一一对应。然后，确定第 1 列第 4 行为起点，选号路线为自上至下、从左到右依次进行。最后，按照规定的一一对应关系和起点及选号路线，选出 20 个数字：059、317、143、051、269、020、151、236、092、250、144、031、265、379、363、321、005、115、012、

158。凡前 3 位数在 400 以上的，因为销货发票号码没有与之一一对应的关系，均不入选。选出 20 个数码后，按此数码选取编号与其对应的 20 张发票作为选定样本进行审查。

（2）系统选样

系统选样也称等距选样，是先计算选样间距、确定选样起点，然后按照间隔顺序选取样本的一种选样方法。其中，选样间距可用总体规模除以样本量得出。其公式为：

$$M=\frac{N}{n}$$

式中，M 为选择间距；N 为总体规模；n 为样本数量。

设 a 为起点凭证的编号，M 为选样间距，则第 b 张的凭证编号为 $a\pm(b-1)M$。

实例研究 8-2

注册会计师拟采用系统选样法从 1 至 2 000 号的记账凭证中选出 100 张作为样本进行审查，则选样间距为 $M=\frac{2000}{100}=20$（张）。

又假定注册会计师以 510 为随机起点，则第 10 张的凭证编号为 510 + (10 − 1) × 20 = 690。

系统选样法简单易行，不需要对总体中每一项目进行编号。它的优点是使用方便，并可用于无限总体。但使用系统选样法要求总体必须是随机排列的，否则容易发生较大的偏差。因此，在使用这种方法时，注册会计师必须先确定总体是否随机排列，如果不是随机排列，则不宜使用。

（3）分层选样

分层选样是按照一定标准将总体划分为若干层次，然后对每一层次进行随机选样的一种方法。其实质是把审计对象总体进行细分，使样本能更好地反映总体的特征，降低抽样风险。

实例研究 8-3

注册会计师正在对某企业的应收账款进行审计，拟运用函证程序。根据重要性原则，注册会计师按应收账款余额的大小分为 3 层。其各层选样方法如表 8.2 所示。

表 8.2　应收账款分层及分层选样方法

层　次	余　额	选样方法
第一层	50 000 元以上	100%积极式函证
第二层	10 000～50 000 元	随机选取 50%积极式函证
第三层	10 000 元以下	随机选取 5%消极式函证

根据各层次选取样本的结果进行综合分析，做出总体判断。

分层选样能够保证各层次的单元都被审查，可使注册会计师将样本选择与总体中的关键项目联系起来，从而提高样本的可靠性、减少样本量。

（4）整群抽样

整群抽样是按某一标志将总体的全部个体分成若干群，以群作为抽样单元，然后按随机原则抽出若干群作为样本的一种方法。例如，对销售发票进行抽查时，可以将全年的销售发票按旬划分为 36 个群，假设现在要从中抽出 6 个旬进行审查，我们可以通过随机数表从中选出 21、26、24、35、8、20 六个随机数，那么样本就由 21、26、24、35、8、20 这 6 个旬的销售发票组成。

整群抽样法可缩短选样和抽查的时间，但因其样本分布的不均匀，代表性可能降低，从而抽样风险较大。因此，使用时应注意审计对象总体划分的群数不可太少，如果群数太少，则选出的样本不具有代表性的可能性会过大，以至于不可接受。在实务中，审计界一般认为，至少划分 10 群以上才可能合理。

（5）任意选样

任意选样是不考虑金额的大小、资料取得的难易程度及个人偏好，以任意的方式选取样本的一种方法。任意选样并不意味着随意地选取样本，而是要求在没有任何人为偏差的情况下选取样本。也就是说，没有任何特殊理由来决定样本项目在样本中的去留，所选取的样本对总体来说应具有代表性。使用任意选样时，注册会计师要避免由于项目性质、大小、外观和位置的不同引起的偏差。任意选样的缺点是很难完全无偏见地选取样本项目，其结果有时缺乏合理性和可靠性。

3. 抽样结果的评价

注册会计师在对样本实施必要的审计程序后，需要按以下步骤评价抽样结果。

（1）分析样本误差

注册会计师在分析样本误差时，应当根据预先确定构成误差的条件，确定某一有问题的项目是否为一项误差。在控制测试中，误差有以下 3 种情形：凭证上记录正确，但没有执行控制程序（如缺少复核、批准等）；在凭证记录上有执行控制程序的轨迹，但记录与事实不符；既未执行控制程序，记录也不正确。在实质性测试中，误差可认为是误报货币金额的绝对值或相对比率。

注册会计师如果按照既定的审计程序无法对样本取得审计证据，则应当实施替代审计程序，以获取相应的审计证据。例如，对应收账款的积极式函证，如果没有收到回函，则注册会计师必须审查期后收款的情况，以证实应收账款的余额。如果注册会计师没有或无法实施替代审计程序，则应将有关样本视为一项误差。此外，在分析抽样中发现误差时，还应考虑误差的质的方面，包括误差的性质、原因及对其他相关审计工作的影响。

（2）推断总体误差

注册会计师在分析样本误差后，应根据抽样中发现的误差，采用适当的方法推断审计总体误差。由于存在多种抽样方法，因此注册会计师根据样本误差推断总体误差的方法应与选用的抽样方法一致。在控制测试中，通常通过查抽样结果评价表来推断总体误差；在实质性测试中，可用均值估计、比率估计抽样等来推断总体误差。当总体划分为几个层次时，应先对每一层次做个别的推断，然后将推断结果进行汇总，以推断出总体误差。

（3）重估抽样风险

注册会计师在进行控制测试时，如果认为抽样结果无法达到对所测试的内部控制的预期信赖程度，则应考虑增加样本量，或者修改实质性测试，包括修改实质性测试的性质、时间和范围。

注册会计师在实质性测试中运用审计抽样推断总体误差后，应将总体误差与可容忍误差相比较，并将抽样结果与从其他有关审计程序中所得的证据相比较。如果注册会计师推断的总体误差超过可容忍误差，经重估后的抽样风险不能接受，则应增加样本量或执行替代审计程序；如果注册会计师推断总体误差接近可容忍误差，则应考虑是否增加样本量或执行替代审计程序。

（4）形成审计结论

注册会计师根据抽样结果的评价，确定审计证据是否足以证实某一审计对象的总体特征，从而得出审计结论。

8.2 属性抽样

在控制测试中运用的统计抽样技术主要是属性抽样技术。所谓属性，是指审计对象总体的质量特征，即被审计业务或被审计单位的内部控制是否遵循了既定的标准及其存在的误差水平。在属性抽样中，抽样结果只有两种：对与错，或者是与不是。属性抽样技术主要有 3 种：固定样本量抽样、停-走抽样和发现抽样。

8.2.1 固定样本量抽样

固定样本量抽样是属性抽样中一种使用最为广泛的技术，常用于估计审计对象总体中某种误差发生的比例。例如，用这种方法估计重复支付的单据数，注册会计师最后得出的结论一般是“有 95%的可信赖程度说明重复支付的单据数占总体的 2%至 6%”。下面举例说明一般情况下固定样本量抽样的具体应用步骤。

实例研究 8-4

假定注册会计师拟采用抽样方法对被审计单位有关购货和付款业务的控制程序进行控制测试，以审查该企业是否只有在将验收单与进货发票核对之后才准予支付采购货款。注册会计师将关注该程序操作的准确性，以及验收单与进货发票相核对的控制程序是否正常运行等情况。

注册会计师对该控制程序进行控制测试所运用的抽样及评价步骤如下。

1．定义误差

在属性抽样中，误差一般是指注册会计师认为使控制程序失去效能的所有控制失效事件。例如，可将误差定义为会计记录的虚假账户、经济业务的记录未进行复核、审批手续不全等各类差错。注册会计师应根据实际情况，恰当地定义误差。在本例中，对于每张发票及有关的验收单，如果发现下列情形之一，则即可定义为误差：未附验收单的任何发票；发票虽附有验收单，但该验收单不属于该发票；发票与验收单所记载的数量不符。

2．确定审计对象总体及抽样单元

注册会计师采用属性抽样时，应使总体所有项目被选取的概率相同，即总体所有项目的特征应是相同的。在本例中，审计对象总体为订购单。假如该企业对每笔采购业务均采用连续编号的订购单，每张订购单均附有验收单及进货发票，则抽样单元是个别的订购单。

3．确定可信赖程度、信赖过度风险和可容忍误差

可信赖程度是指样本性质能够代表总体性质的可靠性程度。风险与可信赖程度是互补的，即 1 减去可信赖程度就是信赖过度风险。在控制测试中，可信赖程度主要取决于被审计单位的内部控制。一般可将最小可信赖程度置为 90%，但当内部控制不完善、不充分或项目属性相对于其他项目是重要的情况下，则将可信赖程度置为 95%～99%。

在控制测试中，可容忍误差是指注册会计师可以接受的、内部控制实际运行偏离规定控制要求的最大比率。可容忍误差的确定应能确保总体误差超过可容忍误差时使注册会计师降低对内部控制的可信赖程度。

在本例中，注册会计师认为内部控制很重要，且验收单和订购单之间的脱节导致的多支付给供应商购货款，以及误记进货和应付账款均会对财务报表产生影响。但注册会计师仍准备信赖内部控制，以减少实质性测试的范围。基于这些考虑，注册会计师利用其执业经验和专业判断，确定可信赖程度为95%、信赖过度风险为5%、可容忍误差为4%。

4．确定预期总体误差

假设注册会计师参考前3年审计工作底稿等历史资料，并运用其专业判断，将预期总体误差确定为1.25%。

5．确定是否进行分层

在本例中，注册会计师不对审计对象总体加以分层。

6．确定选取的样本量

上述因素确定后，注册会计师可根据预先制定出的控制测试样本量表（见表8.3）确定样本量。

表8.3　控制测试样本量表（95%可信赖程度）

预期总体误差/%	可容忍误差									
	1%	2%	3%	4%	5%	6%	7%	8%	9%	10%
0.00	218(0)	149（0）	99（0）	74（0）	59（0）	49（0）	42（0）	36（0）	32（0）	29（0）
0.25		236（1）	157（1）	117（1）	93（1）	78（1）	66（1）	58（1）	51（1）	46（1）
0.50			157（1）	117（1）	93（1）	78（1）	66（1）	58（1）	51（1）	46（1）
0.75			208（1）	117（1）	93（1）	78（1）	66（1）	58（1）	51（1）	46（1）
1.00				156（1）	93（1）	78（1）	66（1）	58（1）	51（1）	46（1）
1.25				156（1）	124（2）	78（1）	66（1）	58（1）	51（1）	46（1）
1.50				192（3）	124（2）	103（2）	88（2）	77（2）	51（1）	46（0）
1.75				227（4）	153（3）	103（2）	88（2）	77（2）	51（1）	46（1）
2.00					181（4）	127（3）	88（2）	77（2）	68（2）	46（1）
2.25					208（5）	127（3）	88（2）	77（2）	68（2）	61（2）
2.50						150（4）	109（3）	77（2）	68（2）	61（2）
2.75						173（5）	109（3）	95（3）	68（2）	61（2）
3.00						195（6）	129（4）	95（3）	84（3）	61（2）
3.25							148（5）	112（4）	84（3）	61（2）
3.50							167（6）	112（4）	84（3）	76（3）
3.75							185（7）	129（5）	100（4）	76（3）
4.00								146（6）	100（4）	89（4）
5.00									158（8）	116（6）

通过查表8.3可知，在可信赖程度为95%、可容忍误差为4%、预期总体误差确定为1.25%时，应选取的样本量为156项，样本中的预期误差数为1。如果在样本中发现两个或两个以上误差，则说明抽样结果不能支持注册会计师对内部控制的预期信赖程度。

7．选取样本并进行审计

样本数量确定后，接着就要确定样本的选取方法。由于凭单是连续编号的，注册会计师决定采用随机选样的方法来选取样本。对所选取的156张凭单及其附件，注册会计师按所定义的误差进行审查。

8. 评价抽样结果

注册会计师对选取的样本进行审查后，应将查出的误差加以汇总，并评价抽样结果，即推断总体误差。注册会计师可根据预先制定出的控制测试抽样结果评价表（见表8.4）来推断总体误差。

表 8.4　控制测试抽样结果评价表（95%可信赖程度）

样本规模	发现的实际样本误差									
	0	1	2	3	4	5	6	7	8	9
25	11.3	17.6								
30	9.5	14.9	19.5							
35	8.2	12.9	16.9							
40	7.2	11.3	14.9	18.3						
45	6.4	10.1	13.3	16.3	19.2					
50	5.8	9.1	12.1	14.8	17.4	19.9				
55	5.3	8.3	11.0	13.5	15.9	18.1				
60	4.9	7.7	10.1	12.4	14.6	16.7	18.8			
65	4.5	7.1	9.4	11.5	13.5	15.5	17.4	19.3		
70	4.2	6.6	8.7	10.7	12.6	14.4	16.2	18.0	19.7	
75	3.9	6.2	8.2	10.0	11.8	13.5	15.2	16.9	18.4	20.0
80	3.7	5.8	7.7	9.4	11.1	12.7	14.3	15.8	17.3	18.8
90	3.3	5.2	6.8	8.4	9.9	11.3	12.7	14.1	15.5	16.8
100	3.0	4.7	6.2	7.6	8.9	10.2	11.5	12.7	14.0	15.2
125	2.4	3.7	4.9	6.1	7.2	8.2	9.3	10.3	11.3	12.2
150	2.0	3.1	4.1	5.1	6.0	6.9	7.7	8.6	9.4	10.2
200	1.5	2.3	3.1	3.8	4.5	5.2	5.8	6.5	7.1	7.7

通过表8.4可查出，在可信赖程度为95%的情况下，当样本误差数为1时，推断总体误差为3%，小于可容忍误差4%。而且经审查分析，确信上述样本误差确属误差，也没有发现欺诈舞弊的情况。由于发现的样本误差数未超过预期误差数，所以注册会计师可据此得出结论：总体误差不超过4%的可信赖程度为95%。

如果样本误差数为2，则推断的总体误差为4%，等于可容忍误差，注册会计师应重新考虑信赖过度风险，并考虑是否有必要增加样本量或执行替代审计程序。

如果样本误差数为3，则推断的总体误差为5%，超过了可容忍误差4%。假如没有发现欺诈舞弊的情况，但因该误差数超过预期误差数1，从表8.3可以看出，这种情况下符合注册会计师要求的样本量增至192个，预期总体误差为1.5%，从而表明注册会计师不能以95%的可信赖程度保证总体的误差不超过4%。这时，注册会计师应减少对该内部控制的可信赖程度，考虑实施其他审计程序，如增加样本量或扩大实质性测试范围。

注册会计师在审查样本时，如果发现有欺诈舞弊的情况，则不论其误差率是高还是低，均应实施其他审计程序。因为这种误差的性质比较严重，所以注册会计师应评价所发现的这类事件对财务报表的影响，采用有利于彻底揭露这类误差的审计程序，并及时通知被审计单位管理层以使其能够及时制止这类误差的再次发生。

8.2.2 停-走抽样

停-走抽样是固定样本量抽样的一种改进形式。这种抽样以较低的预期总体误差为起点进行抽样，并且随时对抽样结果进行评价，修改样本量。采用固定样本量抽样时，如果预期误差大大高于实际误差，则其结果将是选取过多的样本量，降低审计工作的效率。而停-走抽样能够较为有效地提高工作效率，降低审计成本。

实例研究 8-5

运用停－走抽样一般要有以下3个步骤。

1．确定可容忍误差和信赖过度风险水平

假定注册会计师确定的可容忍误差为4%，信赖过度风险为10%。

2．确定初始样本量

根据上一步骤的要求，查停-走抽样初始样本量表（见表8.5）可确定初始样本量为60。

表8.5 停-走抽样初始样本量表（部分列示）（预期总体误差为零）

可容忍误差	信赖过度风险		
	2.5%	5%	10%
	样本量		
10%	37	30	24
9%	42	34	27
8%	47	38	30
7%	53	43	35
6%	62	50	40
5%	74	60	48
4%	93	75	60
3%	124	100	80
2%	185	150	120
1%	270	300	240

3．进行停-走抽样决策

如果注册会计师在60个初始样本中找出了一个误差（即错误数为1），则可通过查停－走抽样样本量扩展及总体误差评估表（见表8.6）得到相应的风险系数为3.9，再将该系数除以样本量，可推断出在10%的信赖过度风险水平下的总体误差为6.5%（3.9÷60）。这比可容忍误差4%大，因此注册会计师需要增加样本量。为了使总体误差不超过可容忍误差，在风险系数既定的情况下，将风险系数与可容忍误差相比较，可计算出所需的适当样本量为98（3.9÷4%）个。也就是说，注册会计师须增加38（98－60）个样本。如果对增加的38个样本进行审计后没有发现误差，则注册会计师有90%的把握确信总体误差不超过4%。

表8.6 停-走抽样样本量扩展及总体误差评估表（部分列示）

发现的错误数	信赖过度风险		
	2.5%	5%	10%
	风险系数		
0	3.7	3.0	2.4
1	5.6	4.8	3.9
2	7.3	6.3	5.4
3	8.8	7.8	6.7
4	10.3	9.2	8.0
5	11.7	10.6	9.3
6	13.1	11.9	10.6

（续表）

发现的错误数	信赖过度风险		
	2.5%	5%	10%
	风险系数		
7	14.5	3.2	11.8
8	15.8	14.5	13.0
9	17.1	16.0	14.3
10	18.4	17.0	15.5

如果注册会计师首次对60个样本审计后，发现有两个误差，则按上述方法推断出总体误差为9%(5.4÷60)。这比可容忍误差大很多，因此注册会计师决定增加样本量至135(5.4÷4%)个，即增加75(135－60)个样本。如果对增加的75个样本审计后没有发现误差，注册会计师同样可以有90%的把握确信总体误差不超过4%。但如果又发现了一个误差，则推断总体误差为4.96%(6.7÷135)，仍超过可容忍误差4%。这时注册会计师应该决定是再扩大样本量至168(6.7÷4%)个，还是将上述过程得出的结果作为选用固定样本量抽样的预期总体误差而改变抽样方法。一般来说，样本量不宜扩大到初始样本量的3倍。

8.2.3 发现抽样

发现抽样是属性抽样的一种特殊形式。发现抽样是在既定的可信赖程度下，在假定误差以既定的误差率存在于总体之中的情况下，至少查出一个误差的抽样方法。它主要用于查找重大舞弊事件，能够以极高的可信赖程度（如99.5%以上）确保查出误差率仅在0.5%至1%之间的误差。采用发现抽样时，注册会计师需要确定可信赖程度及可容忍误差，并将预期总体误差设为0，然后参阅适当的属性抽样表，即可得出所需的样本量并加以审查。如果发现一个或更多的重大误差，如欺诈的凭证，则注册会计师应放弃抽样程序，而对总体进行全面彻底的检查；如果没有发现任何误差，则注册会计师可得出以下结论：在既定的误差率范围内没有发生重大误差。

实例研究 8-6

注册会计师怀疑被审计单位存在职员伪造订购单、验收单及进货发票，以虚购进货业务而达到套取现金的舞弊行为。为了查明这种舞弊行为是否存在，注册会计师必须在已付凭证中找出一组不实的单据。假设注册会计师设定总体项目中如果含有1%或1%以上的欺诈性项目，那么在95%的可信赖程度下，样本将显示出不实的凭证。通过查表8.3，注册会计师确定在预期总体误差为0及可容忍误差为1%时，所需的样本量为218个。注册会计师在选取并审查218张凭证后，如果未发现有不实情况，则有95%的把握确信总体项目中的不实凭证不超过1%。

8.3 变量抽样

在实质性测试中运用的统计抽样技术主要是变量抽样技术。变量抽样是对审计对象总体的货币金额进行实质性测试时所采用的抽样方法。变量抽样技术可用于确定账户金额是多是少、是否存在重大误差等。变量抽样技术有3种常见方法：均值估计抽样、差额估计抽样和比率估计抽样。这些方法均可通过分层来实现。

8.3.1 均值估计抽样

均值估计抽样是通过抽样审查确定样本平均值，再根据样本平均值推断总体平均值和总值的一种抽样方法。这种方法适用范围十分广泛，无论被审计单位提供的数据是否完整、可靠，还是在被审计单位缺乏基本的经济业务或事项账面记录的情况下均可以使用。

实例研究 8-7

假定注册会计师打算通过抽样函证来测试被审计单位应收账款账面价值的正确性。被审计单位应收账款有3 000位顾客，期末应收账款余额为1 340 000元。

注册会计师对应收账款账面价值进行实质性测试所运用的抽样及评价步骤如下。

1. 定义误差

根据审计目标，将误差定义为账面价值与实际价值的货币差额。

2. 确定审计对象总体及抽样单元

根据被审计单位实际情况，审计对象总体为3 000个应收账款明细账户，每一个应收账户均为一个抽样单元。

3. 确定可信赖程度、误拒风险和误受风险水平及可容忍误差

变量抽样中涉及正态分布和总体标准差两个概念。正态分布是指总体中每个项目值的分配均趋向于集中在总体平均值周围；总体标准差是指用来衡量个别项目值在总体平均值周围的离散程度，其趋势在总体平均值的两侧均等发生。

总体中各个项目值之间的差异越小，总体标准差越小；各个项目值之间的差异越大，则总体标准差越大。根据正态分布及标准差的定义可知：有68.28%的项目值落在总体平均值±1个正态标准差间。这里的68.28%即可信赖程度，而正态标准差常被称为可信赖程度系数（或误拒风险系数）。这两者之间的关系如表8.7所示。

表8.7 可信赖程度系数

可信赖程度	可信赖程度系数	相应的误拒风险
80%	1.28	20%
85%	1.44	15%
90%	1.64	10%
95%	1.96	5%
99%	2.58	1%

在本例中，考虑到内部控制及抽样风险的可接受水平，注册会计师确定可信赖程度为95%，则误拒风险为5%，相应的可信赖程度系数为1.96。在实务中，注册会计师依据对控制风险的评价，通常在5%至30%的范围内指定误受风险。误受风险水平与样本量成反向关系，即该风险越小，样本量越大。在本例中，注册会计师将误受风险定为20%。考虑到货币金额的重要性，注册会计师确定可容忍误差为60 000元。

4. 确定计划抽样误差

计划抽样误差是指可容忍误差和预期总体误差之间的差额。计划的抽样误差越大，所需的样本量越小。计划抽样误差也可按下列公式计算。

$$P=R\times 可容忍误差$$

式中，P为计划抽样误差；R为计划抽样误差与可容忍误差的比率，可根据特定的误拒风险和误受风险水平来确定。在实务中，该比率可查表得到，如表8.8所示。

表 8.8　计划抽样误差与可容忍误差比率

误受风险	误拒风险			
	20%	10%	5%	1%
5%	0.437	0.500	0.543	0.609
10%	0.500	0.561	0.605	0.668
15%	0.511	0.612	0.653	0.712
20%	0.603	0.661	0.700	0.753
25%	0.653	0.708	0.742	0.791
30%	0.707	0.756	0.787	0.829

在本例中，误拒风险和误受风险分别为5%和20%，因此R为0.7。计算如下：

$P=0.7\times 60\,000=42\,000$（元）

5. 估计总体标准差

为确定样本量，在均值估计抽样下，必须预先估计总体标准差。估计标准差有3种方法：一是利用上次审计得到的标准差来估计本年度的标准差；二是依据可获得的账面价值资料来估计标准差；三是注册会计师可预先选取30至50个较小的初始样本进行审查，再根据这些样本的标准差来估计本年度的总体标准差。估计总体标准差S的计算公式为：

$$S=\sqrt{\frac{\sum_{i-1}^{n}(x_i-\overline{x})}{n-1}}$$

式中，x_i为各初始样本的审计价值；$\overline{x}$为初始样本审计价值的平均值；n为初始样本量。

在本例中，注册会计师依据去年审计的情况，估计总体标准差为100元，且注册会计师决定不进行分层。

6. 确定选取的样本量

上述因素确定后，样本量可按照下列公式计算。

$$n=\left(\frac{U_r\times S\times N}{P}\right)^2$$

式中，U_r为可信赖程度系数；S为估计总体标准差；N为总体项目个数；P为计划抽样误差；n为放回抽样的样本量。

所谓放回抽样，是指样本选取后将其放回总体之中还有被抽到的机会。在审计工作中，一般采取不放回抽样，则在n和N之比大于0.05时，采用一个有限修正系数进行调整。调整后的样本量（n'）可通过下列公式计算。

$$n'=\frac{n}{1+\frac{n}{N}}$$

本例中，$n=\left(\frac{1.96\times 100\times 3\,000}{42\,000}\right)^2=196$

由于$n\div N=196\div 3\,000=0.065$，大于0.05，因此计算调整后的样本量计算如下。

$$n' = \frac{196}{1+\frac{196}{3\,000}} = 184$$

7. 选取样本并进行审计

注册会计师采用随机选样方法，从应收账款明细账中选取184个顾客作为样本，并发出函证。假定函证结果表明，样本的审计价值总额为81 328元，平均值为442(81 328÷184)元，实际样本标准差为90元。

8. 评价抽样结果

对抽样结果进行评价时，首先应推断出总体金额，并计算推断的总体误差。本例中注册会计师推断的总体金额计算如下。

推断的总体金额＝样本平均值×总体项目个数

＝442×3 000＝1 326 000（元）

推断的总体误差＝账面价值－推断总体金额

＝1 340 000－1 326 000＝14 000（元）

然后，计算实际抽样误差。

实际抽样误差可按下列公式计算。

$$P_1 = N \times U_r \times \frac{S_1}{\sqrt{n}}$$

式中，P_1为实际抽样误差；S_1为实际样本审计价值的标准差。

如果在确定样本量时使用了有限修正系数，则上式就应改为以下公式。

$$P_1 = N \times U_r \times \frac{S_1}{\sqrt{n'}} \times \sqrt{1-\frac{n'}{N}}$$

本例中，$P_1 = 3\,000 \times 1.96 \times \frac{90}{\sqrt{184}} \times \sqrt{1-\frac{184}{3\,000}} = 37\,798$（元）

由于实际抽样误差37 798元比计划抽样误差42 000元要小，所以注册会计师可得出以下结论：有95%的把握保证3 000个应收账款账户的真实总体金额落在1 326 000元±37 798元之间，即1 288 202元至1 363 798元之间。根据以上抽样结果，由于被审计单位应收账款账面价值1 340 000元落在总体估计价值范围内，所以表明应收账款金额没有重大的错报。这时，注册会计师应将推断的总体误差14 000元视为审计差异，并在对财务报表发表意见时予以考虑。

有时样本结果虽然可以支持得出账面价值无重大错报的结论，但却不位于注册会计师指定的误受风险范围之内。要使样本结果保持在期望的风险范围之内，实际抽样误差则必须等于或小于计划抽样误差。如果样本审计价值的标准差大于估计总体标准差，如样本审计值的标准差为110元，则实际抽样误差将为46 197元，大于计划抽样误差。在这种情况下，注册会计师可利用以下公式来计算调整后的实际抽样误差P。

$$P_2 = P_1 + 可容忍误差 \times \left(1-\frac{P_1}{P}\right)$$

$$= 46\,197 + 60\,000 \times \left(1-\frac{46\,197}{42\,000}\right)$$

$$= 40\,197（元）$$

根据上述计算，总体估计价值的范围为 1 326 000 元±40 197 元，即从 1 285 803 元至 1 366 197 元。应收账款账面价值 1 340 000 元恰好落在该范围内，表明应收账款金额没有重大的错报。

如果抽样结果表明被审计单位应收账款账面价值没有落在总体估计价值范围之内，则注册会计师应分析原因并采取以下措施：增加样本量；要求被审计单位详细检查应收账款，并适当调整账面价值。

8.3.2 差额估计抽样

差额估计抽样是通过样本审计价值和账面价值的差额来推断总体价值与账面价值的差额，进而对总体价值做出估计的一种变量抽样方法。它一般适用于误差和账面价值不成比例的情况。其计算公式为：

$$平均差额=\frac{样本审计价值与账面价值的差额}{样本量}$$

$$估计的总体差额=平均差额\times总体项目个数$$

实例研究 8-8

假设被审计单位的应收账款账面总金额为 1 750 000元，共计 500个账户。注册会计师希望对应收账款总额进行估计，现选出 20个账户，账面价值为 300 000元。审计后认定的价值为 299 400元。

平均差额 =（299 400 − 300 000）÷20 = −30（元）

估计的总体差额 = −30×500 = −15 000（元）

估计的总体价值 = 1 750 000 − 15 000 = 1 735 000（元）

8.3.3 比率估计抽样

比率估计抽样是通过样本审计价值和账面价值之间的比率关系来推断总体价值与账面价值的比率，进而估计总体价值的一种变量抽样方法。它通常适用于误差和账面价值成比例的情况。其计算公式为：

$$比率=\frac{样本审计价值之和}{样本账面价值之和}$$

$$估计的总体价值=总体账面价值\times比率$$

实例研究 8-9

沿用例 8-8 的数据，使用比率估计抽样时，审计工作人员确定的样本审计价值与账面价值的比率为 99.8%，则：

估计的总体价值 = 1 750 000×99.8% = 1 746 500（元）

复习思考题

一、填空题

1．统计抽样与非统计抽样的区别是________。

2. 注册会计师应当特别关注可能导致不正确审计结论的两种风险是______和______。

3. 注册会计师采用系统选样法从 600 张凭证中选取 20 张作为样本，确定随机起点为第 40号，则抽取的第 5 张凭证的编号应为________号。

4. 在实质性测试中，注册会计师推断总体误差后，如果其超过可容忍误差，则应当________。

5. 如果其他数量因素不变，而将可信赖程度从 90%升到 95%，则所需的样本规模将会_________。

二、单项选择题

1. 注册会计师在控制测试确定样本规模时，没有必要考虑的因素是（　　）。
   A. 可接受的信赖过度风险　　B. 预计总体偏差率
   C. 总体变异率　　D. 可容忍偏差率
2. 下列各项风险中，对审计工作效率和效果都产生影响的是（　　）。
   A. 信赖过度风险　B. 信赖不足风险　C. 误受风险　D. 非抽样风险
3. 注册会计师运用分层抽样方法的主要目的是（　　）。
   A. 减少样本的非抽样风险
   B. 可以用于实质性分析程序
   C. 重点审计比较重大的项目，并减少样本量
   D. 无偏见地选取样本项目
4. 在控制测试中，可接受的信赖过度风险和样本数量之间的关系是（　　）。
   A. 同向变动　B. 反向变动　C. 比例变动关系　D. 不变
5. 下列各种抽样风险的陈述中，属于信赖不足风险的是（　　）。
   A. 根据抽样结果对实际存在重大错报的账户余额得出不存在重大错报风险的结论
   B. 根据抽样结果对实际不存在重大错报的账户余额得出存在重大错报风险的结论
   C. 根据抽样结果对内控制度的信赖程度高于其实际应信赖的程度
   D. 根据抽样结果对内控制度的信赖程度低于其实际应信赖的程度

三、多项选择题

1. 注册会计师在设计样本时，应当考虑的基本因素包括（　　）。
   A. 审计目标和分层　　B. 审计对象总体与抽样单元
   C. 抽样风险和非抽样风险　　D. 可信赖程度和可容忍误差
2. 在控制测试中，可以界定的误差有（　　）。
   A. 会计记录的虚假账户　　B. 经济业务的记录未进行复核
   C. 审批手续不全　　D. 误报的货币金额
3. 影响审计效率的抽样风险类型有（　　）。
   A. 信赖不足风险　B. 信赖过度风险　C. 误受风险　D. 误拒风险
4. 下列因素中，与所选取的样本数量同向变动的是（　　）。
   A. 可容忍误差　B. 可信赖程度　C. 预期总体误差　D. 误受风险水平
5. 有关审计抽样的以下表述中，不正确的有（　　）。
   A. 审计抽样适用于财务报表审计的所有审计程序
   B. 统计抽样的产生并不意味着非统计抽样的消亡
   C. 统计抽样并不排除审计过程中的专业判断

D．对可信赖程度要求越高，需要选取的样本量就越大

四、简答题

1．什么是统计抽样和非统计抽样？统计抽样和非统计抽样有何区别？

2．什么是属性抽样和变量抽样？它们各适用于什么审计测试？

3．什么是可容忍误差？可容忍误差和样本量之间存在什么关系？

五、操作题

1．案例资料

对购货和付款业务的控制程序进行控制测试时，注册会计师确定了4%的可容忍误差及95%的可信赖程度，并参考以前年度审计工作底稿将预期总体误差确定为1.5%。

2．要求

（1）对于该项测试，注册会计师应当采用哪种抽样方法？

（2）利用本章中的适当方法，确定该项测试所需的样本量。

（3）假定样本测试结果显示有3个误差，注册会计师是否可以推断在95%的可信赖程度下，总体误差没有超过4%的可容忍误差？

第 9 章 销售与收款循环审计

学习目标

1. 了解销售与收款循环的主要业务活动及主要凭证、账户。

2. 掌握与销售业务有关的内部控制及关键内部控制的控制测试程序。

3. 掌握主营业务收入、应收账款、应收票据、销售费用等的实质性测试程序。

引导案例

阳煤化工创“史上最大”财务造假案

阳煤化工股份有限公司（以下简称阳煤化工）于1993年在上海证券交易所挂牌上市。2012年 8月，阳煤化工以煤化工资产为主体，通过反向收购实现借壳上市。公司产业布局涵盖农用化工、新型化工、化工装备制造、化工贸易四大类，年实物产能近千万吨。其中，水冷壁非熔渣分级气化技术、丁辛醇等多项技术居于国际领先水平。

据四川监管局的调查结果显示，阳煤化工通过多份虚假合同将“风险、报酬并未实际转移出阳煤化工”的相关产品确认为销售收入和成本，违反《企业会计准则》相关规定，多计收入约 42 亿元，约占阳煤化工 2012 年销售收入 216 亿元的 19.66%。除了通过虚假购销合同虚增营业收入的问题，四川监管局还查出了阳煤化工存在内幕交易防控及信息披露不符合规定、关联方非经营性资金占用、三会运作不规范、对外担保信息披露不准确等多方面问题。

对于阳煤化工财务造假等行为，四川证监局开出了 4 张“罚单”：责令公司改正监管措施；对公司出具警示函并记入证券期货诚信档案；对总经理马安民、董事会秘书杨印生、财务总监王强出具警示函；责令董事长裴西平、总经理马安民、财务总监王强参加上交所或上市公司协会举办的最近一期上市公司董事、高管培训。

请思考上市公司进行收入造假的动机是什么？作为注册会计师应如何审计公司的营业收入？

销售与收款循环是指企业将商品或劳务销售给购买方、收回货款等一系列经营活动，是企业的最主要经营业务循环之一。

根据财务报表项目与业务循环的相关程度，销售与收款循环涉及的资产负债表项目主要包括应收账款、应收票据、预收账款、应交税费；涉及的利润表项目主要包括营业收入（主营业务收入和其他业务收入）、营业成本（主营业务成本和其他业务支出）、销售费用等。

9.1　销售与收款循环的特征

9.1.1　主要业务活动和内部控制

销售与收款循环所涉及的主要业务活动及适当的内部控制应包括以下9个方面。

1. 接受客户订单

客户提出订货要求是整个销售与收款循环的起点。企业在收到订单时，应由销售部门专人负责登记。客户的订单只有在符合管理层的授权批准时，才能被接受。管理层一般都列出了已批准的客户名单。销售部门在决定是否同意接受某客户的订单时，须查实该客户是否被列入这张已批准销售的客户名单。如果该客户未被列入客户名单，则通常需要由销售部门的主管来决定是否批准销售。

在接受订单后，销售部门应首先进行登记，再审核其内容和数量，以确定企业是否能够如期供货。在批准了客户订单之后，应编制一式多联的销售单。销售单既是证明管理层对有关销售业务的存在或发生认定的凭据，也是此笔销售业务轨迹的起点。

2. 批准赊销

信用管理部门根据管理层的赊销政策及每个客户已授权的信用额度，决定是否批准赊销。信用部门收到销售单后，应将销售单与该客户已被授权的赊销信用额度及至今尚欠的账款余额加以比较。对每个新客户，信用部门都应进行信用调查，包括获取信用评审机构对客户信用等级的评定报告。无论批准赊销与否，都要求被授权的信用管理部门人员在销售单上签署意见，然后将已签署意见的销售单送回销售部门。批准赊销控制的目的是为了降低坏账风险，因此这些控制与应收账款净额的估价或分摊认定有关。

3. 发货

经过信用部门批准的销售单将传递到仓储部门，仓储部门根据批准的销售单发货。该项控制程序的目的是为了防止仓库在未经授权的情况下擅自发货。

4. 装运货物

将按批准的销售单发货与按销售单装运货物职责相分离，有助于避免装运人员在未经授权的情况下装运商品。装运人员在装运之前，必须独立验证从仓库提取的货物是否都附有经批准的销售单，且所装运的货物是否与销售单一致。验证无误后，填写发运凭证。发运凭证提供了商品确实已装运的证据，因此是证实销售业务存在或发生认定的另一种形式的凭据。

5. 开票

开票包括编制和向客户寄送事先连续编号的销售发票。发票一般由会计部门开具，通常设立以下控制程序：开票职员在编制每张销售发票之前，应核对客户订单、经批准的销售单和发运凭证，如果完全相符，则根据已授权批准的商品价目表编制销售发票，并独立检查销售发票计价和计算的正确性，最后将发运凭证上的货物总数与相应销售发票上的货物总数进行核对。上述这些控制与销售业务的存在或发生、完整性及估价或分摊认定有关。

6. 记录销售业务

记账人员根据销售发票等原始凭证填制记账凭证，登记应收账款、主营业务收入明细账和相应的总账，以及库存商品明细账和总账，并独立检查已处理销售发票上的销售金额与会计记录金额的一致性、定期检查应收账款明细账与总账的一致性。此外，还应定期向客户寄送应收账款对账单，与客户核对账面记录，如有差异要及时查明原因，并向未涉及执行或记录销售业务循环的会计主管报告。以上这些控制与存在或发生、完整性及估价或分摊认定有关。

7. 记录收款业务

在收到货款时，记账人员应及时记入现金日记账、银行存款日记账及应收账款明细账和总账，并如数、及时地将现金存入银行。

8. 办理和记录销售退回、销售折扣与折让

客户如果对商品不满意，销货企业一般会同意接受退货，或者给予一定的销货折让。客户如果提前支付货款，则销货企业可能会给予一定的销货折扣。发生这类业务时，必须经授权批准，并应确保与办理此事有关的部门和职员各司其职，分别控制实物流和会计记录。对此，应严格控制贷项通知单的使用。

9. 坏账处理

对于确实无法收回的应收账款，应该获取货款确实无法收回的证据，并经管理层批准后方可作为坏账，进行相应的账务处理。对已经冲销的应收账款应在备查簿中登记，以便冲销的应收账款以后又收回时进行账务处理，并防止以后收回时被有关人员贪污。

9.1.2　主要凭证与会计记录

在内部控制比较健全的大企业里，对销售与收款业务的处理及控制通常需要使用很多凭证和账户。典型的销售与收款循环所涉及的主要凭证和账户有以下几种。

1. 客户订单

客户订单是客户要求订购商品的书面凭证，反映了客户所订购的商品的名称、规格和数量等信息。客户订单既可以由客户主动提出购买意向而取得，也可以由销货企业直接或采用电话、信函等途径与客户联系而取得。

2. 销售单

销售单是企业根据客户订单填列的内部凭证，通常列示有客户的名称，所订商品的名称、规格、数量及其他与客户订单有关的资料的表格，作为销售方内部处理客户订单的依据。

3. 发运凭证

发运凭证即提货单，是在发运货物时编制的，用以反映发出商品的规格、数量和其他有关内容的凭据。这种凭证可用作向客户开票收款的依据。

4. 销售发票

销售发票是一种用来表明已销售商品的规格、数量、销售金额、付款条件、开票日期等内容的凭证。销售发票应一式多联，预先连续编号，并且由专人负责保管。销售发票的一联开给客户，其余联由企业保留，并作为在会计账簿中登记销售业务的基本凭证。

5. 贷项通知单

贷项通知单是一种用来表示由于销售退回或经批准的折让而引起的应收账款减少的凭

证。其格式通常与销售发票相同，只不过是用来说明应收账款的减少。

6. 汇款通知书

汇款通知书是一种与销售发票一起寄给客户，由客户在付款时再寄回给销货企业的凭证。汇款通知书上一般注明销货企业的名称、销售发票号码、销货企业开户行及金额等内容。采用汇款通知书既能使现金立即存入银行，也可以改善资产保管的控制。

7. 客户月末对账单

客户月末对账单是一种定期寄送给客户的，用于购销双方定期核对账目的凭证。该凭证上应列明应收账款的月初余额、本月销售金额、本月已收到的货款及月末余额等内容。

8. 坏账审批表

坏账审批表是一种用来批准将某些应收账款注销为坏账，仅在企业内部使用的凭证。

9. 转账凭证

转账凭证是记录转账业务的记账凭证，根据有关转账业务的原始凭证编制而成。

10. 收款凭证

收款凭证是用来记录现金和银行存款收入业务的记账凭证。

11. 应收账款明细账及总账

应收账款明细账是用来记录与每个客户各项交易及每个客户所欠账款余额的明细账；应收账款总账是反映企业所有已销商品的未收回款项余额的账簿。

12. 主营业务收入明细账及总账

主营业务收入明细账是一种用来记录销售业务的明细账，通常记载和反映不同类别的销售总额；主营业务收入总账是总括记录企业所有已实现主要销售业务金额的账簿。

13. 现金日记账、银行存款日记账

现金和银行存款日记账是用来记录应收账款的收回或现销收入，以及其他各种现金、银行存款收入和支出的日记账。

14. 折扣与折让明细账及总账

折扣与折让明细账是一种用来记录销售商品时，按销售合同规定给予顾客销售折扣和因商品品种、质量等原因而给予顾客销售折让情况的明细账；折扣与折让总账是汇总记录所有给予客户折扣与折让金额的账簿。

9.1.3 可能存在的错报风险

以一般制造业的赊销销售为例，销售与收款循环审计可能存在的风险主要表现在以下几个方面。

① 收入确认存在的舞弊风险。收入是利润的来源，直接关系到企业的财务状况和经营成果。有些企业往往为了达到粉饰财务报表的目的而采用虚增（发生认定）或隐瞒收入（完整性认定）等方式实施舞弊。

② 收入的复杂性可能导致的错误。例如，被审计单位可能针对一些特定的产品或服务提供一些特殊的交易安排，如特殊的退货约定、特殊的服务期限安排等，但管理层可能对这些不同安排下所涉及的交易风险的判断缺乏经验，从而在收入确认上就容易发生错误。

③ 发生的收入交易未能得到准确记录。

④ 期末收入交易和收款交易可能未记入正确的期间，包括销售退回交易的截止错误。

⑤ 收款未及时入账或记入不正确的账户，因而导致应收账款（或应收票据、银行存款）的错报。

⑥ 应收账款坏账准备的计提不准确。

9.2 销售与收款循环内部控制测试

9.2.1 销售业务内部控制测试

注册会计师一般可通过查阅被审计单位的有关规章制度、文件资料，向有关人员口头查询或现场调查等方式，了解被审计单位销售业务的内部控制，并用适当的方法将了解的情况记录于审计工作底稿。常用的方法有编写内部控制说明、设计内部控制调查表和绘制内部控制流程图。

销售业务内部控制的典型调查问题如表9.1所示。

表9.1 销售业务内部控制的典型调查问题

调查问题	回答			
	是	否	不适用	备注
① 销售部门与信用部门是否分离				
② 是否将客户订单与已批准客户清单核对				
③ 对每张已接受的客户订单是否都编制销售单				
④ 是否在每次销售前检查老客户的信用额度				
⑤ 是否对所有新客户执行信用调查				
⑥ 所有发货是否都有经批准的销售单				
⑦ 是否独立检查发运的货物与已批准的销售单的一致性				
⑧ 每次装运货物是否都编制了发运凭证				
⑦ 销售单、发运凭证是否预先连续编号				
⑩ 每次开发票是否有相应的发运凭证和已批准的销售单				
⑪ 是否独立检查销售发票计价和计算的正确性				
⑫ 销售发票是否预先连续编号				
⑬ 销售退回、折让与折扣、坏账注销是否都经过授权批准				
⑭ 是否独立检查已处理销售发票上的销售金额与会计记录金额的一致性				
⑮ 是否定期独立检查应收账款明细账与总账的一致性				
⑯ 是否每月给客户寄出对账单				
⑰ 销售业务是否及时、正确地记入明细账和总账				
问题与评价				

注册会计师应通过对内部控制的了解，来确定销售过程的各项业务存在哪些关键的内部控制及控制目标，并对每一控制目标的审计风险做出初步评估，以便制定对哪些控制实施控制测试的计划。而对与这些控制目标有关的金额错误方面的交易实质性测试程序，则大体应根据对审计风险的初步评估和计划实施的符合性控制测试加以确定。

销售业务内部控制的测试包括存在或发生测试、完整性测试、估价测试、分类测试、截止测试和机械准确性测试6种形式。

(1) 存在或发生测试

存在或发生测试是指确认登记入账的销售业务是否是真实的。

对这一审计目标，注册会计师一般应关注以下3类错误的可能性：一是未曾发货却已将销售业务登记入账；二是销售业务重复入账；三是向虚构的客户发货，并作为销售业务登记入账。前两类错误可能是有意的，也可能是无意的，而第3类错误却是有意的。将不真实的销售登记入账的情况虽然极少，但后果却很严重，因为这会导致多报资产和收入。注册会计师可采用以下实质性测试程序来审查上述3类多报销售错误的可能性。

① 对未曾发货却已将销售业务登记入账这类错误的可能性，注册会计师可以从主营业务收入明细账中抽取几笔分录，追查有无发运凭证和其他佐证凭证，借以查明有无事实上没有发货却已登记入账的销售业务。

② 对销售业务重复入账这类错误的可能性，注册会计师可通过复核企业为防止重复编号而设置的有序号的销售业务记录清单加以确定。

③ 向虚构的客户发货并作为销售业务登记入账这类错误的可能性，一般只在登记销售业务的人员同时兼有批准发货职责时才会发生。当内部控制存在上述缺陷时，注册会计师就很难察觉这种虚构的发货。注册会计师可以通过审查主营业务收入明细账中与销售分录相应的销售单，检查其是否经过赊销批准和发货审批来测试是否向虚构的客户发货。

此外，注册会计师还有另一个审查上述3类多报销售错误可能性的有效办法，即追查应收账款明细账中贷方发生额的记录。如果应收账款最终得以收回或收到退货，则可证明入账的销售业务一开始就是真实的；如果贷方发生额是注销坏账，或者直到审计时所欠货款仍未收回，则注册会计师就必须详细追查相应的发运凭证和客户订单等。

（2）完整性测试

完整性测试是指确认已发生的销售业务是否均已登记入账。

测试遗漏的销售业务应从发运部门的档案中抽取部分发运凭证，追查至销售发票副联和主营业务收入明细账，这样可以测试出因未开票而未入账的销售业务。但前提是注册会计师通过检查发运凭证的编号顺序来查明全部发运凭证均已归档。

（3）估价测试

估价测试是指登记入账的销售业务是否估价准确。

销售业务的准确估价包括3个方面的内容：按订货数量发货；按发货数量准确开具发票；将发票上的数额准确记入会计账簿。对这3个方面，注册会计师应进行实质性测试，以确保其准确无误。

典型的实质性测试程序包括核对和验算会计记录中的数据，通常的做法有以下几种。

① 以主营业务收入明细账中的会计分录为起点，将所选择的交易业务的合计数与应收账款明细账和销售发票副联进行比较核对。

② 将销售发票副联上所列的单价与经过批准的商品价目表进行比较核对，包括其金额小计和合计数的复核。

③ 将发票中列出的商品规格、数量和客户代号等与发运凭证进行比较核对。

④ 审核客户订单和销售单中的同类数据。

（4）分类测试

分类测试是指确认登记入账的销售业务分类是否正确。

销售业务一般分现销和赊销两种，注册会计师应注意两种销售业务的会计处理是否正确，同时还应注意有无把固定资产等其他资产的销售当作商品销售处理。销售分类正确的测试一般可与估价测试一并进行。注册会计师可以通过审核原始凭证来确定具体交易业务的类别是否正确，并以此与账簿的实际记录做比较。

（5）截止测试

截止测试是指确认销售业务是否计入正确的会计期间。

为了防止无意漏记销售业务，确保将其记入正确的会计期间，企业发货后应尽快开具发票并登记入账。注册会计师一般在执行估价实质性测试程序的同时，可将所选取的提货单或其他发运凭证的日期与相应的销售发票副联、主营业务收入明细账和应收账款明细账上的日期做比较。如果发现重大差异，则可能存在销售截止期限上的错误。

（6）机械准确性测试

机械准确性测试是指确认销售业务是否已正确记入明细账并准确汇总。

为确保应收账款的完整收回，应将全部赊销业务正确地记入应收账款明细账。同样，为保证财务报表的准确，主营业务收入明细账必须予以准确地汇总并过入总账。在审计实务中，注册会计师通常都要采用汇总主营业务收入明细账，并将汇总数和一些具体内容分别追查至主营业务收入明细账与应收账款明细账或现金、银行存款日记账等测试方法，以检查在销售过程中是否存在有意或无意的错报问题。

9.2.2 收款业务内部控制测试

销售与收款循环包括销售和收款两个方面，在内部控制健全的企业，与销售相关的收款业务同样有其内部控制目标和内部控制程序。注册会计师应针对每个具体的内部控制目标确定关键的内部控制，并对其实施相应的控制测试和交易的实质性测试。与销售业务测试一样，收款业务中控制测试的性质取决于内部控制的性质。而收款业务实质性测试的范围在一定程度上要取决于关键控制是否存在及控制测试的结果。收款业务的一部分测试可与销售业务测试一并执行；另一部分测试与货币资金相关，须单独实施。

9.2.3 销售与收款循环内部控制工作底稿参考格式

销售与收款循环内部控制工作底稿参考格式如表 9.2 所示。

表 9.2　销售与收款循环内部控制工作底稿参考格式

我们采用询问、观察和检查等方法，了解并记录了销售与收款循环的主要控制流程，并已与×××、×××等确认下列所述内容。

1. 有关职责分工的政策和程序
（此处应记录被审计单位的有关职责分工的政策和程序，并评价其是否有助于建立有效的内部控制。）
2. 主要业务活动介绍
（此处应记录对本循环主要业务活动的了解。例如，被审计单位主要销售内容和销售方式、相关文件记录、对销售与收款政策的制定和修改程序、对职责分工政策的制定和修改程序等。）
（1）销售
（此处应记录对被审计单位接受订单、审批、销售流程的了解，如订单的接受与审批、赊销申请的处理、销售合同的订立和授权、销售合同管理等；存货发出环节控制活动记录于生产与仓储循环的审计工作底稿。）
（2）确认、记录应收账款
（此处应记录对存货发出后至应收账款确认、记录流程的了解。例如，发票的开具和核对、核对及差异处理、单据流转及核对、与客户对账、应收账款调整及计提坏账准备等。）
（3）记录税金
（此处应记录对税金的确认、申报、交纳流程的了解。）
（4）收款
（此处应记录对收款业务流程的了解。例如，收款的记录、收款方式、应收票据的取得和贴现及期末对收款情况的监控等。）
（5）维护客户档案

说明：① 此处应记录对客户档案维护流程的了解。例如，维护申请、审批、处理及期末审核等。

② 客户档案是指记录经批准的客户详细信息的文件，包括客户名称、银行账户、收货地址、邮寄地址、联系方式、赊销信用额度、收款折扣条件、过去期间的交易情况等。

销售与收款循环控制执行情况的评价结果如表 9.3 所示。

表 9.3　销售与收款循环控制执行情况的评价结果

被审计单位：　　　　　　　　　　　　　　　　　　　　　　　　　　索引号：
项目：风险评估　　　　　　　　　　　　　　　　　　　　　　　　　财务报表截止日/期间：
编制：　　　　　　　　　　　　　　　　　　　　　　　　　　　　　复核：
日期：　　　　　　　　　　　　　　　　　　　　　　　　　　　　　日期：

主要业务活动	控制目标	受影响的相关交易和账户余额及其认定	被审计单位的控制活动	控制活动对实现控制目标是否有效（是/否）	控制活动是否得到执行（是/否）	是否测试该控制活动运行有效性（是/否）
销售	仅接受在信用额度内的订单	应收账款计价和分摊	如果是新客户，销售经理____将对其进行客户背景调查，获取包括信用评审机构对客户信用等级的评定报告等，填写新客户基本情况表，并附相关资料交至信用管理经理____审批。信用管理经理____将在新客户基本情况表上签字注明是否同意赊销。通常情况下，给予新客户的信用额度不超过人民币____元，如果高于该标准，则应经总经理____审批。 如果是现客户，则业务员____将订单金额与该客户已被授权的信用额度及至今尚欠的账款余额进行检查，经销售经理____审批后，交至副总经理____复核。如果是超过信用额度的采购订单，则应由总经理____审批			
以下略						

课堂训练 *9-1*

注册会计师立言负责对甲公司 2019 年 12 月 31 日的财务报表审计，为此了解销售与收款内部控制的设计和执行情况。立言了解到，甲公司将客户验货签收作为销售收入确认的时点。部分与销售相关的控制内容摘录如下。

① 每笔销售业务均须与客户签订销售合同。

② 赊销业务须由专人进行信用审批。

③ 仓库只有在收到经批准的发货通知单时才能供货。

④ 负责开具发票的人员无权修改开票系统中已设置好的商品价目表。

⑤ 财务人员根据核对一致的销售合同、客户签收单和销售发票编制记账凭证并确认销售收入。

⑥ 每月末，由独立人员对应收账款明细账和总账进行调节。

要求：

① 针对上述①至⑥项所列控制，逐项指出是否与销售收入的发生认定直接相关。

② 从所选出的与销售收入的发生认定直接相关的控制中选出一项最应当测试的控制，并简要说明理由。

9.3　销售与收款循环主要账户审计

9.3.1　主营业务收入审计

1. 主营业务收入的审计目标

企业的收入主要来自出售商品、提供服务等，由于所处行业不同，企业具体的收入来源有所不同。如表9.4所示，显示了一些常见行业的主要收入来源。

表9.4 常见行业的主要收入来源

行业类型	主要收入来源
贸易业	作为零售商向普通大众零售商品；作为批发商向零售商供应商品
一般制造业	通过采购原材料并将其用于生产流程，制造产成品卖给客户取得收入
专业服务业	律师、会计师、商业咨询师等主要通过提供专业服务取得服务费收入；医疗服务机构通过提供医疗服务取得收入，包括给住院病人提供病房和医护设备，为病人提供精细护理、手术和药品等取得收入。
金融服务业	向客户提供金融服务取得手续费；向客户发放贷款取得利息收入；通过协助客户对其资金进行投资取得相关理财费用
建筑业	通过提供建筑服务、完成建筑合同取得收入

主营业务收入审计是销售与收款循环账户审计的一项重要内容。其审计目标一般包括以下几个方面。

① 确定记录的主营业务收入均已发生，且与被审计单位有关。

② 确定所有应当记录的主营业务收入均已记录。

③ 确定与主营业务收入有关的金额及其他数据已恰当记录。

④ 确定主营业务收入已记录于正确的会计期间。

⑤ 确定主营业务收入已记录于恰当的账户中。

⑥ 确定主营业务收入已按照企业会计准则的规定在财务报表中做出了恰当的列报。

2. 主营业务收入的实质性测试程序

（1）获取或编制主营业务收入明细表

主营业务收入明细表可向被审计单位索取或由注册会计师自行编制。在审计时，注册会计师应首先获取或编制主营业务收入明细表及折扣和折让明细表，将明细表上的数额汇总，并与报表数、总账发生额及明细账发生额合计数相核对，如果不符，就应查明原因并做出相应的调整。执行这一程序的目的首先检验利润表上的主营业务收入数额是否与明细记录的汇总数额相一致，其次作为实质性测试的起点。

（2）实施分析程序

注册会计师为了在总体上对主营业务收入的真实性做出初步判断，一般还应采用分析程序，检查主营业务收入是否存在异常变动或重大波动。注册会计师应根据主营业务收入明细表，编制主营业务收入分析表，并做如下比较分析。

① 将本期的主营业务收入与上期的主营业务收入、销售预算或预测数等进行比较，分析主营业务收入及其构成的变动是否异常，并分析产生异常变动的原因。

② 计算本期重要商品的毛利率，与上期预算或预测数据比较，检查是否存在异常、各期之间是否存在重大波动，并查明产生的原因。

③ 比较本期各月各类主营业务收入的波动情况，分析其变动趋势是否正常，是否符合被审计单位季节性、周期性的经营规律，并查明产生异常现象和重大波动的原因。

④ 将本期重要商品的毛利率与同行业企业进行对比分析，检查是否存在异常。要特别指出的是，营业收入减去营业成本是毛利润，毛利润在营业收入中所占比例是毛利率。高毛利率意味着企业的商品或服务具有很强的竞争优势；低毛利率意味着企业的商品或服务存在大量替代品，商品价格上的微小变动都可能使客户放弃购买。这种低毛利率的企业，意味着要依赖管理层的运营能力或冒高倍杠杆的风险。一般来说，毛利率能保持在45%以上的企业，通常都具有某种持续竞争优势。中国上市公司中毛利率比较高的行业有信息技术、医药生物、食品饮料、

餐饮旅游、文化传播、房地产等。如果发现异常现象和重大波动，则应查明原因。

（3）查明主营业务收入的确认原则和方法

主营业务收入的确认应符合《企业会计准则第14号——收入》（财会〔2017〕22号）的规定。企业应当在履行了合同中的履约义务，即在客户取得相关商品控制权时确认收入。

当企业和客户之间的合同同时满足下列条件时，企业应当在客户取得相关商品控制权时确认收入。

① 合同各方已批准该合同并承诺将履行各自义务。

② 该合同明确了合同各方与所转让商品或提供劳务（以下简称转让商品）相关的权利和义务。

③ 该合同有明确的与所转让商品相关的支付条款。

④ 该合同具有商业实质，即履行该合同将改变企业未来现金流量的风险、时间分布或金额。

⑤ 企业因向客户转让商品而有权取得的对价很可能被收回。

对主营业务收入的审计应当依照上述销售商品收入确认的5个条件，并结合货款结算的方式来进行。下面说明几种基本销售方式确认收入的具体要求，以及审计时应重点关注的问题。

① 采用交款提货方式销售商品，在货款已经收到或取得收取货款的凭证，同时发票账单和提货单已交给购货方时确认收入实现。注册会计师应审查被审计单位是否收到货款或取得收取货款的权利，并已将发票账单和提货单交付购货单位；应注意有无扣压结算凭证，将当期收入转入下期入账，或者开具虚假发票将虚列的收入记账，在下期予以冲销的情况。

② 采用预收货款方式销售商品，在商品已经发出时确认收入实现。注册会计师应审查被审计单位是否收到了货款、是否在货物发出之后确认了收入；应注意是否存在开具虚假发运凭证、提前确认收入的情况。

③ 采用托收承付结算方式销售商品，在商品已经发出并办妥托收手续时确认收入实现。注册会计师应审查被审计单位是否发货、托收手续是否办妥；应注意发运凭证是否真实、托收承付结算回单是否正确。

④ 采用委托其他单位代销方式销售商品，应在代销商品已经销售，并收到代销清单时确认收入实现。注册会计师应查明有无编制虚假代销清单、虚增本期收入的情况。

⑤ 采用分期收款方式销售商品，应按合同约定的收款日期分期确认收入。注册会计师应审查本期是否收到货款，查明合同约定的本期应收款日期是否真实，是否存在已实现的收入不入账、少入账或缓入账的情况。

⑥ 对长期工程合同收入，应根据完工百分比法合理确认收入。注册会计师应审查收入的计算、确认方法是否符合规定，并核对应计收入与实际收入是否一致；应注意查明有无随意确认收入、虚增或虚减本期收入的情况。

⑦ 房地产销售与一般的销售商品类似，在房地产已经移交，并将发票结算账单提交对方时确认收入的实现。注册会计师应审查已办理的移交手续是否符合规定要求、发票账单是否已交对方；应注意查明被审计单位有无编造虚假移交手续、采用分层套写的方法开具虚假发票的行为，以防止其高价出售、低价收账，从中贪污货款。

对上述主营业务收入确认的审查主要是采用抽查法、核对法和验算法。

课堂训练 9-2

【单选题】华山公司存在以下与收入确认相关的交易处理情况，其中不正确的是（　　）。

A. 华山公司在2019年12月按合同约定以离岸价向某外国公司出口商品时，对方告知由于其所在国开始实施外汇管制，无法承诺付款。为了开拓市场，华山公司仍于2019年年底交付商品，但在2019年未确认相应的主营业务收入。

B. 华山公司于2019年年底委托某运输公司向某企业交付一批商品。由于验收时发现部分商品有破损，该企业按照合同约定要求华山公司采取减价等补偿措施或全部予以退货。华山公司以商品破损是运输公司责任为由而拒绝对方要求。由于发货前已收到该企业预付的全部货款，因此华山公司于2019年确认了相应主营业务收入。

C. 华山公司于2019年12月初以每件500元（不含增值税）的价格向某公司交付了1 000件商品。双方约定，在该公司付清货款前，尽管华山公司不再对所交付的商品实施继续管理和控制，但仍对尚未收款的该部分商品保留法定所有权。截至2019年年底，华山公司收取了该公司支付的其中800件商品的货款，确认了主营业务收入500 000元。

D. 华山公司于2018年向某公司转让了一项软件的使用权，使用费为500 000元，华山公司不提供后期服务。合同约定，该公司在2019年和2020年各支付250 000元。华山公司于2019年实际收到200 000元，但仍在当年确认了250 000元收入。

(4) 审查售价是否合理

注册会计师应当获取商品价格目录，抽查售价是否符合价格政策，并注意销售给关联方或关系密切的重要客户的商品价格是否合理，有无低价或高价结算以转移收入的现象。

(5) 审查销售退回、销售折扣与折让业务的真实性及合法性

注册会计师应先取得被审计单位有关折扣与折让的具体规定和其他文件资料，与实际执行的情况进行核对，并抽查较大的折扣与折让发生额，检查其是否经授权批准，是否真实、合法；审查销售退回手续是否符合规定、销售退回的商品是否已验收入库并登记入账、有无形成账外物资的情况。

(6) 审查主营业务收入的会计处理是否正确

主营业务收入的会计处理是否正确，直接影响到企业损益的计算。在审查主营业务收入时，应认真审查其会计处理过程。注册会计师应抽取企业被审计期间内一定数量的销售发票，进行从原始凭证到记账凭证、主营业务收入明细账的全过程审查。注册会计师应核实有关记录、过账、汇总是否正确，并将抽取的收入与应收账款明细账、现金或银行存款日记账、库存商品明细账相核对，以进一步确定发货日期、销售数量、品名、单价、金额等是否相符，从而证实主营业务收入会计处理的正确性、真实性和完整性。同时，还应审查销售退回、折扣和折让的数额计算及会计处理是否正确。

(7) 测试销售截止的正确性

销售截止测试就是将资产负债表日前后若干天记录的销售业务与销售发票和发运凭证进行核对。其目的是为了确定被审计单位主营业务收入会计记录的归属期是否正确、是否有将主营业务收入提前至本期或推迟至下期记账的情况。注册会计师在审计中，应该关注3个与主营业务收入确认有着密切关系的日期：一是开具发票的日期或收款日期；二是记账日期；三是发货日期（服务业则是提供劳务的日期）。检查三者是否归属于同一适当会计期间是主营业务收入截止测试的关键所在。

围绕上述3个重要日期，注册会计师可以考虑采用3种审查程序实施主营业务收入的截止测试。

① 以账簿记录为起点，从报表日前后若干天的账簿记录查至记账凭证，检查发票副联与发运凭证。其目的是证实已入账收入是否在同一期间已开具发票并发货，以及有无多记收入。这

种方法只能发现多计的主营业务收入，而不能发现漏计的主营业务收入。

② 以销售发票为起点，从报表日前后若干天的发票副联查至发运凭证与账簿记录，确定已开具发票的商品是否已发货并于同一会计期间确认收入。这种方法只能发现漏计的主营业务收入，而不能发现多计的主营业务收入。

③ 以发运凭证为起点，从报表日前后若干天的发运凭证查至发票开具情况与账簿记录，确定主营业务收入是否已记入恰当的会计期间。这种方法主要也是为了发现漏计的主营业务收入。

（8）查找未经认可的大额销售

注册会计师应结合对报表日应收账款的函证程序，通过复核资产负债表日后的重大销售退回来查明有无未经认可的大额销售。如果有，则应做出记录并提请被审计单位做出相应的调整。

（9）审查外币收入

对以外币结算的收入，注册会计师应审查外币收入折算汇率是否正确、折算方法是否前后各期一致。

（10）检查有无特殊的销售行为

对特殊的销售行为，如委托代销、分期收款销售、售后回购、以旧换新、出口销售等，注册会计师应确定恰当的审计程序并进行审核。

（11）确定主营业务收入是否在利润表上恰当披露

注册会计师应审查利润表上的主营业务收入金额是否与审定数相符、主营业务收入确认所采用的会计政策是否已在财务报表附注中披露。

课堂训练 *9-3*

X公司系公开发行A股的上市公司，主要经营计算机硬件的开发、集成与销售。其主要业务流程通常为：向客户提供技术建议书—签署销售合同—结合库存情况备货—委托货运公司送货—安装验收—根据安装验收报告开具发票并确认收入。注册会计师于2020年年初对X公司2019年年度财务报表进行审计。经初步了解，X公司2019年年度的经营形势、管理及经营机构与2018年比较未发生重大变化，且未发生重大重组行为。其他相关资料如下。

资料一 X公司2019年年度未审利润表及2018年年度已审利润表如表9.5所示。

表9.5 2019年年度未审利润表及2018年年度已审利润表

万元

项 目	2019年年度（未审数）	2018年年度（审定数）
一、主营业务收入	104 300	58 900
减：主营业务成本	91 845	53 599
税金及附加	560	350
二、主营业务利润	11 895	4 951
加：其他业务利润	40	56
减：销售费用	2 800	1 610
管理费用	2 380	3 260
财务费用	180	150
三、营业利润	6 575	
加：投资收益	980	（13）
补贴收入	100	150
营业外收入	260	300
减：营业外支出		
四、利润总额	7 395	
减：所得税（税率25%）	800	（163）
五、净利润	6 595	（163）

资料二 X公司2019年年度1至12月份未审主营业务收入、主营业务成本如下表9.6所示。

表9.6 2019年年度1至12月份未审主营业务收入、主营业务成本 万元

月 份	主营业务收入	主营业务成本
1	7 800	7 566
2	7 600	6 764
3	7 400	6 512
4	7 700	6 768
5	7 800	6 981
6	7 850	6 947
7	7 950	7 115
8	7 700	6 830
9	7 600	6 832
10	7 900	7 111
11	8 100	7 280
12	18 900	15 139
合 计	104 300	91 845

资料三 注册会计师在实施实质性测试程序时，抽查到以下销售业务。

① 销售给A公司硬件计904万元（含税，增值税税率为13%）。相关合同约定：签订合同后支付100万元；出具安装验收报告后支付200万元；试运行一个月并终验合格后支付604万元；交货日期为2019年11月20日。实际执行情况是：X公司于2019年11月15日发货，经双方签字盖章的安装验收报告日期为2019年12月25日，发票日期为2019年12月25日。截至2019年12月31日，X公司已经收取货款300万元，确认2019年年度该项销售收入800万元。

② 销售给B公司硬件计1 130万元（含税，增值税税率为13%）。相关合同约定：签订合同后支付300万元；出具安装验收报告后支付830万元；交货日期为2019年12月26日。实际执行情况是：经双方签字盖章的安装验收报告日期为2019年12月29日，发票日期为2019年12月29日。截至2019年12月31日，X公司已经收取货款1 130万元，并确认2019年年度该项销售收入1 000万元。注册会计师在审计时，未取得该项销售业务的发货单据，X公司解释的理由为供货单位接受X公司指令直接将货物发运至B公司。

③ 销售给控股股东G公司硬件计3 390万元（含税，增值税税率为13%）。发货单、发票、安装验收报告、销售合同核对后无异常，货款已于2019年12月全部收到。2019年年度X公司确认该项销售收入3 000万元、销售成本1 800万元。2019年年度同类硬件主要销售给非关联方，其加权平均毛利率为10%。

要求：

① 为确定重点审计领域，注册会计师拟实施分析性复核程序。请对资料一进行分析后，指出利润表中的重点审计领域，并简要说明理由；对资料二分析后，指出主营业务收入和主营业务成本的重点审计领域，并简要说明理由。

② 注册会计师在了解X公司销售与收款循环内部控制后，准备对X公司销售业务的内部控制进行测试，以验证其能否确保已入账的销售确系已经实现的销售。请列示该项测试的主要程序。

③ 针对资料三中第①至③项销售业务，分别判断X公司已经确认的销售收入能否确认（“能够确认”“不能确认”“不能全部确认”“尚无法形成审计结论”4种情形）。如果回答“不能确

认”或“不能全部确认”，则简要说明理由；如果回答“尚无法形成审计结论”，则指出应进一步实施哪些审计程序。

9.3.2 应收账款及坏账准备审计

应收账款是指企业因销售商品、提供劳务而应向购货单位或者接受劳务单位收取的款项或代垫运杂费。它是企业在销售业务中所形成的各种债权性资产。企业的销售如果属于赊销，即销售实现时没有立即收取现金，而是获得了要求客户在一定条件下和一定时间内支付货款的权利，就产生了应收账款。

企业会因为某些原因放货出去，以增加应收账款，虚增收入。正所谓白拿谁不拿，这样放货当然很容易创造收入。但从企业股东的角度看，这无疑是危险行为，很容易使企业产生巨额损失。因此，如果一家企业应收账款大幅增长，而回款速度明显下降，往往预示着两种可能：公司临时放宽了信用政策，加大了赊销力度；公司提前确认收入或虚构收入。因此，应收账款的审计是销售与收款循环审计的重要组成部分。

1. 应收账款的审计目标

应收账款的审计目标一般包括以下几个方面。

① 确定应收账款是否存在（存在认定）。

② 确定应收账款增减变动的记录是否完整（完整性认定）。

③ 确定应收账款是否归被审计单位所有（权利和义务认定）。

④ 确定应收账款的期末余额是否正确（计价和分摊认定）。

⑤ 确定应收账款在财务报表上的披露是否恰当（与列报相关的认定）。

2. 应收账款的实质性测试程序

（1）获取或编制应收账款明细表

① 复核加计正确，并与总账数和明细账合计数核对是否相符；结合坏账准备科目，与报表数核对是否相符。财务报表的应收账款数反映企业因销售商品、提供劳务等应向购买单位收取的各种款项，减去已计提的相应的坏账准备后的净额。

② 分析有贷方余额的项目，查明原因，必要时建议做重分类调整。

③ 结合其他应收款、预收款项等往来项目的明细余额，调查有无同一客户多处挂账、异常余额或与销售无关的其他款项（如代销账户、关联方账户或员工账户），必要时提出调整建议。

（2）实施分析程序

注册会计师可从以下两方面对应收账款实施分析程序：将本年度应收账款与上年度进行比较；利用比率分析，计算应收账款周转率、应收账款与流动资产的比率等，并将本期的各项比率与企业历史数据和行业平均水平进行比较。如果发现异常现象和重大波动，则应查明原因。

（3）分析应收账款账龄

应收账款账龄是指资产负债表中的应收账款从销售实现、产生之日起至报表日止所经历的时间间隔。通过编制或索取应收账款账龄分析表，并结合函证结果来分析应收账款的账龄，有助于注册会计师了解和分析应收账款收回的可能性。应收账款账龄分析表如表9.7所示。

表 9.7　应收账款账龄分析表

年　月　日　　　　　　　　　　　元

客户名称	期末余额	账龄			
		1 年以内	1 至 2 年	2 至 3 年	3 年以上
合　计					

编制应收账款账龄分析表时，可以选择重要的客户及其余额单独列示，不重要的或余额较小的可以汇总列示。应收账款账龄分析表的合计数应该等于资产负债表中的应收账款数。

（4）向债务人函证应收账款

函证是指注册会计师为了获取影响财务报表或相关披露认定的项目的信息，通过直接来自第三方对有关信息和现存状况的声明获取与评价审计证据的过程。对应收账款进行函证是证实应收账款账户余额的真实性和正确性的有效方法。

应收账款函证审计程序一般包括以下步骤。

步骤 1　函证决策。《中国注册会计师审计准则第 1312 号——函证》中规定，除非有充分证据表明应收账款对被审计单位财务报表而言是不重要的，或者函证很可能是无效的，否则注册会计师应当对应收账款进行函证。如果注册会计师不对应收账款进行函证，则应当在审计工作底稿中说明理由；如果认为函证很可能是无效的，则注册会计师应当实施替代审计程序，获取相关、可靠的审计证据。

步骤 2　确定函证范围和对象。为了提高审计效率，一般不需要对被审计单位所有的应收账款进行函证。注册会计师可根据以下原则确定函证样本数量的大小及范围：第一，如果应收账款在全部资产中所占比重较大，则函证的范围应相应大一些；第二，如果被审计单位内部控制比较健全，则可以相应减少函证量；第三，如果以前年度函证中发现过重大差异，或者欠款纠纷较多，则函证范围应相应扩大一些；第四，如果采用积极的函证方式，则可以相应减少函证量，如果采用消极的函证方式，则要相应增加函证量。

通常情况下，注册会计师应选择以下项目作为函证对象：金额较大的项目；账龄较长的项目；交易频繁但期末余额较小的项目；重大关联方交易；重大或异常的交易；可能存在争议及产生重大错误或舞弊的交易。

步骤 3　选择函证方式。应收账款的函证方式有积极的函证方式和消极的函证方式两种。

积极的函证方式是指向债务人发出询证函，要求被询证者在所有情况下必须回函，确认询证函所列示信息是否正确，或者填列询证函要求的信息。

通常对欠款金额较大的项目、不寻常的项目，以及有理由相信欠款可能会存在争议或差错的项目等采用积极的函证方式。积极的函证方式的企业询证函参考格式如图 9.1 所示。

消极的函证方式是指向债务人发出询证函，注册会计师只要求被询证者仅在不同意询证函列示信息的情况下才予以回函。当同时存在下列情况时，注册会计师可考虑采用消极的函证方式：重大错报风险评估为低水平；涉及大量余额较小的账户；预期不存在大量的错误；没有理由相信被询证者不认真对待函证。

与积极的函证方式相比，消极的函证方式提供的审计证据通常可靠性较低。

步骤 4　选择函证时间。注册会计师通常以资产负债表日为截止日，在资产负债表日后的适当时间内实施函证。如果重大错报风险评估为低水平，则注册会计师可选择资产负债表日前的适当日期为截止日实施函证，并对所函证项目自该截止日起至资产负债表日止发生的变动实施实质性程序。

编号：

_____________公司：

本公司聘请的××会计师事务所正在对本公司财务报表进行审计，按照《中国注册会计师执业准则》的要求，应当询证本公司与贵公司的往来账项等事项。下列数据出自本公司账簿记录，如与贵公司记录相符，请在本函下端“数据证明无误”处签章证明；如有不符，请在“数据不符”处列明不符金额。回函请直接寄至××会计师事务所。

通信地址：

邮编：　　　　电话：　　　　传真：

1. 本公司与贵公司的往来账项列示如下。

截止日期	贵公司欠	欠贵公司	备　注

2. 本函仅为复核账目之用，并非催款结算。如果款项在上述日期已经付清，仍请及时函复为盼。

（公司签章）　　（日期）

结论：1. 数据证明无误

（签章）　　（日期）

2. 数据不符（请列明不符金额）

（签章）　　（日期）

图 9.1　企业询证函（积极的函证方式）

步骤 5　对函证过程加以控制。询证函的发送和回收不能经过被审计单位，应由注册会计师直接控制。注册会计师应根据被审计单位提供的应收账款明细账户名称及地址正确填写询证函，且一定要由注册会计师亲自寄发，以保证复函直接寄到注册会计师手中。对退回的信函要进行分析，查明是由于债务人地址迁移、差错，还是被审计单位利用虚假地址来掩盖虚假应收账款。对于没有收到复函的积极的函证方式，应发送第二次甚至第三次询证函，如果仍得不到回复，则注册会计师应考虑采用必要的替代审计程序。

替代审计程序包括以下几项。

① 检查资产负债表日后收回的货款。值得注意的是，注册会计师不能仅查看应收账款的贷方发生额，而是要查看相关的收款单据，以证实付款方确为该客户且确与资产负债表日的应收账款相关。

② 检查相关的销售合同、销售单、发运凭证等文件。注册会计师需要根据被审计单位的收入确认条件和时点，确定能够证明收入发生的凭证。

③ 检查被审计单位和客户之间的往来邮件，如有关发货、对账、催款等事宜的邮件。

根据函证结果，注册会计师应编制函证结果汇总表，如表 9.8 所示。

表 9.8　函证结果汇总表　　元

函证编号	债务人名称	债务人地址	函证日期		账面金额	函证结果	差异金额及说明	审定金额
			第一次	第二次				

步骤6 对函证结果进行总结和评价。注册会计师应将函证的过程和情况记录在审计工作底稿中，并据以总结和评价应收账款情况。如果函证结果表明没有审计差异，则注册会计师可据此合理地推论全部应收账款余额总体是正确的；如果函证结果表明存在审计差异，则注册会计师首先应当对此进行分析，寻找差异的原因，必要时可与债务人直接联系，做进一步核实，并要求被审计单位做适当调整。产生函证差异的原因主要有3个方面：一是购销双方登记入账的时间不同；二是其中一方或双方记账错误；三是弄虚作假或舞弊而虚列应收账款。注册会计师应当估算应收账款总额中可能出现的累计差错，如果超过重要性水平，则须提请被审计单位予以调整。

一般而言，在确认应收账款真实性时，未函证的比例应该是很小的，主要应以积极的和消极的函证方式为主。当应收账款明细账金额较大或有理由相信欠款可能会存在争议、差错或问题时，应采用积极的函证方式；当相关的内部控制有效、预计差错率较低、欠款金额小或有理由确信大多数被函证者能认真对待询证函，并对不正确的情况做出反应时，应采用消极的函证方式。因此，在审查应收账款时只有遵循上述一般要求，才能低风险、高效率地完成审计任务。

(5) 审查未函证应收账款

对于未函证的应收账款，注册会计师应抽查有关原始凭证，如客户订单、销售合同、销售发票副联及发运凭证等，以验证这些应收账款的真实性。如果有逾期或其他异常事项，则要由被审计单位做出合理解释，必要时向债务人进行函证。

课堂训练 9-4

注册会计师童语负责审计甲公司2019年的财务报表。甲公司2019年12月31日应收账款余额为3 000万元。注册会计师认为应收账款存在重大错报风险，决定选取金额较大及风险较高的应收账款明细账户实施函证程序，选取的应收账款明细账户余额合计为1 800万元。其相关事项如下。

① 审计项目组成员要求被询证的甲公司客户将回函直接寄至会计师事务所，但甲公司客户X公司将回函寄至甲公司财务部。审计项目组成员取得了该回函，将其归入审计工作底稿。

② 对于审计项目组以传真件方式收到的回函，审计项目组成员与被询证方取得了电话联系，确认了回函信息，并在审计工作底稿中记录了电话内容与时间、对方姓名与职位，以及实施该程序的审计项目组成员姓名。

③ 审计项目组成员根据甲公司财务人员提供的电子邮箱地址，向甲公司境外客户Y公司发送了电子邮件，询证应收账款余额，并收到了电子邮件回复。Y公司确认余额准确无误。审计项目组成员将电子邮件打印后归入审计工作底稿。

④ 甲公司客户乙公司的回函确认金额比甲公司账面余额少150万元。甲公司销售部人员解释，甲公司于2019年12月底销售给乙公司的一批产品在2019年年底尚未开具销售发票，乙公司因此未入账。注册会计师认为该解释合理，未实施其他审计程序。

⑤ 实施函证的1 800万元应收账款余额中，审计项目组未收到回函的余额合计950万元，审计项目组对此实施了替代程序：对其中的500万元查看了期后收款凭证；对没有期后收款记录的450万元，检查了与这些余额相关的销售合同和发票，未发现例外事项。

⑥ 鉴于对60%应收账款余额实施函证程序未发现错报，注册会计师推断其余40%的应收账款余额也不存在错报，无须实施进一步审计程序。

要求：针对上述第①至⑥项，逐项指出甲公司审计项目组的做法是否恰当。如果不恰当，则简要说明理由。

（6）审查坏账准备的计提

注册会计师应计算坏账准备余额占应收账款余额的比例，并与以前期间的相关比例核对，检查分析其重大差异，以确定计提坏账准备的合理性。企业应当列出目录，具体注明计提坏账准备的范围、提取方法、账龄的划分和提取比例，按照管理权限，经股东大会、董事会、经理（厂长）会议或类似机构批准，并按照法律、行政法规的规定报有关各方备案，且备置于公司所在地，以供投资者查阅。坏账准备提取方法一经确定，就不能随意变更。如果须变更，则应在财务报表附注中予以说明。企业在确定坏账准备的计提比例时，应当根据以往的经验、债务单位的实际财务状况和现金流量的情况，以及其他相关信息合理地估计。注册会计师主要应查明坏账准备的计提方法和比例是否符合规定、计提的数额是否恰当、会计处理是否正确、前后期是否一致。

此外，注册会计师应审查应收账款明细账及相关原始凭证，查找有无财务报表日后仍未收回的长期挂账应收账款。如果有，则应提请被审计单位做适当处理。注册会计师对债务人回函中反映的例外事项及存在争执的余额，也应查明原因并做记录，必要时建议被审计单位做相应的调整。

（7）审查坏账的确认和处理

注册会计师对被审计单位在被审计期间内已作为坏账转销的应收账款，尤其是金额较大的，应予以审查。首先，应检查转为坏账的应收账款是否符合下述条件：有确凿证据表明该项应收款项不能收回，如债务单位撤销、破产等；有确凿证据表明该项应收款项收回的可能性不大，如债务单位资不抵债、现金流量严重不足、发生严重的自然灾害等导致停产而在短时间内无法偿付债务；债务人逾期3年以上未能履行偿债义务的应收款项。其次，检查被审计单位坏账的处理是否经授权批准、有关会计处理是否正确。最后，检查有无已做坏账损失处理后又重新收回的应收款项，以及相应的会计处理是否正确。

（8）审查外币应收账款的折算

注册会计师审查被审计单位外币应收账款的增减变动是否真实、正确时，应查明是否按业务发生时的市场汇率或期初市场汇率折合为记账本位币金额、所选折合汇率前后各期是否一致；期末外币应收账款余额是否按期末市场汇率折合为记账本位币金额；折算差额的会计处理是否正确。

（9）分析应收账款明细账余额

应收账款明细账的余额一般在借方，注册会计师在分析应收账款明细账余额时，如果发现应收账款有贷方余额，则应查明原因，必要时做重分类调整。

（10）确定应收账款在资产负债表上是否恰当披露

审查时，应注意应收账款项目的数额是否根据应收账款和预收账款账户所属明细账的期末借方余额合计，减去坏账准备账户中有关应收账款计提的坏账准备期末余额后的金额填列，以及坏账的确认标准、坏账准备的计提方法和计提比例的说明与相应的重点说明事项是否已在财务报表附注中披露。

课堂训练 *9-5*

【多选题】注册会计师在审计坏账准备时注意到以下事项，其中正确的是（　　）。

A．大同公司于2016年应收某公司的货款逾期至今，双方正在讨论该应收账款的重组事宜。考虑到重组前景不明，大同公司在2019年底对该应收账款全额计提坏账准备

B．大同公司于2019年向某公司预付了材料采购款。由于该公司停产而无法履行交货义务，因此大同公司将该预付账款转为应收账款并计提相应坏账准备

C．大同公司获知某公司已经严重资不抵债，收款无望，因此对应收该公司尚未逾期的货款全额计提坏账准备

D．大同公司应收某关联公司的货款截至2019年底已逾期3年以上，原因是对方长期处于停产状态而无力偿还。考虑到该公司为关联方，大同公司未全额计提坏账准备

9.3.3 应收票据审计

1. 应收票据的审计目标

应收票据是指企业因销售商品、产品、提供劳务而收到的商业汇票，包括银行承兑汇票和商业承兑汇票。银行承兑汇票是由银行承诺兑现的，到约定期限持票方确定可以全额到款的票据；商业承兑汇票可信度没有银行承兑汇票高，能否按期兑付取决于开票企业的财务状况和诚信度。企业通过应收票据进行销售时，一般要进行销货、收取票据、计息、贴现、收款等活动，在此过程中涉及的凭证和账簿都是应收票据的审计范围。

应收票据的审计目标一般包括以下几个方面。

① 确定应收票据是否存在。

② 确定应收票据是否归被审计单位所有。

③ 确定应收票据增减变动的记录是否完整。

④ 确定应收票据是否有效、可否收回。

⑤ 确定应收票据期末余额是否正确。

⑥ 确定应收票据在财务报表上的披露是否恰当。

2. 应收票据的实质性测试程序

（1）获取或编制应收票据明细表

注册会计师首先应获取或编制应收票据明细表，复核加计是否正确，并核对其期末余额合计数与报表数、总账余额和明细账余额合计数是否相符。应收票据明细表通常包括出票人姓名、出票日、到期日、金额和利率等资料。注册会计师在复核加计正确及与上述有关数额核对相符的基础上，抽查部分票据，并追查相关文件资料，以检查其内容是否正确、有无应转应收账款的逾期应收票据，以及虽未逾期，但有确凿的证据表明不能收回或收回的可能性不大的应收票据。

（2）监盘库存应收票据

为证实应收票据的真实性，注册会计师应将票据的种类、号数、出票日期、票面金额、票面利率、合同交易号、付款人、承兑人、背书人姓名或单位名称、到期日、背书转让日、贴现日期、贴现率、收款日期、收回金额等内容与应收票据备查簿的记录进行核对，确定是否相符。应注意是否存在已做抵押的票据和银行退回的票据。

（3）函证应收票据

如果对应收票据有疑问，则可抽取部分票据向出票人函证，证实其存在性和可收回性，并编制函证结果汇总表。

（4）审查应收票据的利息收入

对于附息票据，应根据票据的金额、利率和签发日期计算当期应计的利息额，审查其利息额计提是否正确、有无多提或不提借以调节利润的情形。特别要注意对“财务费用——利息收

入”账户中那些与应收票据账户中所列任何票据均不相关的贷方金额，因为这些贷项可能代表据以收取利息的应收票据未入账。

（5）审查已贴现应收票据

对于已贴现的应收票据，注册会计师应检查其贴现额与贴现息的计算是否正确、会计处理是否恰当。

（6）确定应收票据在财务报表上的披露是否恰当

注册会计师应检查被审计单位资产负债表中应收票据项目的数额是否与审定数相符、已贴现票据是否已剔除、已贴现的商业承兑汇票是否在财务报表附注中单独披露。

9.3.4 预收账款审计

预收账款是企业在销售业务成立以前预先收取的部分货款。拥有金额庞大的预收款通常意味着企业在产业链上处于强势地位，对预收账款进行审计应结合企业销售业务。

1. 预收账款的审计目标

① 确定预收账款的发生及偿还记录是否完整。

② 确定预收账款的期末余额是否正确。

③ 确定预收账款在财务报表上的披露是否恰当。

2. 预收账款的实质性测试程序

步骤1 获取或编制预收账款明细表，复核加计是否正确，并核对其期末余额合计数与报表数、总账余额和明细账余额合计数是否相符。

步骤2 请被审计单位协助，在预收账款明细表上标出至审计日止已转销的预收账款。对已转销金额较大的预收账款进行检查，核对记账凭证、发运凭证、销售发票等，并注意这些凭证发生日期的合理性。

步骤3 抽查预收账款有关的销售合同、发运凭证、收款凭证，检查已实现销售的商品是否及时转销预收账款，确保预收账款期末余额的正确性和合理性。

步骤4 选择预收账款中的若干重大项目，如大额或账龄较长的项目、关联方项目及主要客户项目等进行函证，根据回函情况编制函证结果汇总表。对于回函金额不符的，应查明原因并做出记录或建议做适当调整；对于未回函的，应再次函证或通过检查报表日后已转销的预收账款是否与发运凭证、销售发票相一致等替代程序，确定其是否真实、正确。

步骤5 检查预收账款是否存在借方余额，决定是否建议做重分类调整。

步骤6 检查预收账款长期挂账的原因，并做出记录，必要时提请被审计单位予以调整。

步骤7 确定预收账款是否已在资产负债表上做恰当披露。

延伸阅读

贵州茅台（600519）的预收款2017年一季度末创下189.87亿元的历史记录之后，已经连续5个季度下滑。2018年6月底99.4亿元的预收款只相当于2017年3月底的一半。

白酒的预收款变动有一定的季节性，但从茅台连续5个季度的数据变动来看，季节性已经不是最主要的影响因素。一定程度上，预收款项可以用来作为观察企业未来营收的先行指标。通常情况下，通过预收款项的金额，可以大体预测企业未来一定时期的营业收入。一直以来，预收账款都被视为茅台护城河的体现。

9.3.5 主营业务成本审计

主营业务成本是指企业对外销售商品、提供劳务等发生的实际成本。它是由期初库存商品成本加上本期入库商品成本，再减去期末库存商品成本求得的。

1. 主营业务成本审计目标

① 确定主营业务成本记录是否完整。

② 确定主营业务成本的计算是否正确。

③ 确定主营业务成本与主营业务收入是否配比。

④ 确定主营业务成本在财务报表上的披露是否恰当。

2. 主营业务成本的实质性测试程序

对主营业务成本的实质性测试，应通过审阅主营业务成本明细账、库存商品明细账等记录并核对有关原始凭证和记账凭证进行。

步骤 1 获取或编制主营业务成本明细表，将明细表上的数额汇总，并与报表数、总账发生额及明细账发生额合计数相核对。如果不符，则应查明原因并做出相应的调整。

步骤 2 编制生产成本及主营业务成本倒轧表（见表 9.9），验证主营业务成本的计算是否正确。

表 9.9 生产成本及主营业务成本倒轧表 元

项 目	未审数	调整数	审定数	索引号
原材料期初余额				
加：本期购进				
减：原材料期末余额				
其他发出额				
直接材料成本				
加：直接人工成本				
制造费用				
生产成本				
加：在产品期初余额				
减：在产品期末余额				
库存商品生产成本				
加：库存商品期初余额				
减：库存商品期末余额				
主营业务成本				
结 论				

步骤 3 分析比较本期与前期主营业务成本总额，以及本期各月份的主营业务成本金额。如果有重大波动和异常情况，则应查明原因。

步骤 4 审查主营业务成本是否与主营业务收入相配比。应抽查每一种商品的主营业务成本并与主营业务收入相核对，以查明主营业务成本与主营业务收入是否做到了商品品种、数量和结转时间上的一致性，以及有无人为调节成本与利润的情况。

步骤 5 结合库存商品的审计，抽查主营业务成本结转的数额是否正确。

步骤 6 检查主营业务成本账户中重大调整事项（如销售退回等）是否有其充分理由。

步骤 7 确定主营业务成本在利润表中是否已恰当披露。

课堂训练 *9-6*

注册会计师在查阅某企业财务报表时，在对生产型企业 K公司 2019年年度财务报表进行审计时，王强注册会计师负责生产循环的审计。在审计过程中，王强注册会计师遇到以下事项，请代为做出正确的专业判断。

【多选题】 1. 某产品 2019年的毛利率与 2018年相比有所上升，K公司提供了以下解释，其中与毛利率变动不相关的是（　　　　）。

A. 该产品的销售价格与 2018年相比有所上升

B. 该产品的产量与 2018年相比有所增加

C. 该产品的销售收入占当年主营业务收入的比例与 2018年相比有所上升

D. 该产品使用的主要原材料的价格与 2018年相比有所下降

【单选题】 2. K公司的主营业务成本均为所销售产品的成本，K公司存货项目余额和生产成本发生额如表 9.10所示。

表 9.10　存货项目余额和生产成本发生额

万元

存货项目余额	2019 年 12 月 31 日	2018 年 12 月 31 日
原材料余额	7 500	4 800
在产品余额	6 800	5 300
产成品余额	13 700	12 400
	2019 年年度	2018 年年度
生产成本发生额	175 000	119 000

假定不考虑其他因素，K公司 2019年年度主营业务成本应为（　　）万元。

A. 169 500　　B. 172 200　　C. 173 700　　D. 177 800

9.3.6　销售费用审计

1. 销售费用的审计目标

销售费用是指企业在销售商品过程中发生的费用，包括企业销售商品过程中发生的运输费、装卸费、包装费、保险费、展览费和广告费，以及为销售本企业商品而专设的销售机构的职工薪酬、业务费等经营费用。一般来说，销售费用比较高的企业，产品或服务自身没有拉力，必须依靠市场营销的“推力”才能完成销售。因此，销售费用高的企业在企业扩张过程中，不仅需要扩大产品或服务的生产能力，同时还需要不断配套新的团队、资金和促销方案。这对企业管理能力的边界要求极高。

销售费用的审计目标一般包括以下几个方面。

① 确定销售费用的内容是否完整、计算是否正确。

② 确定销售费用的分类、归属和会计处理是否正确。

③ 确定销售费用在财务报表上的披露是否恰当。

2. 销售费用的实质性测试

销售费用的实质性测试程序一般包括以下内容。

步骤 1　获取或编制销售费用明细表，复核加计是否正确，并与报表数、总账余额及明细账合计数核对相符，同时检查其明细项目的设置是否符合规定的核算内容与范围。

步骤 2　确定销售费用的项目设置和开支标准是否符合有关规定，查明其项目设置是否划清了销售费用与其他费用的界限、有关费用支出是否按规定标准列支。

步骤3 比较本期销售费用与上期销售费用，并比较本期各个月份的销售费用。如果有重大波动和异常情况，则应查明原因。

步骤4 选择重要或异常的销售费用，检查其原始凭证是否合法、会计处理是否正确。必要时，对销售费用实施截止测试，检查有无跨期入账的现象，对于重大跨期项目应建议做必要调整。

步骤5 确定销售费用的结转是否正确、合规，查明有无多转、少转或不转销售费用，以及人为调节利润的情况。

步骤6 确定销售费用是否已在利润表上恰当披露。

复习思考题

一、填空题

1．为了确定销售业务记录的真实性，注册会计师应从__________中抽取几笔分录进行测试。

2．为了确保所有的销售业务都入账，注册会计师进行销售交易测试时，应从__________选取样本。

3．注册会计师实施销售收入截止测试的目的是__________。

4．注册会计师执行应收账款函证程序的主要目的是为了__________。

5．对于年末有大额欠款的客户，如果第二次乃至第三次询证函仍得不到回复，则此时最佳的替代审计程序为__________。

二、单项选择题

1．注册会计师计划测试被审计单位2019年年度主营业务收入的真实性，以下各项审计程序中可以实现上述审计目标的是（　　）。

A．抽取2019年12月31日开具的销售发票，检查相应的发运凭证和账簿记录

B．抽取2019年12月31日的发运凭证，检查相应的销售发票和账簿记录

C．从主营业务收入明细账中抽取2019年12月31日的明细记录，检查相应的记账凭证、发运凭证和销售发票

D．从主营业务收入明细账中抽取2020年1月1日的明细记录，检查相应的记账凭证、发运凭证和销售发票

2．注册会计师检查被审计单位销售截止时，以下各项问题中最可能被发现的问题是（　　）。

A．应收账款在财务报表上的列示不正确

B．当年未入账的销售业务

C．销售退回的产品未入库

D．是否存在过多的销售折扣

3．下列各项中，预防员工贪污、挪用销货款的最有效的方法是（　　）。

A．记录应收账款明细账的人员不得兼任出纳

B．收取客户支票与收取客户现金由不同人员担任

C．请客户将货款直接汇入公司所指定的银行账户

D．公司收到客户支票后立即寄送收据给客户

4．为了证实应收账款是否存在，以下各项书面证据中可靠性最强的是（　　）。

A．注册会计师向被审计单位债务人函证应收账款的回函

B．销货发票副本

C．被审计单位提供的债务人的对账单

D．被审计单位应收账款账簿

5．在对坏账损失进行审计时，A注册会计师发现被审计单位存在以下处理情况，其中不正确的是（　　）。

A．某债务人失踪，在取得相关法律文件予以证实后，确认为坏账损失

B．某债务人被撤销，尽管尚未完成清算，但根据政府相关部门责令关闭的文件等有关资料，确认坏账损失

C．对某债务人提起诉讼，虽然胜诉，但因无法执行被裁定终止执行，确认坏账损失

D．某债务人已经注销，在取得相关法律文件予以证实后，确认为坏账损失

三、多项选择题

1．在关于销售业务的审计中，注册会计师在（　　　　）时可以运用抽样方法。

A．确认赊销是否均经过批准

B．确认销货发票是否均附有发运凭证副本

C．审查大额或异常的销售业务

D．确认销货发票副本上是否表明账户号码

2．向客户开具销售发票，这项控制与销售交易的（　　　　）认定有关。

A．完整性认定　　B．权利和义务认定

C．估价或分摊认定　　D．存在或发生认定

3．注册会计师对被审计单位已发生的销售业务是否均已登记入账进行审计时，常用的控制测试程序有（　　　　）。

A．检查发运凭证连续编号的完整性　　B．检查赊销业务是否经过授权批准

C．检查销售发票连续编号的完整性　　D．观察已经寄出的对账单的完整性

4．在对特定会计期间主营业务收入进行审计时，注册会计师应关注与主营业务收入确认有密切关系的日期包括（　　　　）。

A．发货日期或劳务提供日期　　B．发票开具日期

C．记账日期　　D．销售截止测试日期

5．注册会计师在确定应收账款函证样本数量的大小、范围时，应考虑的因素有（　　　　）。

A．应收账款在全部资产中所占的比重

B．被审计单位内部控制的强弱

C．以前年度的函证结果

D．函证方式的选择

四、简答题

1．试叙述销售与收款循环的主要业务活动和内部控制。

2．简述主营业务收入的实质性测试程序。

3．简述应收账款的实质性测试程序。

4．为什么要对应收账款进行函证？如何确定函证对象？

五、操作题

操作题 9-1

1．案例资料

B注册会计师在对XYZ股份有限公司2019年年度财务报表进行审计。XYZ公司为增值税一般纳税人，增值税税率为13%。为了确定XYZ公司的销售业务是否记录在恰当的会计期间，决定对销售进行截止测试。截止测试的简化审计工作底稿如表9.11所示。

表9.11 简化审计工作底稿

销售发票号	金额/万元	记入销售明细账日期	发运日	发票日	销售成本/万元
7891	10	2019年12月30日	2019年12月27日	2019年12月27日	6
7892	15	2019年12月30日	2020年1月2日	2020年1月3日	10
7893	8	2019年12月31日	2020年1月5日	2020年1月6日	4.9
7894	20	2020年1月2日	2019年12月30日	2019年12月30日	12
7895	10	2020年1月3日	2020年1月2日	2020年1月3日	6

2．要求

（1）根据上述资料，指出B注册会计师实施销售截止测试的目的及方法。

（2）根据上述资料，分析XYZ公司是否存在提前入账的问题，如有请编制调整分录。

（3）根据上述资料，分析XYZ公司是否存在推迟入账的问题，如有请编制调整分录。

操作题 9-2

1．案例资料

ABC会计师事务所的A注册会计师负责审计甲公司2019年年度财务报表。审计工作底稿中与函证相关的部分内容摘录如下。

（1）因关联方回函的可靠性较低，A注册会计师决定不对应收关联方乙公司的重要款项实施函证程序，在审计工作底稿中记录了不实施的函证的理由，并实施了替代审计程序，结果满意。

（2）A注册会计师评估认为应收账款的重大错报风险为低水平，在期中审计时对截至2019年9月末的余额实施了函证程序。在期末审计时对剩余期间的销售和收款交易实施了控制测试，结果满意。

（3）A注册会计师于2019年12月31日对甲公司期末银行承兑汇票实施监盘，发现缺失一张大额票据，财务经理解释该票据已交由银行托收。A注册会计师向出票人寄发了询证函并收到回函，结果满意。

（4）因未收到应收丙公司款项的询证函回函，A注册会计师将检查期后收款作为替代审计程序，查看了应收丙公司款项明细账的期后贷方发生额，结果满意。

（5）A注册会计师在甲公司现场执行期末审计时，为及时获得回函，要求被询证方将回函寄至甲公司。A注册会计师作为收件人直接签收了回函。

2．要求

针对上述第（1）至（5）项，逐项指出A注册会计师的做法是否恰当。如果不恰当，则简要说明理由。

操作题 9-3

1. 案例资料

京信会计师事务所接受委托，审计Y公司2019年年度财务报表。注册会计师任某了解和测试了与应收账款相关的内部控制，并将控制风险评估为高水平。注册会计师任某取得了2019年12月31日的应收账款明细表，并于2020年1月15日采用积极的函证方式对所有重要客户寄发了询证函。

注册会计师任某将与函证结果相关的重要异常情况汇总，如表9.12所示。

表 9.12　与函证结果相关的重要异常情况

异常情况	函证编号	客户名称	函证金额	回函日期	回函内容
(1)	22	甲	30万元	2020年1月22日	购买Y公司30万元货物属实，但款项已于2019年12月25日用支票支付
(2)	56	乙	50万元	2020年1月19日	因产品质量不符合要求，根据购货合同，于2019年12月28日将货物退回
(3)	58	丙	64万元	2020年1月19日	2019年12月10日收到Y公司委托本公司代销的货物64万元，尚未销售
(4)	82	丁	90万元	2020年1月18日	采用分期付款方式购货90万元，根据购货合同，已于2019年12月25日首付30万元
(5)	134	戊	60万元	因地址错误被邮局退回	—

2. 要求

针对上述5种异常情况，注册会计师任某应分别实施哪些重要审计程序？

第10章 购货与付款循环审计

学习目标

1. 了解购货与付款循环的主要业务活动及涉及的凭证和账户。
2. 掌握购货与付款循环内部控制内容及测试。
3. 理解购货与付款循环审计目标。
4. 掌握应付账款、固定资产、在建工程等账户审计。

引导案例

公司采购、销售内部控制设计是否合理

Y股份有限公司（以下简称Y公司）主要经营中小型机电类产品的生产和销售，采用手工会计系统，产品销售以Y公司仓库为交货地点。注册会计师立言负责审计Y公司2019年年度财务报表，于2019年12月1日至12月15日对Y公司的购货与付款循环内部控制做了了解并记录。其有关情况如下。

① 采购原材料须由请购部门编制请购单，采购部门审核请购单后发出预先连续编号的采购订单。采购的原材料经采购人员验收后入库，仓库人员收到原材料后编制预先连续编号的入库单，并交采购人员签字确认。

② 应付凭单部门核对供应商发票、入库单和采购订单，并编制预先连续编号的付款凭单。会计部门在接到经应付凭单部门审核的上述单证和付款凭单后，登记原材料和应付账款明细账。月末，在与仓库核对连续编号的入库单和采购订单后，应付凭单部门对相关原材料入库数量和采购成本进行汇总。应付凭单部门对已经验收入库但尚未收到供应商发票的原材料编制清单，会计部门据此将相关原材料暂估入账。

③ 销售的产品发出前，信用审核部门检查经授权的相关客户剩余赊销信用额度，并在销售部门编制的销售单上签字。在剩余赊销信用额度内的销售，由信用审核部门职员E审批；超过剩余赊销信用额度的销售，在职员E审批后，还须获得经授权的信用审核部门经理F的批准。

④ 仓库开具预先连续编号的发货单，并在销售的产品装运后，将相关副本分送开具账单部门、运输单位和顾客。开具账单部门审核发货单和销售单后开具销售发票，在保留副本后将相关单据送交会计部门职员G审核。会计部门职员G核对无误后登记主营业务收入明细账和应收账款明细账。

假定不考虑其他条件，请根据资料①至④项逐项判断Y公司上述控制程序在设计上是否存在缺陷。如果存在缺陷，请分别予以指出，并简要说明理由，提出改进建议。

通过以上案例，我们基本知道购货与付款循环审计离不开对该循环内部控制的了解，并在此基础上决定是否需要对内部控制加以测试，进而影响到实质性程序的实施。本章的核心内容是学习固定资产购建业务和应付账款业务审计，存货购入部分将在第11章学习。

10.1 购货与付款循环的特征

10.1.1 主要业务活动和内部控制

购货与付款循环中的主要业务活动及适当的内部控制应包括以下7个方面。

1. 请购货物

基于企业的生产经营计划，生产、仓库等部门定期编制采购计划，经部门负责人等适当的管理人员审批后提交采购部门，具体安排商品及服务采购。大多数企业对正常经营所需物资的购买均做一般授权。但对资本性支出和租赁合同，企业政策则通常要求做特别授权，只允许指定人员提出请购。请购单可由手工或计算机编制，由于企业内部不少部门都可以填列请购单，不便事先编号，所以为加强控制，每张请购单必须经过对这类支出负预算责任的主管人员签字批准。

2. 编制订购单及采购

采购部门在收到请购单后，对经过批准的请购单发出订购单。对每张订购单，采购部门都应确定最佳的供应来源。对一些大额、重要的采购项目，应采取竞价方式来确定供应商，以保证供货的质量、及时性和低成本。

3. 验收货物

验收部门首先应比较所收货物与订购单上的要求是否相符，然后再盘点货物并检查有无损坏。验收后，验收部门应对已收货的每张订购单编制一式多联、预先编号的验收单，作为验收和检验商品的依据。

4. 储存货物

将已验收货物的保管与采购的其他职责相分离，可减少未经授权的采购风险。存放货物的仓储区应相对独立，限制无关人员接近。

5. 编制付款凭单

货物验收后，应核对购货单、验收单和供货发票的一致性，确认负债，编制付款凭单，并将经审核的付款凭单连同每日的凭单汇总表一起，送到会计部门，以编制有关记账凭证、登记有关明细账和总账账簿。

6. 付款

企业在准备付款前，应核对付款条件，并检查资金是否充足。在签发支票的同时登记支票簿和日记账，以便登记每一笔付款。已签发的支票连同有关发票、合同凭证应送交有关负责人审核签字，并将支票送交供应商。应确保只有被授权的人员才能接触未经使用的空白支票。

7. 会计记录

根据付款凭证、支票登记簿、付款日记账和有关记账凭证登记有关明细账和总账账簿。

10.1.2 主要凭证和会计记录

购货与付款循环通常要经过请购—订货—验收—付款这样的程序。同销售与收款循环一样，在内部控制比较健全的企业，处理购货与付款循环通常也需要使用很多凭证和会计记录。典型的购货与付款循环所涉及的主要凭证和会计记录有以下几种。

(1) 请购单

请购单是由商品制造、资产使用等部门的有关人员填写，送交采购部门申请购买商品、劳务或其他资产的书面凭证。

(2) 订购单

订购单是由采购部门填写，向另一企业购买订购单上所指定商品、劳务或其他资产的书面凭证。

(3) 验收单

验收单是收到商品、资产时所编制的凭证，列示从供应商处收到的商品、资产的种类和数量等内容。

(4) 卖方发票

卖方发票是供应商开具的，交给买方以载明发运的货物或提供的劳务、应付款金额和付款条件等事项的凭证。

(5) 付款凭单

付款凭单是采购方企业的应付凭单部门编制的，载明已收到商品、资产或接受劳务的厂商、应付款金额和付款日期的凭证。付款凭单是企业内部记录和支付负债的授权证明文件。

(6) 转账凭证

转账凭证是记录转账业务的记账凭证，是根据有关转账业务（即不涉及现金、银行存款收付的各项业务）的原始凭证编制的。

(7) 付款凭证

付款凭证包括现金付款凭证和银行存款付款凭证，是用来记录现金和银行存款支出业务的记账凭证。

(8) 应付账款明细账

(9) 现金日记账和银行存款日记账

(10) 卖方对账单

卖方对账单是由供应商按月编制的，标明期初余额、本期购买、本期支付给卖方的款项和期末余额的凭证。

10.1.3 可能存在的错报风险

① 计划外盲目采购或购建固定资产，造成资金的积压和低效使用。

② 将应当及时确认损益的费用性支出资本化，然后通过资产的逐步摊销予以消化等。这些将对完整性、截止、发生、存在、准确性和分类认定产生影响。

③ 通过多提少提折旧、调节费用，从而达到调节利润的目的。

④ 利用固定资产清理截留转移企业资金。

⑤ 为降低资产负债率可能隐瞒应付账款账面余额。

⑥ 应付账款清理工作不及时，长期挂账。

10.2 购货与付款循环内部控制测试

10.2.1 了解和记录购货业务内部控制

注册会计师通过编写内部控制说明、设计内部控制调查表和绘制内部控制流程图等方式，采用查阅资料、口头查询或现场调查等程序来了解被审计单位购货业务的内部控制，并确定存在哪些关键的内部控制及控制目标。如表10.1所示，列出了购货业务内部控制的典型调查问题。注册会计师一旦确认了每一目标的有效控制和薄弱环节，就要对每一控制目标的控制风险做出初步评估，并制订对哪些控制实施符合性测试的计划。对于交易的实质性测试程序，应根据对控制风险的初步评估和计划实施的符合性测试来加以确定。

表10.1 购货业务内部控制的典型调查问题

调查问题	回答			
	是	否	不适用	备注
① 是否已建立请购的一般授权和特殊授权程序				
② 是否对所有请购的物品编制请购单				
③ 每一张订货单是否都要求有一张已批准的请购单				
④ 是否使用有预先连续编号的订货单加以控制				
⑤ 验收时是否盘点和检查物品并与有关订货单核对				
⑥ 验收单是否预先连续编号				
⑦ 验收部门将物品送交仓库或其他请购部门，是否取得对方签章的收据				
⑧ 物品是否存放在加锁的地方，并限制接近				
⑨ 是否设有保安人员守卫仓库存货				
⑩ 记录业务之前，是否将订货单、验收单与购货发票相核对				
⑪ 是否独立验证购货发票金额计算的正确性				
⑫ 是否对有关记账凭证的分录进行独立检查				
⑬ 是否通过定期核对记账凭证日期与购货发票的日期来监督入账的及时性				
⑭ 是否定期独立检查未付款购货发票的总金额与应付账款总账余额的一致性				
⑮ 是否定期与供应商对账				
问题与评价				

10.2.2 购货业务内部控制的符合性测试

购货业务是存货流动的起点，是影响存货增加和现金支付的重要环节。购货记录是整个存货记录是否适当的基础。因此，购货业务内部控制的符合性测试是购货与付款循环审计及存货审计的重要内容。就符合性测试方法而言，购货业务内部控制的测试与销售业务内部控制的测试基本相同，一般采用属性抽样审计方法。其内容及步骤如下所示。

步骤 1 从采购部门的业务档案中抽取购货合同或订货单，查明是否附有请购单或其他授权批准文件。

步骤 2 审查订货单、验收单、购货发票和货物入库单，检查货物的名称、型号规格、数量等方面是否一致。

步骤 3 检查购货交易相关的记账凭证及有关明细账分录的登记、汇总和过入总账是否正确。

注册会计师也可结合对应付账款项目的审计来测试购货业务。其测试内容如下。

① 从应付账款明细表中选取一定数量的样本，逐一审查其明细账分录的登记、汇总和过账是否正确。

② 审查所选样本明细账户各笔过账所附的原始凭证，如请购单、订货单、验收单、购货发票和已付支票等。注册会计师既要审查这些原始凭证是否完整、正确，内容是否一致，是否经过授权批准，又要核对有关原始凭证所载数量、金额是否与相关明细账户相一致。

根据上述测试所取得的证据，注册会计师应该对购货业务内部控制的健全性和有效性进行分析评价，并在此基础上重新评估控制风险水平。注册会计师根据重新评估的结果，确定哪些属于存在重大缺陷的部分，需要实施详细的审计程序；哪些属于健全的部分，可以减少审计程序。通过购货业务内部控制的测试和评价，就可确定实质性测试可以依赖的程度。

10.3 购货与付款循环主要账户审计

10.3.1 应付账款审计

应付账款是企业在正常经营过程中，因赊购商品、劳务等引起的短期债务，如采取赊购方式购买商品、原材料、固定资产及其他办公用品等形成的短期债务。因此，应付账款业务是随着企业赊购交易的发生而产生的。注册会计师应结合购货业务进行应付账款的审计。由于应付账款容易发生的错报是少计应付账款，所以应付账款审计的重点是确定应付账款有无低估的情况。

1. 应付账款审计的目标

① 确定资产负债表中记录的应付账款是存在的。

② 确定所有应当记录的应付账款均已记录。

③ 确定资产负债表中记录的应付账款是被审计单位应当履行的现实义务。

④ 确定应付账款以恰当的金额包括在财务报表中，与之相关的计价调整已恰当记录。

⑤ 确定应付账款已按照企业会计制度的规定在财务报表中做出恰当的列报。

2. 应付账款的实质性测试程序

(1) 获取或编制应付账款明细表

获取或编制应付账款明细表，复核加计是否正确，并与报表数、总账数和明细账合计数核对是否相符。如果不符，则应查明原因并做出相应的调整。

课堂训练 10–1

安华会计师事务所接受星湖公司委托，注册会计师王强对该公司 2019 年财务报表的应付账款项目进行审查。审查时，获取该公司应付账款明细账（假设客户均为非关联关系）和总账如表 10.2和表 10.3所示。

表 10.2　星湖公司应付账款明细账

元

明细账户	期初余额	本期发生额		期末余额	
	贷方	借　方	贷　方	借　方	贷　方
东方公司	260 000	650 200	870 200		480 000
明源公司	82 600	20 600	550 000		612 000
天鸿公司	68 000	125 200	129 000		71 800
威陆公司	50 500	116 800	120 100		53 800
远大公司	260 000	1 563 000	2 600 300		1 297 300
正阳公司	249 000	1 000 000	852 000		101 000
超力公司	380 000	188 000	355 200		547 200
五羊公司	76 800	445 000	358 200	10 000	
合　计	1 426 900	4 108 800	5 835 000	10 000	3 163 100

表 10.3　星湖公司应付账款总账

元

期初余额		本期发生额		期末余额	
借　方	贷　方	借　方	贷　方	借　方	贷　方
	1 426 900	4 108 800	5 835 000		3 153 100

要求：根据以上资料，请你代王强填制应付账款明细表（见表 10.4），并与总账核对。对于明细账期末借方余额是否要提出重分类调整建议？

表 10.4　应付账款明细表（简式）

户名及款项内容	账面余额			
	本位币			
	期初余额	本期增加	本期减少	期末余额
合　计				
审计说明				

（2）实施分析性复核

① 对本期期末应付账款余额和上期期末余额进行比较，分析其波动原因。

② 分析长期挂账的应付账款，要求被审计单位做出解释，判断被审计单位是否缺乏偿债能力或利用应付账款隐瞒利润。

③ 计算应付账款对存货的比率、应付账款对流动负债的比率，并与以前期间进行对比分析，评价应付账款整体的合理性。

④ 根据存货、主营业务收入和主营业务成本的增减变动幅度，判断应付账款增减变动的合理性。

通过以上比较分析，可以确定是否存在异常变动情况，以发现需要加以关注的领域。

(3) 函证应付账款

一般情况下，应付账款不需要函证，因为函证不能保证查出未记录的应付账款，而且注册会计师可以取得购货发票等外部凭证来证实应付账款的余额。

下列几种情况，须进行函证。

① 控制风险较高。

② 某些明细账户金额较大。

③ 被审计单位处于财务困难时期。

在以下几种情况下，通常采用积极的函证方式，不具体说明应付金额。

(4) 查找未入账的应付账款

为了防止企业低估负债，注册会计师应检查被审计单位有无故意漏记应付账款的行为。

① 检查债务形成的相关原始凭证，如供应商发票、验收报告或入库单等，查找有无未及时入账的应付账款，确认应付账款期末余额的完整性。

② 检查资产负债表日后应付账款明细账贷方发生额的相应凭证，关注其购货发票的日期，确认其入账时间是否正确。

③ 获取被审计单位和其供应商之间的对账单（应从非财务部门，如采购部门获取），并对对账单和被审计单位之间的差异进行调节（如在途款项、在途商品、付款折扣、未记录的负债等），查找有无未入账的应付账款，确定应付账款金额的准确性。

④ 注册会计师还可以针对资产负债表日后付款项目，检查银行对账单及有关付款凭证，询问被审计单位的内部或外部的知情人员，查找有无未及时入账的应付账款。

⑤ 结合存货监盘程序，检查被审计单位在资产负债表日前后的存货入库资料（验收报告或入库单），检查是否有大额料到单未到的情况，确认相关负债是否列入了正确的会计期间。

(5) 结合预付账款及其他应付款的明细余额核查相应内容

结合预付账款的明细余额，查明是否有应付账款和预付账款同时挂账的项目；结合其他应付款的明细余额，查明有无不属于应付账款的其他应付款。

(6) 检查应付账款长期挂账的原因

检查相应原因并做出记录，注意其是否可能发生呆账收益。

(7) 查明应付账款在资产负债表上的披露是否恰当

一般来说，应付账款项目应根据应付账款和预付账款科目所属明细科目期末贷方余额的合计数填列。

课堂训练 *10-2*

ABC会计师事务所的A注册会计师负责审计甲公司2019年年度财务报表。审计工作底稿中与负债审计相关的部分内容摘录如下。

① 甲公司各部门使用的请购单未连续编号。请购单由部门经理批准，超过一定金额还须总经理批准。A注册会计师认为该项控制设计有效，实施了控制测试，结果满意。

② 为查找未入账的应付账款，A注册会计师检查了资产负债表日后应付账款明细账贷方发生额的相关凭证，并结合存货监盘程序，检查了甲公司资产负债表日前后的存货入库资料，结果满意。

③ 由于2019年人员工资和维修材料价格持续上涨，甲公司实际发生的产品质量保证支出与以前年度的预计数相差较大，A注册会计师要求管理层就该差异进行追溯调整。

④ 甲公司有一笔账龄3年以上、金额重大的其他应付款，因2019年年末发生变动，A注册会计师未实施进一步审计程序。

⑤ 甲公司年底与固定资产弃置业务相关的预计负债余额为200万元，A注册会计师做出了300万元到360万元之间的区间估计，与管理层沟通后同意其按100万元的错报进行调整。

要求：针对上述第①至⑤项，逐项指出A注册会计师的做法是否恰当。如果不恰当，则简要说明理由。

10.3.2 应付票据审计

应付票据是企业在商品购销活动和对工程价款进行结算，因采用商业汇票结算方式而发生的、由出票人出票、委托付款人在指定日期无条件支付确定金额给收款人或票据的持票人的付款凭证。按照承兑人的不同，应付票据可划分为银行承兑汇票和商业承兑汇票。应付票据要求有实际交易背景，与货币资金中的保证金账户有一定的钩稽关系。

随着商业活动的票据化，企业票据业务会越来越多，应付票据也将成为一个重要的审计领域。由于应付票据大多是向供货单位购入商品或劳务时所开出的商业应付票据，因此对应付票据的审计需要结合购货与付款业务一起进行。

1. 应付票据的审计目标

① 确定应付票据的发生和偿还记录是否完整。

② 确定应付票据期末余额是否正确。

③ 确定应付票据在财务报表上的披露是否恰当。

2. 应付票据的实质性测试程序

应付票据的实质性测试程序一般包括以下内容。

（1）获取或编制应付票据明细表

注册会计师应首先获取或编制应付票据明细表，复核加计是否正确，并与应付票据备查簿、报表数、总账和明细账的余额核对相符。应付票据明细表通常包括票据种类、票据编号、出票日、到期日、票面金额和利率、收款人名称、付息条件、抵押担保品等资料。在核对时，注册会计师应注意被审计单位有无漏报或错报票据，有无漏列作为抵押担保的资产，有无漏计、多计或少计应付利息等情况。

（2）函证应付票据

注册会计师应选择应付票据的重要项目（包括余额为0的债权人）进行函证，以确定余额是否正确。询证函的内容一般应包括出票日、到期日、票面金额、未付金额、已付息期间、利率及票据的抵押担保品等。注册会计师应根据回函情况，编制与分析函证结果汇总表。对未回函的既可再次函证，也可采取其他替代审计程序以确定应付票据的真实性。

(3) 实施分析性复核

为了证实应付票据的完整性和合理性，注册会计师可以计算各种比率，如计算应付票据占流动负债的比率并同前期比较，以发现需要加以特别关注的方面。

(4) 抽查部分业务

审查应付票据备查簿，并抽查若干重要凭证，以确定其是否真实、会计处理是否正确。

① 检查该笔债务的相关合同、发票、货物验收单等资料，核实交易事项的真实性。

② 抽查资产负债表日后应付票据明细账及现金、银行存款日记账，核实其是否已付款并转销。

③ 对截止报表日已偿付的应付票据，注意其凭证入账日期的合理性。

(5) 复核票据利息

如果开出的是带息应付票据，则注册会计师应复核带息应付票据利息是否足额计提，检查其会计处理是否正确。

(6) 查明应付票据逾期未兑付的原因

检查逾期未兑付应付票据的原因，如果有抵押的票据，则应做出记录，并提请被审计单位做必要的披露。

(7) 核对非记账本位币结算采用的折算汇率及其会计处理

对于用非记账本位币结算的应付票据，检查其采用的折算汇率是否正确、折算差额是否按规定进行了会计处理。

(8) 恰当披露应付票据

确定应付票据是否已在资产负债表上恰当披露。

10.3.3　预付账款审计

预付账款是企业根据购货合同预先支付给供货单位的货款。预付账款是企业在购货环节中产生的一项流动资产。一般而言，一家企业如果经常需要预付大量款项给供应商，一般说明它在整个商业生态链上的地位不高或信用不好。

1. 预付账款的审计目标

① 确定预付账款是否存在。

② 确定预付账款是否归被审计单位所有。

③ 确定预付账款增减变动的记录是否完整。

④ 确定预付账款期末余额是否正确。

⑤ 确定预付账款在财务报表上的披露是否恰当。

2. 预付账款实质性测试程序

(1) 获取或编制预付账款明细表

向被审计单位索取或自行编制预付账款明细表，以确定被审计单位资产负债表上预付账款的数额与其明细表是否相符。在审计时，注册会计师应将明细表上的数额复核汇总，并与报表金额、总账金额和明细账合计金额相核对相符。同时，请被审计单位协助，在预付账款明细表上标出截至审计日已收到货物并冲销预付账款的项目。

(2) 函证预付账款

注册会计师应选择大额或异常的预付账款重要项目（包括零账户），函证其余额是否正确，并根据回函情况编制函证结果汇总表。对回函金额不相符的，要查明原因，做出记录或建议做适当调整；对未回函的，既可再次复函，也可采用替代方法进行检查，如检查该笔债权的相关凭证资料，或者抽查报表日后预付账款明细账及存货明细账，核实是否已收到货物并转销，并根据替代程序检查结果判断其债权的真实性或出现坏账的可能性。对未发询证函的预付账款，应抽查有关原始凭证。

（3）审查同时挂账的预付账款

抽查入库记录，查核有无重复付款或将同一笔已付清的账款在预付账款和应付账款这两个账户同时挂账的情况。

（4）审查预付账款是否存在贷方余额

分析预付账款明细账余额，对于出现贷方余额的项目，应查明原因，必要时建议做重分类调整。

（5）确认预付账款是否已在资产负债表上恰当披露

一般来说，资产负债表中的预付账款项目应根据应付账款和预付账款科目所属明细科目的期末借方余额合计数填列。注册会计师应将被审计单位资产负债表对预付账款的反映与会计准则相比较，以发现有无不当之处。

10.4 固定资产审计

固定资产是指同时具有以下特征的有形资产：为生产商品、提供劳务、出租或经营管理而持有的；使用寿命超过一个会计年度。

10.4.1 固定资产内部控制及其测试

虽然固定资产与商品存货同属一个交易循环，两者在内部控制和符合性测试方面有许多共同的地方，但是因固定资产本身又存在很多特殊性，在此需要单独阐述其内部控制和符合性测试。

1. 固定资产的内部控制制度

在很多从事制造业的企业里，固定资产在其资产总额中占有很大的比重。大额固定资产的购建会影响其现金流量，而固定资产折旧、维修等费用则是影响其损益大小的重要因素。固定资产管理一旦失控，所造成的损失将远远超过一般的商品存货等流动资产。因此，为了确保固定资产的真实、完整、安全和有效利用，企业应建立和健全固定资产的内部控制制度。

一般来说，健全良好的固定资产内部控制制度主要包括以下几个方面。

（1）预算制度

预算制度是固定资产内部控制中最重要的部分。通常大企业应编制用来预测和控制固定资产增减变动及合理运用资金的年度预算。小企业即使没有正规的预算，对固定资产的购建也要事先加以计划。

（2）授权批准制度

健全的授权批准制度包括：企业的资本性支出预算只有经过董事会等高层管理机构批准方可生效；所有固定资产的取得和处置均须经企业管理层的书面认可。

（3）账簿记录制度

除固定资产总账外，企业还须设置固定资产明细账和固定资产登记卡，按固定资产类别、使用部门和每项固定资产进行明细分类核算。固定资产的增减变化均应有充分的原始凭证。设置完善的固定资产明细账和登记卡，将为注册会计师分析固定资产的取得和处置、复核折旧费用和修理支出的列支带来帮助。

（4）职责分工制度

企业对固定资产的取得、记录、保管、使用、维修、处置等均应明确划分责任，分别由专门部门和专门人员负责。

（5）区分资本性支出和收益性支出的制度

企业应制定区分资本性支出和收益性支出的书面标准，一般需要明确资本性支出的范围和一个最低金额。凡不属于资本性支出的范围或金额低于下限的任何支出，均应列作费用并抵减当期收益。

（6）处置制度

固定资产的处置，包括报废、出售、投资转出等，均要有一定的申请报批程序。

（7）定期盘点制度

对固定资产定期实地盘点是验证账面各项固定资产是否真实存在、了解固定资产放置地点和使用状况，以及发现是否存在未入账固定资产的必要手段。注册会计师应了解和评价企业固定资产盘点制度，并应注意查询盘盈、盘亏固定资产的处理情况。

（8）维护保养制度

固定资产应有严密的维护保养制度，以防止其因各种自然和人为的因素而遭受损失，并应建立日常维护和定期检修制度，以延长其使用寿命。

2. 固定资产的符合性测试

注册会计师首先应通过向被审计单位索取或编写内部控制说明、设计内部控制调查表和绘制内部控制流程图等方式，来了解被审计单位有关固定资产的内部控制，并确定其存在哪些关键的内部控制及控制目标。如表10.5所示，列出了固定资产内部控制的典型调查问题。

表10.5　固定资产内部控制的典型调查问题

调查问题	回答			
	是	否	不适用	备　注
① 固定资产是否实行目录管理				
② 新增固定资产是否均经过适当的授权批准				
③ 新增固定资产有无验收手续，是否按规定计价				
④ 资本性支出与收益性支出的标准是否易于区别				
⑤ 固定资产总账是否均有明细账或登记卡支持				
⑥ 固定资产是否定期盘点、定期核对账卡，是否能做到账卡物三者一致				
⑦ 固定资产出售、报废、毁损等是否经过技术鉴定和审批				
⑧ 固定资产是否全部投保				
⑨ 折旧方法和折旧率是否符合规定，前后期是否一贯				
问题与评价				

注册会计师一旦确认了每一目标的有效控制和薄弱环节，就要对每一控制目标的控制风险做出初步评估，并制订对哪些控制实施符合性测试的计划。注册会计师通常将实施固定资产符

合性测试的重点放在以下几个方面。

① 固定资产的取得和处置是否与预算相符，有无重大差异。注册会计师应注意检查固定资产的取得和处置是否均依据预算，对实际支出和预算之间的差异及未列入预算的特殊事项应检查其是否履行特别的审批手续。如果固定资产增减均能处于良好的经批准的预算控制之下，则注册会计师可适当减少对固定资产增加、减少审计的实质性测试的样本量。

② 固定资产的取得和处置是否经过授权批准。注册会计师不仅要检查被审计单位固定资产授权批准制度本身是否完善，还要关注授权批准制度是否得到切实执行。

10.4.2 固定资产的实质性测试

1. 固定资产的审计目标

① 确定资产负债表中记录的固定资产是存在的。

② 确定所有应记录的固定资产均已记录。

③ 确定记录的固定资产由被审计单位拥有或控制。

④ 确定固定资产以恰当的金额包括在财务报表中，与之相关的计价或分摊已恰当记录。

⑤ 确定固定资产已按照《企业会计准则》的规定在财务报表中做出恰当列报。

2. 固定资产的实质性测试程序

（1）索取或编制固定资产及累计折旧分类汇总表

固定资产及累计折旧分类汇总表是分析固定资产账户余额变动情况的重要依据，是固定资产审计的重要工作底稿，其格式如表10.6所示。注册会计师应注意验证固定资产明细账与总账的金额是否相符。如果不符，则应将明细账与有关的原始凭证进行核对，查出差异原因并予以更正。对各项固定资产的累计折旧，注册会计师也要加计汇总与总账核对，揭示并查明差异原因，予以更正。核对无误后，索取或编制固定资产及累计折旧分类汇总表。

表10.6 固定资产及累计折旧分类汇总表

2019年12月31日

被审计单位：宏达股份有限公司　　编制：周仪　　日期：2020年01月15日

复核：张芳　　日期：2020年01月23日

元

账户编号	固定资产类别	固定资产				累计折旧					
		期初余额	增加	减少	期末余额	折旧方法	折旧率	期初余额	增加	减少	期末余额
143	房屋建筑物	850 000			850 000	直线法	5%	85 000	42 500		127 500
144	机器设备	146 000	34 000		180 000	直线法	10%	29 200	1 700		30 900
145	运输工具	86 000	12 000	8 000	90 000	直线法	20%	34 400	1 200	4 000	31 600
146	办公设备	12 000	3 000		15 000	直线法	20%	4 800	300		5 100
合计		1 094 000	49 000	8 000	1 135000			153400	45 700	4 000	195 100

（2）分析性复核

根据被审计单位业务的性质，选择以下方法对固定资产实施分析性复核程序。

① 通过计算固定资产原值与本期产品产量的比率，并与以前期间比较，以发现闲置固定资产或已减少固定资产未在账户上注销的问题。如果比率降低，则还可以考虑下列问题：购入或融资租赁的资产未入账；经营性租赁固定资产的增加；上期闲置率比较高，本期充分使用，产量增加。

② 通过计算本期计提折旧额与固定资产总成本的比率，并与上期比较，以发现本期折旧额

计算上的错误。

③ 通过计算累计折旧与固定资产总成本的比率，将此比率与上期比较，以发现累计折旧核算上的错误。

④ 通过比较本期与以前各期的固定资产增加和减少，以判断固定资产增加和减少的合理性。

(3) 固定资产增加的审查

被审计单位如果不能正确核算固定资产的增加，将对资产负债表和利润表产生长期的影响。因此，审计固定资产的增加，是固定资产实质性测试中的重要内容。固定资产的增加有购置、自制自建、投资者投入、更新改造增加、债务人抵债增加等多种途径。注册会计师的审计要点如下。

① 审查固定资产增加是否列入计划、是否合法。审查固定资产购建计划是否合理、合法主要应查明所确定的购建项目是否符合生产经营需要、资金来源是否合法；审查固定资产购建合同是否严格执行主要应查明购建合同是否符合《中华人民共和国合同法》，其中所列的项目数量和质量是否符合计划要求、价格是否合理，合同的条款是否严格执行、有无违反的情况；审查固定资产购建支出是否符合规定，主要应查明固定资产购建的各项支出是否真实、合法，有无非法行为；审查固定资产利用程度是否符合预定的要求，主要审查有无闲置、未使用、不需要或不按用途使用的新增固定资产，对于存在的问题，应查明原因和追究责任。

另外，对于以投资形式转入的固定资产，应重点查明固定资产的投入是否有相应的审批手续和合同、是否经过了资产评估；投入的固定资产品名、型号、规格、数量是否与合同所规定的一致；投入固定资产是否为企业所需、有无以次充好的现象。

② 审查固定资产的计价是否符合规定。固定资产计价的正确与否，影响折旧的提取、成本的计算，所以要认真审查。固定资产计价一般以历史成本为标准，即企业为取得某项固定资产，按其全新状态所应支付的全部货币金额。但固定资产增加的途径不同，其原始价值的计算方法也不同。例如，投资转入的固定资产可按评估或合同、协议约定的价格入账；捐赠的固定资产可按市价入账；盘盈的固定资产可按重置完全价值的净值入账，等等。注册会计师在审核固定资产计价时，应区分不同情况，逐项仔细审查。

③ 审查固定资产的所有权是否归属企业。注册会计师对于房地产类的固定资产应查明所有权或使用权的证明文件；对融资租入的固定资产应验证有关合同，证实其并非经营性租赁；对汽车等运输设备应验证有关准购证和执照等，证实其非租入。各类固定资产权属凭证如表10.7所示。

表10.7 固定资产权属凭证

固定资产类型	证明所有权凭据
外购机器设备	采购发票、采购合同
房地产	合同、产权证明、财产税单、抵押借款的还款凭据、保险单
融资租入固定资产	融资租赁合同
运输设备	运营证件（行驶证、营运执照）等

课堂训练 *10-3*

注册会计师在审查宏达公司固定资产增加业务的过程中，审阅固定资产账簿记录时发现2018年3月份有一笔固定资产——A设备购进业务，金额是92 932元。抽调相应凭证，进行账证核对。购入业务的原始凭证是一张金额为92 800元的转账支票存根和一张增值税专用发票，发票上注明买价是80 000元，增值税税率16%，税额12 800元；安装调试的原始凭证是一张金额为4 000元的原材料领料单和一张支付其他费用的金额为1 320元的转账支票存根。其会计分录如下。

借：在建工程　　92 932

　　贷：银行存款　　92 932

借：在建工程　　5 320

　　贷：原材料　　4 000

　　　　银行存款　　1 320

借：固定资产　　98 252

　　贷：在建工程　　98 252

由于未发现购进固定资产运杂费的处理，于是就此事项对会计主管进行面询，得知该笔5 000元（运费和杂费未分开）的费用被计入3月份的管理费用。其会计分录如下。

借：管理费用　　5 000

　　贷：银行存款　　5 000

要求：根据查证的情况结合税法和会计准则的规定，确定上述账务处理是否存在问题，如有请提出调账建议。

(4) 固定资产减少的审查

企业固定资产的减少大致有以下去向：出售、报废、毁损、向其他单位投资转出、盘亏等。为了保护固定资产的安全和完整，必须对固定资产的减少进行严格的审查，从而确定固定资产减少的合理性、合法性。由于固定资产减少的原因不同，注册会计师在审查时应分辨不同情况，抓住审计重点。对各种固定资产减少的审计，注册会计师的审计重点如下。

① 审查减少的固定资产的批准文件。

② 审查减少的固定资产是否进行技术检验或评估。

③ 审查减少的固定资产的会计账务处理是否正确、累计折旧是否冲销。

④ 审查减少的固定资产的净损益，验证其正确性与合法性，并与银行存款、营业外收支、投资收益等有关账户相核对。

实例研究 10-1

2019年12月1日，注册会计师在审计ABC公司2019年11月“固定资产”和“累计折旧”项目时，发现下列情况。

① 11月15日，购入管理用复印机2台，价款38 000元，预计使用年限10年，预计净残值2 000元。11月计提折旧300元。

② 11月2日，交付外单位大修仪器（管理用）一台。ABC公司未对该仪器计提折旧，该仪器采用平均年限法计提折旧，10月该仪器计提折旧1 000元。

③ 10月15日，购入不需安装的管理用设备一台，当月投入使用。该设备使用年限10年，预计净残值为0元，采用平均年限法计提折旧，价款（含税）为1 170 000元，运杂费为36 000元。ABC公司所做的会计分录如下。

借：固定资产　　1 170 000

　　管理费用　　36 000

　　贷：银行存款　　1 206 000

分析

① 根据企业会计制度的规定，当月增加的固定资产当月不计提折旧，从下月开始计提折旧。该公司11月15日购入的管理用复印机，应从12月份开始计提折旧，而不是从11月份就开始

计提折旧。

② 根据企业会计制度的规定，大修理停用的固定资产在修理期间应继续计提折旧。该公司11月大修理的固定资产未计提折旧，不符合企业会计制度的规定。

③ 根据企业会计制度的规定，购建固定资产运杂费应计入固定资产成本。该公司将固定资产运杂费计入管理费用，不符合企业会计制度的规定。

审计结论

注册会计师应提请该公司进行调账。

应补提的折旧=1 000+（36 000÷10）÷12－300=1 000（元）

由于以上问题均是本年发现的，所以应编制如下会计分录。

借：固定资产	36 000	
贷：累计折旧		1 000
管理费用		35 000

(5) 对固定资产进行实地观察

实地检查重要固定资产的重点是本期新增的固定资产，确定其是否存在、关注是否存在已报废但仍未核销的固定资产。

① 以固定资产明细分类账为起点，进行实地追查，以证明会计记录中所列固定资产确实存在，并了解其目前的使用状况。

② 以实地为起点，追查至固定资产明细账，以获取实际存在的固定资产均已入账的证据。

(6) 调查未使用和不需用的固定资产

注册会计师应调查被审计单位有无已完工或已购建但尚未交付使用的新增固定资产、因改扩建等原因暂停使用的固定资产，以及多余或不适用的需要进行处理的固定资产。如果有，则应做彻底调查，以确定其是否真实。同时，还应调查未使用、不需用固定资产的购建启用及停用时点，并做出记录。

(7) 检查固定资产的抵押、担保情况

结合银行借款等科目，了解固定资产是否存在抵押、担保情况。如果有，则应取证并做相应的记录，同时提请被审计单位做恰当披露。

(8) 检查固定资产是否已在资产负债表上恰当披露

财务报表附注通常应说明固定资产的标准、分类、计价方法和折旧方法，各类固定资产的预计使用年限、预计净残值和折旧率，分类别披露固定资产在本期的增减变动情况，并应披露用作抵押、担保和本期从在建工程转入数、本期出售固定资产数、本期置换固定资产数等情况。

课堂训练 *10-4*

【单选题】以下审计程序中，注册会计师最有可能获取固定资产存在的审计证据的是(　　)。

A. 观察经营活动，并将固定资产本期余额与上期余额进行比较

B. 询问被审计单位的管理层和生产部门

C. 以检查固定资产实物为起点，检查固定资产明细账和相关凭证

D. 以检查固定资产明细账为起点，检查固定资产实物和相关凭证

10.4.3　累计折旧审计

企业计提固定资产折旧是为了把固定资产的成本分配于各个受益期，实现期间收入与费用

的正确配比。折旧核算是一个成本分配过程，折旧计提和核算的正确性、合规性就成了固定资产审计中一项重要的内容。固定资产折旧的审查就是为了确定固定资产折旧的计算、提取和分配是否合法及公允。

1. 累计折旧的审计目标

① 确定折旧政策和方法是否符合国家有关的财务会计制度，是否一贯遵循。

② 确定累计折旧增减变动的记录是否完整。

③ 确定折旧费用的计算、分摊是否正确、合理和一贯。

④ 确定累计折旧的期末余额是否正确。

⑤ 确定累计折旧在财务报表上的披露是否恰当。

2. 累计折旧的实质性测试程序

（1）编制或索取固定资产及累计折旧分类汇总表

注册会计师应通过编制或索取固定资产及累计折旧分类汇总表概括了解被审计单位固定资产的折旧计提情况。在此基础上，对表内有关数字进行加计复核，并与报表数、总账和明细账进行核对。

（2）对固定资产累计折旧进行分析性复核

① 对折旧计提的总体合理性进行复核，方法是用应计提折旧的固定资产乘以本期的折旧率。

② 计算本期计提折旧额占固定资产原值的比率并与上期比较，分析本期折旧计提额的合理性和准确性。

③ 计算累计折旧占固定资产原值的比率，评估固定资产的老化率，并估计因闲置、报废等原因可能发生的固定资产损失。

（3）审查被审计单位固定资产折旧政策的执行情况

主要应检查折旧范围、折旧方法是否符合国家规定。例如，有无扩大或缩小固定资产折旧范围、随意变更折旧方法的问题。

（4）固定资产折旧计算和调整的审查

结合固定资产审计，确定其折旧的计提是否正确无误，并追查至固定资产登记卡。特别应注意的是，有无已提足折旧的固定资产继续超提折旧的情况和在用固定资产不提或少提折旧的情况。对于因资产评估调整累计折旧的，取得有关资产评估报告，检查其会计处理是否正确。

课堂训练 *10-5*

X会计师事务所于2020年1月派人对某企业2019年各项固定资产折旧的情况进行审计。该企业2019年计提折旧情况如表10.8所示。

表10.8　2019年计提折旧情况

元

名　称	数　量	单　价	原　值	使用年限	提取年折旧额	备　注
仓库	10.010 m²	200	2 002 000	20年	100 100	
办公室	505 m²	120	60 600	30年	2 020	两部汽车5年预计总行程为1 000 000千米，2019年的行程为200 000千米
职工宿舍	1.010 m²	120	121 200	30年	4 040	
占用土地	5亩		5 000		500	
推土机	1台	24 000	24 000	20年	1 500	
运输汽车	2部	30 000	30 000	5年	6 000	
合　计			2 242 800		114 160	

折旧计提方法说明：该企业固定资产采用个别折旧率计提折旧；汽车采用工作量法计提折旧。

各项固定资产预计报废时残值和清理费用如表10.9所示。

表10.9 残值和清理费用

项　目	仓　库	办公室	职工宿舍	推土机	运输汽车（2部）
残值收入	2 500	800	1 500	1 200	5 000
清理费用	500	200	300	400	

要求：根据上述资料重新计算固定资产折旧，指出该企业在固定资产计提折旧计算中存在的问题并提出审计处理意见。

(5) 将“累计折旧”账户贷方的本期计提折旧额与相应的成本费用中的折旧费用明细账户的借方相比较

将这两项数据进行比较以查明所计提折旧金额是否全部摊入本期产品成本费用。一旦发现差异，应及时追查原因，并考虑是否应建议做适当调整。

(6) 检查累计折旧的披露是否恰当

10.4.4 在建工程审计

在建工程是指正在建设的工程。在建工程是个中转站，一面消耗“工程物资”，一面创造“固定资产”。一旦建好，就可以转成固定资产。

在建工程不需要计提折旧，因此如果一家企业在建工程数目巨大，而又迟迟不转入固定资产科目，投资者一般就需要对其持怀疑态度。出现这种情况存在两种可能性：一种可能性是工程已经完工并投入使用，但公司为了避免折旧、美化当期利润，而不将其转入固定资产；另一种可能性更糟糕，有些企业通过在建工程将企业的资金支付给虚构或关联的供应商，然后再以采购企业商品或服务的名义变成收入流回企业。这种在建工程，最后往往通过大比例折旧或以意外损毁等名义计提高额减值损失。

注册会计师应实施以下实质性测试程序。

步骤1　获取或编制在建工程明细表，对有关数字进行复核，并将其与报表数、总账数和明细账合计数进行核对。如果不相符，则应查明原因并进行适当处理。由于在建工程报表数是根据“在建工程”科目的期末余额减去“在建工程减值准备”科目期末余额后的金额填列的，因此其报表数应同在建工程总账数与各明细账合计数减去相应的在建工程减值准备总账数与各明细账合计数后的余额核对相符。

步骤2　检查在建工程的增减数额是否正确，如对于借款费用、工程管理费用资本化问题，应检查资本化起止日的界定、计算方法、计算过程、会计处理等是否合理与正确；对于完工转销的在建工程，应检查转销额的计算支付是否正确、是否存在将已交付使用的固定资产仍挂在在建工程账上的问题等。

步骤3　检查在建工程项目期末余额的构成内容，并实地观察工程现场，确定在建工程是否存在、了解工程项目的实际完工进度、对在建工程累计发生额进行技术测定，并将其与账内数进行核对，检查其是否差距较大，判断其有无多计、虚计或少计、漏计工程费用的问题。

步骤4　检查在建工程减值准备的计提，主要应查明在建工程减值准备的计提方法是否符合制度规定、计提的数额是否正确、相关会计处理是否正确，如对长期停建并预计在未来3年内不会重新开工的在建工程、所建项目，无论在性能上还是在技术上已经落后并且给企业带来的经济利益具有很大不确定性的在建工程，其他足以证明已经发生减值的在建工程等是否计提了减值准备。

步骤5 确定在建工程在资产负债表上的披露是否恰当。

课堂训练 10-6

【单选题】在对L公司2019年年度财务报表进行审计时，A注册会计师负责在建工程项目的审计。在审计过程中，A注册会计师在对在建工程项目进行审计时遇到下列事项，L公司的会计处理不正确的有（　　）。

A. L公司将某在建工程管理人员的工资计入该在建工程成本

B. 2019年12月31日，L公司经对一项停建且预计未来3年内不会重新开工建设的在建工程进行减值测试后，计提了相应的减值准备

C. L公司将计划用于生产的某项完工工程的剩余材料，按其账面价值减去可抵扣进项税的余额转入存货项目核算

D. L公司在建工程中的某单项工程因正常原因发生毁损，L公司将损失金额减去残值和保险公司赔付的余额计入营业外支出

10.4.5 工程物资审计

工程物资是指企业为核算基建工程、更新改造工程和大修理工程准备的各种物资。注册会计师应实施以下实质性测试程序。

步骤1 获取或编制工程物资明细表，对有关数字进行复核，并将其与报表数、总账数和明细账合计数进行核对。如果不相符，则应查明原因并进行调整。

步骤2 对工程物资实施监盘程序，确定其是否存在、账实是否相符，并观察有无呆滞、积压工程物资。

步骤3 抽查工程材料采购合同、发票、货物验收单等原始凭证，检查其内容是否齐全、有无得到授权批准、会计处理是否正确。

步骤4 检查工程物资领用手续是否齐全、使用是否合理、会计处理是否正确。

步骤5 检查被审计单位对工程物资有无定期盘点制度，对盘盈、盘亏、报废、毁损的，是否将减去保险公司和过失人的赔偿部分后的净额正确地冲减了在建工程成本或计入营业外支出。

步骤6 检查工程完工后，剩余工程物资转入存货的，是否将其所含增值税进项税额进行了正确的分离；对外销售的，是否先结转其增值税进项税额，待出售时再结转相应的成本。

复习思考题

一、填空题

1. 单位请购货物首先应填制________。

2. 验收部门验收货物时必须与________单核对购货内容是否相符。

3. 已发生的应付账款没有入账，这违反了管理层五大认定中的________认定。

4. 应付账款审计中应特别注意审查企业有无__________估应付账款账面余额。

5. 多提当期固定资产折旧额，将会虚__________本期利润。

二、单项选择题

1. 固定资产折旧审计的主要目标不包括（　　）。
   A. 确定固定资产的增加、减少是否符合预算和经过授权批准
   B. 确定折旧政策和方法是否符合国家有关财会法规的规定
   C. 确定适当的折旧政策和方法是否得到一贯遵守
   D. 确定折旧额的计算是否正确

2. 注册会计师有理由认为被审计单位固定资产折旧计提不足的迹象是（　　）。
   A. 经常发生大额的固定资产清理净损失
   B. 经常发生大额的固定资产清理净收益
   C. 固定资产实际使用年限往往大于预计使用年限
   D. 固定资产实际残值往往大于预计残值

3. 助理人员对采购与付款循环的内部控制进行了了解和测试，下列内部控制中构成重大缺陷的是（　　）。
   A. 仓库负责根据需要填写请购单并经预算主管人员签字批准
   B. 采购部门根据经批准的请购单编制订购单采购货物
   C. 货物到达，由独立的验收部门验收并填制一式多联未连续编号的验收单
   D. 记录采购交易之前，由应付凭单部门编制付款凭单

4. 注册会计师通过计算固定资产原值与全年产量的比率，并与以前期间相关指标进行比较，可能对查找下列问题无效的是（　　）。
   A. 存在闲置的固定资产
   B. 增加的固定资产尚未做出会计处理
   C. 减少的固定资产尚未做出会计处理
   D. 本期折旧计算和累计折旧上的错误

5. XYZ公司2019年6月以400万元的价格转让一项固定资产。该项固定资产的账面原价为800万元，已计提折旧200万元，已计提减值准备250万元，则XYZ公司转让该固定资产实现的收益为（　　）万元。
   A. -220　　B. -200　　C. 30　　D. 50

三、多项选择题

1. 应付账款一般不需要函证，但出现（　　）时，注册会计师还应实施函证程序。
   A. 应付账款存在借方余额　　B. 控制风险较高
   C. 某应付账款的账户金额较大　　D. 被审计单位处于经济困难阶段

2. 注册会计师应获取、汇集不同的证据以确定固定资产是否确实归被审计单位所有。地产类固定资产需要查阅（　　）等文件。
   A. 合同、产权证明　　B. 财产税单
   C. 抵押贷款的还款凭证　　D. 财产保险单

3. 注册会计师在对A股份有限公司2019年年度财务报表进行审计时发现有出售的固定资产。下列各项审计程序中，注册会计师可能执行的有（　　）。
   A. 审查有关的批准文件
   B. 审查相关的会计记录

C．函证固定资产的购买单位

D．审查固定资产的所有权是否属于A股份有限公司

4．注册会计师在审计A公司2019年年度财务报表时发现固定资产的下列项目，其中可能引起固定资产账面价值发生变化的有（　　）。

A．计提固定资产减值准备　　B．计提固定资产折旧

C．固定资产改扩建　　D．固定资产大修改

5．注册会计师对固定资产的取得和处置实施控制测试的重点包括（　　）。

A．审查固定资产的取得是否与预算相符，有无重大差异

B．审查固定资产的取得和处置是否经过授权批准

C．审查是否正确划分资本性支出和收益性支付

D．审查与固定资产取得和处置相关的项目，如应付账款、银行存款、固定资产清理和营业外收支等的会计记录的适当性。

四、简答题

1．应付账款的审计目标是什么？

2．采购与付款环节内部控制的内容包括哪些？

3．固定资产增加的审计内容包括哪些？

4．累计折旧的审计内容包括哪些？

五、操作题

操作题10-1

1．案例资料

注册会计师王某受托审计ABC公司截至2019年12月31日的年度财务报表。他已对该公司的购货、验收、应付账款和现金支出的内部控制做了适当的研究，并决定不执行符合性测试。根据分析性复核程序，该注册会计师认为2019年12月31日资产负债表上所列的应付账款余额有可能低估。注册会计师王某已要求并取得了委托人编制的应付账款明细表。

2．要求

（1）在审计应付账款时，注册会计师应执行哪些实质性测试程序？

（2）注册会计师应如何查找未入账的应付账款？

操作题10-2

1．案例资料

注册会计师对长城公司在2019年年度财务报表审计过程中，发现该公司的固定资产业务存在下列问题。

（1）在建工程成本中包含有与工程建造无关的行政管理人员工资200 000元。

（2）2019年2月，公司更换了行政办公楼的电梯，共发生相关支出600 000元，全部计入当期管理费用。该电梯预计使用寿命6年，预计残值率为10%。公司采用直线法计提折旧。

（3）在审计折旧费用的合理性时，注册会计师发现由于财务人员工作疏忽，2019年对两台已过预计使用年限、折旧计提完毕但仍在继续使用的生产设备计提了折旧，涉及金额30 000元。

2．要求

指出上述会计处理存在哪些问题？应如何调整账务？

第 11 章

生产循环审计

学习目标

1. 了解生产循环的特点。
2. 了解生产循环的内部控制测试。
3. 了解存货成本审计。
4. 掌握存货监盘。
5. 掌握存货计价审计和截止审计。
6. 掌握材料采购、原材料、库存商品、应付职工薪酬等账户的审计。

引导案例

獐子岛“扇贝去哪儿了”

獐子岛集团股份有限公司（以下简称獐子岛集团）最早成立于1958年，曾先后被誉为“黄海深处的一面红旗”“海上大寨”“黄海明珠”“海底银行”“海上蓝筹”，公司已成长为国内最大的以水产增养殖为主，集海珍品育苗、增养殖、加工、贸易、海上运输于一体的综合性海洋食品企业。

獐子岛集团于2006年9月28日在深交所上市（股票代码002069），并创造了中国农业第一个百元股。2007年，獐子岛集团成为达沃斯全球成长型公司社区首批创始会员，并当选为CCTV年度最佳雇主、全国首届兴渔富民新闻人物企业。

作为农业产业化龙头企业，獐子岛集团积极探索社会主义新渔村建设。自2004年来，獐子岛集团倡导并实践了“政府 + 银行 + 科研机构 + 公司 + 农户”的“五合一”合作模式，通过资金、管理、技术、品牌输出，带领当地1万多名养殖业户共同致富。另外，还积极投身于社会公益事业，几年来捐赠慈善事业和投资公益事业的金额超过2 000万元。

具有50年沉淀和积累的獐子岛集团，在走向百年的征程中，将秉承“责任、合作、执行、感恩”的企业价值观，通过“市场化、工业化、信息化、国际化”建设，致力于“为世界人民提供健康、安全的海洋珍品”，打造“受人尊敬的、卓越的世界海洋食品企业”。

2014年9月15日至10月12日间，獐子岛集团按制度进行秋季底播虾夷扇贝存量抽测，发现部分海域的底播虾夷扇贝存货异常。10月31日，獐子岛集团第三季度财务报表显示因遭遇北黄海异常的冷水团，决定对105.64万亩海域成本为7.35亿元的底播虾夷扇贝存货放弃本轮采捕，进行核销处理，对43.02万亩海域成本为3亿元的底播虾夷扇贝存货计提跌价准备2.83亿元，扣除递延所得税影响 2.54亿元，合计影响净利润 7.63亿元，全部计入 2014年第三季度。一夜之间，獐子岛集团从一支连续盈利的绩优股转为巨亏 8亿元、导致大量个人投资者和包括社保基金在内的机构投资人巨额损失的黑洞。

农业上市公司财务造假案件频发主要应归因于农业类企业自身的特点。相较于工业类企业产品的价值可能高达成千上万元，单位土地或水面能生产的农产品和单位农产品的价格都是十分有限的。当然，名贵中药材或是珍贵的海产品的价格也可能十分昂贵。因此，“银广夏”当年就造就了天价中药材的神话，而“蓝田股份”则造就了鱼鸭养殖每亩产值 3万元的故事。我们应该清醒地认识到名贵中药材的贵体现在物以稀为贵，它的生长需要特殊的自然条件，而能够大规模种植或养殖的东西一定不会是昂贵的。但投资者决策的标准则在于企业是否能够实现快速增长，因此造假成为农业上市公司迎合投资者需要的唯一选择。当然，农业类企业造假还有一些它得天独厚的条件：第一，一些珍贵中药材或农产品的价值较难计量；第二，农业类企业与农户之间的交易大多为现金交易，这为做假账创造了良好的条件。

水产养殖业生物资产更是生物资产中最为特殊的一类。相较于其他资产对于价值的计量的主要难点在于金额的确定，水产养殖业生物资产由于其具有生长期较短、多数在深海中的特点，其计价的难点则更侧重于水下存货数量难以准确估算、质量难以检测，以及对自然风险影响的披露。“蓝田事件”正是利用生物资产难以计量的特殊性来虚增巨额资产和利润。因此，水产养殖业生物资产的内部控制研究也越来越成为一个令人关注的问题。

试问：对獐子岛公司存货进行审计存在哪些困难？存货审计质量的高低会对哪些财务报表项目产生影响？

生产循环是指从请购原材料开始到形成完工产品为止的过程。该循环涉及的内容主要是存货的管理及生产成本的计算等。因此，对生产循环的审计主要是由存货审计、应付职工薪酬审计和相关账户审计组成，涉及材料采购、原材料、库存商品、主营业务成本和应付职工薪酬等会计科目。

11.1 生产循环的特征

11.1.1 生产循环主要业务和内部控制

1. 计划和安排生产

生产的计划和安排通常由企业的生产管理部门来执行，其主要职责是根据客户订货单、销售合同、市场预测及存货需求分析来决定生产产品的品种和数量。如果决定生产，则签发顺序编号的生产通知单，并下达到各生产部门（工厂或车间）。生产管理部门应将发出的所有生产通知单预先编号并加以记录控制。此外，还需要编制一份材料需求报告，列示完成一张生产通知单所需要的原材料和零件。

2. 发出原材料

仓库部门的职责是根据从生产部门收到的领料单发出原材料。领料单上必须列示所需材料的数量和种类，以及领料部门的名称。领料单可以一单一料，也可以一单多料，通常需要一式三联，分别由领料部门、仓库部门和会计部门保管使用。

3. 生产产品

生产部门在收到生产通知单及领取原材料后，便将生产任务分解到每一个生产班组及工人，并将所领取的原材料交给生产工人进行加工。某个生产部门完工的产品应交检验员验收，并办理入库手续，或者将完成的产品按照转移单的授权移交到下一个生产部门，以便进一步加工。

各生产部门必须制定严格的规则，由管理人员对领料、生产、完工入库的全过程进行有效控制，以避免窝工和在产品积压，提高产品合格率。生产部门应及时编制生产报告，通知会计部门。对生产中出现的废料、废品存货应与在产品存货分开存放和控制。

4. 核算产品成本

为了正确地核算产品成本，对在产品进行有效控制，必须建立健全成本会计制度，将生产控制和成本核算有机结合在一起。一方面，生产过程中的各种记录、生产通知单、领料单、入库单等文件资料都要汇集到会计部门，由会计部门对其进行审查和核对，了解和控制生产过程中存在的实物流转；另一方面，会计部门需要设置相应的会计账户，会同有关部门对生产过程中的成本进行核算和控制。完善的成本会计制度应该提供原材料转为在产品、在产品转为产成品，以及按照成本中心、分批生产任务通知单或生产周期所消耗的材料、人工和间接费用分配与归集的详细资料。

5. 储存产成品

当完工的产成品入库时，需要由仓库部门先行点验和检查，然后签收。签收后，将实际入库数量通知会计部门。据此，仓库部门确立了本身的保管责任。由于产成品存货很容易被盗窃或损坏，企业应对其进行严格的管理，限制无关人员接近。此外，仓库部门还应根据产成品的品质特征进行分类存放，并贴上标签。

6. 发出产成品

产成品的发出必须由独立的发运部门进行。装运产成品时必须持有经有关部门核准的发运通知单，并据此编制出库单。出库单至少一式四联：一联交仓库部门；一联交发运部门；一联留交顾客；一联作为给顾客开发票的依据。

7. 薪酬业务的内部控制

薪酬是构成成本费用的重要组成部分。薪酬费用的计算和分配是生产循环的重要内容。因此，企业应建立健全完善的薪酬内部控制制度。完善的薪酬内部控制制度一般应包括以下几个方面。

① 适当的职责分离与职务轮换。职责分离包括：考核部门与薪酬管理部门分离；考勤部门最好与薪酬管理部门分离。薪酬管理部门应定期进行职务轮换。

② 正确的授权审批。职工的提升、职务调整和解聘必须经过审批，并记录于职工个人和部门的人事档案。职工的薪酬以劳动合同或组织政策的形式予以确定，并应经过一定层次的管理人员的审批。职工薪酬状况的变动（包括由于雇用新员工引起的薪酬变动）应经适当的审批，并向薪酬部门报告。

③ 薪酬计算控制。考勤记录和成本计算中的人工成本记录应定期与薪酬管理部门的薪酬核算进行核对及调整：由职工个人填写工时卡和工作量统计单，并由专人进行审核；由管理层对职工的业绩进行定期考核与评价，并将考核结果记录于职工个人的人事档案。人事档案应妥善保管，以防损坏、遗失和非法接触。企业向养老基金、政府有关代理机构和保险公司所尽义务的情况，应向管理层、外部注册会计师和法律顾问进行咨询，以保证企业更好地遵循有关规定、

履行有关义务，并及时调整企业的有关政策。人事和薪酬部门定期将薪酬文件与相应的人事文件进行核对。

④ 薪酬发放控制。薪酬的扣除项目和扣除标准应由职工在有关声明中签字，以示同意，经过签字的声明应附在职工个人的人事档案中。薪酬单最好由电算化的薪酬系统来编制，否则应由独立的人员来负责。此外，应由专人负责将薪酬单与薪酬文件进行核对，审核薪酬单的完整性。发放现金薪酬时，可把薪酬装入专门的薪酬袋，把现金装入薪酬袋的职工不能负责薪酬单的编制。职工领取薪酬袋，应在收据上签章。未领取的薪酬应存入专门的银行账户或者指派独立于薪酬部门以外的专门机构或人员负责保管。

11.1.2 主要凭证和会计记录

生产循环所涉及的凭证和会计记录主要有以下几个方面。

1. 生产任务通知单

生产任务通知单又称生产指令，是企业生产管理部门下达制造产品等生产任务的书面文件，用以通知生产车间组织产品制造、供应部门组织材料发放、会计部门组织成本计算。广义的生产任务通知单也包括用于指导产品加工的工艺流程，如机械加工企业的路线图等。

2. 领发料凭证

领发料凭证是企业为控制材料发出所使用的各种凭证，如领料单、限额领料单、领料登记簿、发料凭证汇总表、退料单等。

3. 产量和工时记录

产量和工时记录是登记工人或生产班组在出勤日内完成的产品数量、质量和生产这些产品所消耗工时数量的原始记录。产量和工时记录的内容与格式是多种多样的，在不同的企业，甚至在同一企业的不同生产车间中，也会由于生产类型的不同而采用不同的产量和工时记录。常见的产量和工时记录主要有工作通知单、工程进程单、工作班产量报告、产量通知单、产量明细表、废品通知单等。

4. 薪酬汇总表和人工费用分配表

薪酬汇总表是为了反映企业薪酬的结算情况，并据以进行薪酬结算总分类核算和汇总整个企业薪酬费用而编制的，是企业进行薪酬费用分配的依据；人工费用分配表反映了各生产车间各产品应负担的工人薪酬及福利费。除此之外，还有职工薪酬计算单等单据。

5. 材料费用分配表

材料费用分配表是用来汇总反映各生产车间各产品所耗费的材料费用的原始记录。

6. 制造费用分配表

制造费用分配表是用来汇总反映各生产车间各产品所应负担的制造费用的原始记录。

7. 成本计算单

成本计算单是用来归集某一成本计算对象所承担的生产费用，计算该成本计算对象的总成本和单位成本的记录。

8. 存货明细账

存货明细账是用来反映各种存货增减变动情况、期末库存数量及相关成本信息的会计记录。

11.1.3 可能存在的错报风险

① 材料采购人员图谋私利，在材料采购供应中营私舞弊。

② 主营业务成本账户和主营业务收入账户口径不一致。

③ 主营业务成本的计算方法没有保持一贯性。

④ 虚计应付职工薪酬，调节产品成本。

⑤ 职工薪酬的发放程序不健全、管理不严格。

⑥ 未按照规定的程序和方法及时处理存货的盘盈与盘亏。

11.2 生产循环内部控制测试

11.2.1 生产业务内部控制测试

对于生产业务内部控制，注册会计师可以通过询问、审阅、观察等方法进行了解，并采用调查表、文字说明和流程图等方法，将了解到的情况记录下来，形成审计工作底稿。表11.1所示的是一份关于生产业务内部控制的调查表。在调查中，注册会计师应结合企业的实际情况，将不同的方式结合起来使用。

表11.1 生产业务内部控制调查表

被审计单位名称： 编制（签名）： 日期： 索引号：

会计期间： 复核（签名）： 日期： 页次：

调查问题	回答			
	是	否	不适用	备注
① 在正式接受订单之前，生产部门管理人员是否对订单要求进行审查				
② 生产计划对产品的工艺要求、制造日期、工时、设备、人员和材料的配备是否有详细的说明				
③ 在产品正式生产前是否对产品成本进行估算				
④ 生产计划编制后是否受到计划部门主管的审查批准				
⑤ 生产通知单是否以生产计划为依据加以填制				
⑥ 生产通知单是否由适当的被授权人士签发				
⑦ 生产通知单是否予以连续编号控制				
⑧ 在产品在各生产部门之间的转动是否都予以记录				
⑨ 有无成本核算制度、成本核算制度是否符合生产经营特点				
⑩ 采用的成本计算方法是否严格执行、有无随意变更的现象				
⑪ 是否制定和执行先进合理的定额与预算、有无以估代实计算成本的现象				
⑫ 成本开支范围是否符合有关规定				
⑬ 各成本项目的核算、制造费用的归集、产成品的结转是否严格按规定执行，前后期是否一致				
⑭ 是否定期盘点产成品				
⑮ 完工产品成本与在产品成本的分配方法是否严格执行				
⑯ 是否建立并执行成本费用归集分级责任控制制度及其考核评价制度				
⑰ 产品质量是否由独立于生产部门的职员来进行检查				
⑱ 对各种或各类产品是否分别设置分类账户				
问题与评价				

注册会计师在了解了生产业务内部控制之后，应对内部控制进行初步评价，并初步估计其控制风险水平，以确定生产业务内部控制是否可以依赖，决定是否进行符合性测试及符合性测试的时间、性质和范围。

11.2.2 成本会计制度内部控制测试

对成本会计制度内部控制的测试，首先从对成本会计制度内部控制的了解开始，注册会计师一般是通过编制成本会计制度内部控制调查表来完成这一任务的。表11.2所示的是一份关于成本会计制度内部控制的调查表。

表11.2 成本会计制度内部控制调查表

被审计单位名称：　　编制（签名）：　　日期：　　索引号：

会计期间：　　复核（签名）：　　日期：　　页次：

调查问题	回答			
	是	否	不适用	备注
① 生产通知单是否经过生产管理部门批准				
② 生产通知单是否预先按顺序编号				
③ 仓库发出原材料是否要求有已批准的领料单				
④ 领料单是否预先顺序编号				
⑤ 是否有产量和工时记录				
⑥ 是否制定和执行先进合理的定额或标准				
⑦ 是否建立适当的成本核算和管理制度				
⑧ 成本开支范围是否符合国家有关规定				
⑨ 成本计算方法是否适合企业的生产特点，并且前后各期一致				
⑩ 是否采用适当的费用分配方法，并且前后各期一致				
⑪ 产品成本的计算是否以经过审核的材料费用分配表、人工费用分配表、制造费用分配表为依据				
⑫ 是否定期独立检查原材料、在产品、产成品存货明细账与总账余额的一致性				
⑬ 是否定期独立盘点原材料、在产品、产成品存货，并与账面数相比较				
问题与评价				

注册会计师在了解了成本会计制度的基础上，还应对其进行符合性测试，以评价其有效性，并据此判断财务报表及账户中的错弊数量和程度，决定实质性审查的程度和范围。常用的测试程序有以下几项。

步骤1　检查相关凭证中的授权记录，以确定生产活动是否经过恰当审批。

步骤2　检查有关成本的记账凭证是否附有生产通知单、领发料凭证、产量和工时记录、人工费用分配表、材料费用分配表、制造费用分配表等原始凭证，并核实这些原始凭证的真实性。

步骤3　检查上述原始凭证是否具有事先印制或制作的顺序编号、编号是否连续完整、是否有相应的过账符号。

步骤4　了解企业的生产过程，判断企业的成本计算方法是否恰当，同时选取样本测试各种费用的归集和分配及成本的计算，以检验企业的成本计算方法是否前后各期一致。

步骤5　询问和观察存货及记录的接触与相应的审批程序。

步骤6　询问和观察存货盘点程序。

通过以上测试，注册会计师最终可对当期采用的成本会计制度做出合理评价。

11.2.3 薪酬内部控制测试

对薪酬内部控制的测试，首先应从对薪酬内部控制的了解开始，在了解的基础上，再进行测试。

1. 了解薪酬内部控制制度

注册会计师可以通过询问、审阅、观察等方法对薪酬内部控制进行了解，并采用调查表、文字说明和流程图等方法将了解到的情况记录下来，形成审计工作底稿。注册会计师一般是通过编制薪酬内部控制调查表来完成这一任务的。表11.3所示的是一份关于薪酬内部控制的调查表。

表 11.3 薪酬内部控制调查表

被审计单位名称： 编制（签名）： 日期： 索引号：
会计期间： 复核（签名）： 日期： 页次：

调查问题	回答			
	是	否	不适用	备注
① 雇用职工是否经适当授权				
② 职工离职是否应立即通知薪酬部门				
③ 薪酬的增减变动是否均经过适当批准				
④ 薪酬表的编制是否合适				
⑤ 是否根据经批准的工作小时或产量正确计算薪酬				
⑥ 是否按照要求计算代扣款项				
⑦ 薪酬记录是否与人事部门的资料核对				
⑧ 职工薪酬是否均以支票支付				
⑨ 编制薪酬表和签发薪酬支票的人员是否分开				
⑩ 支付薪酬是否有专设银行账户				
⑪ 未领薪酬是否由专人保管				
⑫ 未领薪酬是否存入银行并设置负债账户				
问题与评价				

2. 测试薪酬的内部控制制度

在了解了薪酬内部控制的基础上，注册会计师还应对薪酬内部控制制度进行测试，以判断其健全性和有效性。其常用的测试程序如下。

步骤1 检查人事档案中的聘用记录或工时卡的有关核准说明，可以确定有关员工的真实身份、工作岗位及薪酬级别标准。

步骤2 检查工时卡、复核人事政策、组织机构图。

步骤3 检查薪酬分配表、薪酬汇总表、薪酬结算表，核对员工薪酬手册、员工手册等。

步骤4 选取样本测试薪酬费用的归集和分配，测试薪酬费用是否按照规定的账务处理流程进行账务处理。

步骤5 询问和观察各项职责的分工与执行情况。

11.3 存货审计

我们知道，存货通常是企业数额最大的流动资产，在企业总资产中占有很大的比重。存货价值的确定影响着企业的财务状况和经营成果，加之存货种类繁多、收发频繁，存在采购、入库、保管、领发、使用等生产经营实物运动，且与其价值运动及其增值的过程密切相关，对其核算的会计账户多、内部流转和结算关系复杂，在管理和核算上存在一定的难度，所以存货较其他资产更易产生错误和舞弊。

自制存货成本主要由原材料、工人薪酬、制造费用组成。制造费用是企业生产车间为生产产品或提供劳务而发生的薪酬福利、折旧费、修理费、办公费、水电费、劳保、季节性或修理期间的停工损失等费用。它会被财务人员分配进入存货成本。有些行业的存货风险很高，如新鲜食品或高科技制造业，一旦过了保质期或行业发生重大改变，存货价值就可能会归零（如过期食品饮料、寻呼机、胶卷及胶卷相机）；而有些行业的存货，基本不存在计提存货跌价准备的问题，如高档饰品。

存货审计直接影响着企业财务状况的客观反映，对揭示存货业务中的差错舞弊、保护企业资产的安全完整、降低产品成本和费用、提高企业经济效益等都具有重要的意义。

11.3.1　存货审计目标

① 确定资产负债表中记录的存货是存在的。

② 确定所有应当记录的存货均已记录。

③ 确定记录的存货由被审计单位拥有或控制。

④ 确定存货以恰当的金额包括在财务报表中，与之相关的计价调整已恰当记录。

⑤ 确定存货已按照企业会计准则的规定在财务报表中做出恰当列报。

11.3.2　存货的实质性测试

存货的实质性测试程序一般包括以下内容。

1. 获取或编制存货明细表

注册会计师首先应获取或编制存货及跌价准备明细表，复核加计是否正确，并与报表数、总账余额和明细账余额合计数核对相符。如果不相符，则应查明原因，并做出记录和相应调整。

2. 实施分析性复核

注册会计师在存货审计过程中往往需要大量运用分析性复核来获取审计证据，并协助形成恰当的审计结论。在存货审计中，常用的分析性复核方法主要是简单比较法和比率分析法。在存货的分析性复核中，通常进行的简单比较一般包括以下内容。

① 比较前后各期及本年度各个月份存货余额及其构成，以评价期末存货余额及其构成的总体合理性。

② 比较前后各期及本年度内各个月份生产成本总额及直接材料成本、直接薪酬费用和制造费用，以评价本期生产成本、直接材料成本、薪酬费用和制造费用的总体合理性。

③ 比较前后各期及本年度内各个月份主营业务成本总额及单位销售成本，以评价主营业务成本的总体合理性。

④ 将与关联企业发生存货交易的频率、规模、价格和账款结算条件与非关联企业对比，判断是否利用与关联企业的存货交易虚构业务交易、调节利润。

在存货的分析性复核中，注册会计师也可运用比率分析法，将存货周转率、销售毛利率、存货与流动资产之比等财务比率的本期实际数同前期的实际数、本期预算数和行业统计数等相比较。通常，存货周转率的下降可能意味着被审计单位存在存货积压发生销售困难等情况，而销售毛利率的重大波动可能意味着被审计单位存在销售价格变动、单位产品成本变动或销售产品总体结构变动等情况。通过对存货项目进行分析性复核，注册会计师可以进一步明确潜在的风险，并针对异常变动差异决定重点审查的内容与方法。

课堂训练 *11-1*

在中国香港上市的辉山乳业对外宣称饲养奶牛所用的苜蓿饲料基本上自给自足，其饲养成本较低，生产成本为70美元/吨，而进口苜蓿则为400美元/吨。光苜蓿自产就能给辉山乳业贡献约22%左右的利润，因此可获得比同行更高的毛利。而浑水研究公司的证据表明辉山乳业长期以来从第三方购买了大量苜蓿，价格高于其宣称的自产成本。至少从2014年起，辉山乳业就通过虚假宣称牧草苜蓿大部分自供以夸大利润率，而实际上公司长期以来都是从第三方采购大量苜蓿。

浑水研究公司通过调查，发现辉山乳业的苜蓿有几个重要的供应商。一个外资供应商表示，其给辉山乳业供应的苜蓿，甚至已经占到其消费总量的一半，直接戳穿了辉山乳业苜蓿自供的谎言。

要求：

（1）谈谈辉山乳业宣称的产品毛利率远远高于同业，其支持的理由是什么？

（2）如何去验证该理由是否成立？

3. 实地监督存货盘点

对期末存货数量的确定是存货审计中的重要内容。存货监盘是指注册会计师参与被审计单位的存货盘点工作，并对盘点工作进行适当的监督和抽查，以获取存货真实存在的证据。注册会计师对存货进行监盘是存货审计必不可少的一项审计程序。管理层和注册会计师对存货盘点的责任是不同的。定期盘点存货，合理确定存货的数量和状况是被审计单位管理层的责任；实施存货监盘，获取有关期末存货数量和状况的充分、适当的审计证据是注册会计师的责任。

存货监盘程序包括以下重要步骤。

(1) 存货盘点前的计划工作

注册会计师在进行监盘之前应根据被审计单位存货的特点、盘存制度和存货内部控制的有效性等情况，在评价被审计单位存货盘点计划的基础上编制存货监盘计划，对存货监盘做出合理的安排。

存货监盘计划应包括的内容如下。

① 存货监盘的目标、范围及时间安排。存货监盘的目标是获取被审计单位资产负债表日有关存货数量和状况的审计证据，检查存货的数量是否真实完整、是否归属于被审计单位，只要是被审计单位拥有所有权的存货，均应纳入监盘范围。对所有权不属于被审计单位的存货，注册会计师应当取得其规格、数量等有关资料；确定是否已分别存放、标明；确定均未纳入盘点的范围。各类存货力争在监盘前做到正品齐摆放、次品放一旁、外存不要忘、代管莫点上。

存货监盘范围的大小取决于存货的内容、性质，以及与存货相关的内部控制的完善程度和重大错报风险的评估结果。对存放于外单位的存货，应当考虑实施适当的替代程序，以获取充分、适当的审计证据。

存货监盘的时间方面，如果对与存货相关的内部控制不满意，监盘应该安排在期末或接近期末进行。

② 存货盘点的要点及关注的事项。存货盘点的要点主要包括注册会计师实施存货监盘程序的方法、步骤，各个环节应注意的问题及所要解决的问题。注册会计师需要重点关注的事项包括盘点期间的存货移动、存货的状况、存货的截止确认、存货的各个存放地点及金额等。

③ 参加存货监盘人员的分工。注册会计师应当根据被审计单位参加存货盘点人员分工、分组情况、存货监盘工作量的大小和人员素质等情况，确定参加存货监盘的人员组成，明确各组成人员的职责和具体分工情况，并加强督导。

④ 抽盘存货的范围。根据被审计单位存货盘点和对被审计单位内部控制的评价结果，注册会计师确定抽查存货的范围。在实施观察程序后，如果认为被审计单位内部控制设计良好且得到有效实施、存货盘点组织良好，则注册会计师可以相应地缩小抽查程序的范围。

课堂训练 *11-2*

注册会计师王力、朱晓群对常年审计客户丙公司2019年年度财务报表进行审计。丙公司为玻璃制造企业，存货主要有玻璃、煤炭和烧碱，其中少量玻璃存放于外地公用仓库。另有丁公司部分水泥存放于丙公司的仓库。丙公司拟于2019年12月29日至12月31日盘点存货，以下是王力撰写的存货监盘计划的部分内容。

存货监盘计划

（1）存货监盘的目标

检查丙公司2019年12月31日存货数量是否真实完整。

（2）存货监盘范围

2019年12月31日库存的所有存货，包括玻璃、煤炭、烧碱和水泥。

（3）监盘时间

存货的观察和检查时间均为2019年12月31日。

（4）存货监盘的主要程序

① 与管理层讨论存货监盘计划。

② 观察丙公司盘点人员是否按照盘点计划盘点。

③ 检查相关凭证以证实盘点截止日前所有已确认为销售但尚未装运出库的存货均已纳入盘点范围。

④ 对于存放在外在公用仓库的玻璃，主要实施检查货运文件、出库记录等替代程序。

……

要求：

（1）请指出存货监盘计划中的目标、范围和时间存在的错误，并简要说明理由。

（2）请判断存货监盘计划中列示的主要程序是否恰当。如果不恰当，则予以修改。

(2) 盘点问卷调查

注册会计师在实施监盘前，应对企业的盘点组织及其参与人员的准备工作情况进行调查，以确定企业是否按照盘点计划的要求进行了盘点准备工作。如果认为企业的盘点准备工作达不到事前计划的要求，则注册会计师可以拒绝实施监盘，并要求企业另定时间、重新准备。盘点问卷的内容包括以下几个方面。

① 所有参与盘点的人员是否都熟悉盘点计划与指令、是否熟悉盘点的一般程序和基本要求。

② 所有存货是否都分类有序、存货是否停止流动。

③ 盘点标签或盘点清单是否编制妥当、是否有遗漏的存货或有外单位寄存的存货；对于外

单位寄存的存货，是否将其分开摆放并排除在盘点范围之外；废品与毁损物品是否分开摆放并且分开列示。

④ 各种计数、计量器具是否符合国家标准，并准备齐全。

盘点问卷的内容如表11.4所示。

表11.4 盘点问卷

被审计单位：	编制：	日期：	索引号：
截止日期：	复核：	日期：	页次：

① 存货盘点的范围、盘点的场所及盘点时间是如何确定的？填列以下表格。

地 点	存货类型	占存货总额的大致比例	盘点时间

② 盘点人员是如何组织分工的？是否具有胜任能力？填列以下表格。

人 员	地 点	职 责	胜任能力	电 话

③ 盘点过程是否有专家参加？是否对专家参与盘点做出了适当的安排？

④ 盘点前是否召开会议并布置任务？

⑤ 在盘点过程中，存货是如何整理和排列的？

⑥ 是否存在代销存货等所有权不属于被审计单位的存货？如有，情况如何？

⑦ 有哪些毁损、陈旧、过时、残次的存货？它们是如何区分和存放的？

⑧ 半成品、原材料和产成品如何分开？

⑨ 对于成堆堆放或分散在仓库中的存货，是否设置了专门的盘点程序或数量转换计算的方法？

⑩ 分散在不同地方的相同存货项目如何汇总（这对于与后续盘点汇总保持一致很重要）？

⑪ 存货盘点采用什么计量工具和计量方法？

⑫ 在产品的完工程度如何确认？原材料、直接人工、制造费用等如何在产成品和在产品之间分配？

⑬ 是否有存放在外单位的存货？如何进行盘点？

⑭ 放在距离较远的地方的存货如何盘点？

⑮ 对存货收发截止是如何进行控制的？

⑯ 对盘点期间存货移动是如何进行控制的？盘点期间是否需要停止生产？

⑰ 盘点表单是如何设计、使用与控制的？使用什么形式的文件来记录盘点？盘点表是否预先编号？

⑱ 是否所有的盘点都被独立检查以确保它们的准确性？使用永续存货盘存制时，如果实际数量与记录存在差异，则是否有进行独立再盘点的措施？是否要求监督者对盘点执行的检查做出记录？

⑲ 盘点结果是如何汇总的？

⑳ 如何对盘盈或盘亏进行分析、调查与处理？

㉑ 是否存在其他在盘点中需要注意的事项？

㉒对被审计单位存货盘点计划能否合理地确定存货的数量和状况做出总体评价。

A.被审计单位存货盘点计划是否适当？

B.

(3) 实际观察盘点

注册会计师应到盘点现场观察和监督盘点的全过程。注册会计师主要观察和监督以下内容：盘点现场的存货是否摆放有序并停止流动；盘点程序是否符合盘点计划和指令的基本要求；对存货点数、计量所采用的方法是否适当，有无重计或漏计的错误；盘点标签及盘点汇总表是否按要求完整填制；存货中有无混进废品与毁损物品等。在监盘过程中如果发现问题，注册会计师应及时指出，并要求被审计单位纠正。如果认为盘点程序不当或记录有错误，导致盘点结果严重失实，则应要求盘点人员重新进行盘点，以保证登记汇总存货数量的正确性。

(4) 复盘抽点

复盘抽点是指被审计单位盘点人员盘点后，注册会计师应根据观察的情况，在盘点标签尚未取下之前，选择部分存货项目进行复盘盘点。抽点的范围取决于具体存货项目的性质、控制状况及特定的环境条件。通常注册会计师应将存货分层，将价值较高的存货全部盘点，对其他项目则选取样本进行抽点，抽点的样本一般应达到存货总价值的10%以上。注册会计师应将抽点结果与盘点标签及盘点汇总表上的记录进行比较。抽点在产品时，还应关注其完工程度是否恰当。如果抽点发现差异，则除要求被审计单位进行更正外，还应扩大抽点范围；如果发现差错过大，则应要求被审计单位重新盘点。注册会计师进行抽点时，应在工作底稿上记录其抽点结果。

抽点结束后，应将全部盘点标签及盘点汇总表按编号顺序归总，并据以登记盘点汇总表。所有的盘点标签、盘点汇总表均应由参与盘点的人员和监盘注册会计师签名，并复印两份，被审计单位和会计师事务所各留一份。同时，注册会计师还应向被审计单位索取存货盘点前的最后一张验收凭证和发货凭证，以便审计时做截止测试之用。

(5) 编制审计工作底稿

盘点工作结束后，注册会计师应根据盘点情况撰写包括盘点程序、盘点中的重大问题及处理、盘点结果等内容的盘点备忘录，并连同被审计单位的盘点计划、盘点汇总表、问卷调查表等资料及取得的其他资料一起整理成审计工作底稿。

(6) 特殊情况的处理

如果由于被审计单位存货的性质或位置等原因导致无法实施存货的监盘，则注册会计师应当考虑能否实施替代审计程序，获取有关期末存货数量充分、适当的审计证据。注册会计师实施的替代审计程序主要包括：检查进货交易凭证或生产记录及其相关资料；检查资产负债表日后发生的销货凭证；向顾客或供应商函证。

① 由于存货的性质或位置而无法实施存货监盘程序。这种情况下，通常需要依赖内部控制。注册会计师应当复核采购、生产和销售记录，以获取必要的审计证据，通常情况下还可以向能够接触到相关存货项目的第三方人员询证。当然，注册会计师也可以实施其他有效的替代审计程序。

课堂训练 *11-3*

【多选题】注册会计师针对甲公司特殊类型的存货设计监盘程序时，下列说法中正确的有（　　）。

A. 针对存货为汽油的，需要注意使用容器进行监盘或通过预先编号的清单列表加以确定

B. 针对存货为钻石的，需要注意选择样品进行化验与分析，或者利用专家的工作

C. 针对需要使用磅秤测量的存货，只需要在监盘前检验一次磅秤的精准度，而在监盘过程中无须检验和重新调校，以免标准不统一

D. 针对存货为生产纸浆用木材的，需要注意通过高空摄影以确定其存在性，且对不同时点的数量进行比较，并依赖永续存货记录

② 因不可预见的因素导致无法在预定日期实施存货监盘或接受委托时被审计单位的期末存货盘点已经完成。在这种情况下，注册会计师应采用一些替代审计程序，如利用被审计单位的存货盘点资料抽查盘点部分存货，审查自结账日以来的存货收发记录，倒推出结账日的存货数量。如果仍无法实施替代程序，则表示存货项目的审计证据不足，应在审计报告中予以说明。

③ 委托其他单位保管或已做抵押的存货。对被审计单位委托其他单位保管的或已做抵押的存货，注册会计师应向保管人或债权人函证。如果此类存货的金额占流动资产或总资产的比例较大，则注册会计师还应当考虑实施存货监盘或利用其他注册会计师的工作。

④ 首次接受委托的情况。当首次接受委托未能对上期期末存货实施监盘，且该存货对本期财务报表存在重大影响时，如果已获取有关本期期末存货余额的充分、适当的审计证据，则注册会计师应当实施下列一项或多项审计程序，以获取有关本期期初存货余额的充分、适当的审计证据：查阅前任注册会计师的工作底稿；复核上期存货盘点记录及文件；检查上期存货交易记录；运用毛利百分比法等进行分析。

课堂训练 *11-4*

A注册会计师负责审计甲公司2019年年度财务报表。甲公司主营食品加工和销售，2019年末未审计财务报表存货余额约1 000万元。存货存放在其旗下的乙加工厂和全国10家直营店。A注册会计师确定财务报表整体的重要性为150万元。A注册会计师实施存货监盘的部分事项如下。

①A注册会计师在监盘计划中记录存货监盘目标为获取有关甲公司资产负债表日存货数量的审计证据。

②由于乙加工厂产品众多，因此为保证监盘工作顺利进行，A注册会计师于2018年12月25日将报抽盘项目清单发给乙加工厂财务部，要求其做好准备工作。

③A注册会计师按各存放地点年末存货余额进行排序，选取存货余额最大的前5个地点实施了监盘，这5个存放地点的存货余额占甲公司年末存货余额的70%。A注册会计师根据选取地点的监盘结果，认为甲公司年末存货盘点结果满意。

④根据天气预报，由于暴雪后的严寒可能封山3个月，因此A注册会计师需要在封山前完成对山区实存仓库实施监盘。经与管理层协商，定于2019年12月15日实施监盘，并对2019年12月15日至2019年12月31日期间的存货增减变动实施审计程序。

⑤甲公司委托物流公司运输货物，年末存放在物流公司的存货金额约200万元。A注册会

计师向物流公司寄发询证函，未收到回函。A注册会计师通过电话取得物流公司对其保管的甲公司存货的确认，作为未取得回函的替代程序。

要求：

① 针对上述第①至④项，假定不考虑其他条件，逐项指出A注册会计师的处理是否恰当。如果不恰当，则简要说明理由。

② 针对上述第⑤项，假定不考虑其他条件，指出其中的不当之处，并提出3项可能的改进建议。

4. 实施存货的计价测试

监盘程序主要是对存货的结存数量加以确认，为验证资产负债表上存货余额的真实性，还必须进行存货的计价测试，确定存货实物数量和永续盘存记录中的数量记录是否经过正确的计价和汇总。存货计价审计表如表11.5所示。

表11.5 存货计价审计表

元

日 期	品名及规格	购 入			发 出			余 额		
		数 量	单 价	金 额	数 量	单 价	金 额	数 量	单 价	金 额
1. 计价方法说明										
2. 审计情况说明及审计结论										

（1）样本的选择

计价审计的样本应从存货数量已经盘点、单价和总金额已经记入存货汇总表的结存存货中选择。

（2）计价测试

测试时应当尽量排除被审计单位已有计算程序和结果的影响，进行独立测试。测试结果出来后，应与被审计单位账面记录对比，编制对比分析表，分析形成差异的原因。如果差异过大，则应扩大测试范围，并根据审计结果考虑是否应提出审计调整建议。

（3）存货计价测试的实施

存货成本计价测试包括材料和产成品等项目。以产成品入库为例，存货成本的计价测试一般分为3个步骤。

步骤1 直接材料成本测试。

一般应从审阅材料和生产成本明细账入手，抽查有关的费用凭证，验证企业产品直接耗用材料的数量、计价和材料费用分配是否真实、合理。其主要内容包括以下几项。

① 抽查产品成本计算单，检查直接材料成本的计算是否正确、材料费用的分配标准与计算方法是否合理和适当。

② 检查直接材料耗用量的真实性，有无将非生产用材料计入直接材料费用。

③ 分析比较同一产品前后各年度的直接材料成本，如有重大波动应查明原因。

④ 抽查材料发出及领用的原始凭证，检查领料单的签发是否经过授权，材料发出汇总表是否经过适当人员复核，材料单位成本计价方法是否适当、是否正确且及时入账。

⑤ 对采用定额成本或标准成本的企业，应检查直接材料成本差异的计算、分配与会计处理

是否正确，并查明直接材料的定额成本、标准成本在本年度内有无重大变更。

步骤 2　直接人工成本测试。

① 抽查产品成本计算单，检查直接人工成本的计算是否正确，人工费用的分配标准与计算方法是否合理和适当，是否与人工费用分配汇总表中该产品分摊的直接人工费用相符。

② 将本年度直接人工成本与前期进行比较，查明其异常波动的原因。

③ 分析比较本年度各个月份的人工费用发生额，如有异常波动，应查明原因。

④ 结合应付职工薪酬的检查，抽查人工费用会计记录及会计处理是否正确。

⑤ 对采用标准成本法的企业，应抽查接人工成本差异的计算、分配与会计处理是否正确，并查明直接人工的标准成本在本年度内有无重大变更。

步骤 3　制造费用测试。

① 获取或编制制造费用汇总表，　并与明细账总账核对相符，抽查制造费用中的重大数额项目及例外项目是否合理。

② 审阅制造费用明细账，检查其核算内容及范围是否正确，并应注意是否存在异常会计事项。如果有，则应追查至记账凭证及原始凭证，重点查明企业有无将不应列入成本费用的支出（如投资支出、被没收的财物、支付的罚款、违约金、技术改造支出等）计入制造费用。

③ 必要时，对制造费用实施截止测试，即检查资产负债表日前后若干天的制造费用明细账及其凭证，确定有无跨期入账的情况。

④ 检查制造费用的分配是否合理。重点查明制造费用的分配方法是否符合企业自身的生产技术条件、是否体现受益原则；分配方法确定后，是否在相当时期内保持稳定，有无随意变更的情况；分配率和分配额的计算是否正确，有无以人为估计数代替分配数的情况；对按预定分配率分配费用的企业，还应查明计划与实际差异是否及时调整。

⑤ 对于采用标准成本法的企业，应抽查标准制造费用的确定是否合理、记入成本计算单的数额是否正确、账务处理是否正确，并注意观察制造费用在本年度内有无重大变动。

5. 实施存货的截止测试

(1) 存货截止测试的含义

所谓存货截止测试，就是检查截止到当年 12 月 31 日止，所购入的存货或已销售的存货是否与其对应的会计科目一并计入同一会计期间。

正确确定存货购入与销售的截止日期，是正确、完整地记录企业年末存货的前提。如果被审计单位于当年 12 月 31 日购入货物，并已包括在当年 12 月 31 日的实物盘点范围内，而当年 12 月份账上并无进货和对应的负债记录，则少计了账面存货和应付账款。如果这时将盘盈的存货冲减有关的费用或增加有关收入，则虚增了本年利润。相反，如果在当年 12 月 31 日收到一张购货发票，并记入当年 12 月份账内，而这张发票所对应的存货实物却于次年 1 月 3 日收到，未包括在当年年度的盘点范围内，则如果此时根据盘亏结果增加费用或损失，就会虚减本年的存货和利润。

(2) 存货截止测试的方法

① 检查存货盘点日前后的购货（销售）发票与验收报告、入库单（出库单）。在一般情况下，档案中的每张发票均附有验收报告与入库单（出库单），因此测试购销业务年末截止情况的主要方法是检查存货盘点日前后的购货发票及验收报告与入库单（或销售发票与出库单，下同）。如果 12 月底入账的发票附有 12 月 31 日或之前日期的验收报告与入库单，则货物肯定已经入库，并包括在本年的实地盘点存货范围内；如果验收报告日期为 1 月份的日期，则货物不会列入年

底实地盘点的存货中。反之，如果仅有验收报告与入库单而没有购货发票，则应认真审核每一验收报告单上是否加盖暂估入账印章，并以暂估价记入当年存货账内，待次年初以红字冲销。

② 查阅验收部门的业务记录。存货截止测试的另一方法就是查阅验收部门的业务记录，凡是接近年底（包括次年年初）购入或销售的货物，均必须查明其相应的购货或销售发票是否在同期入账。对于未收到购货发票的入库存货，应查明是否将入库单分开存放并暂估入账，对已填制出库单而未发出的商品，应查明是否将其单独保管。

对于测试完成后发现的截止期处理不当的情况，注册会计师应提请被审计单位做必要的会计账务调整。

6. 审查存货跌价准备

按照企业会计制度的要求，企业的存货成本应当在期末按成本和可变现净值孰低计量。企业期末对存货进行盘点后，如果可变现净值低于成本，则应计提存货跌价准备。存货跌价准备的提取和转销通过“存货跌价准备”账户进行核算。

对存货跌价准备的审查主要包括以下几个方面。

① 审查被审计单位是否于期末对存货做检查分析，存货跌价准备的计提依据、方法是否合理，前后各期是否一致。

② 存货跌价准备提取或补提的金额和会计处理是否正确。

③ 抽查计提存货跌价准备的项目，查明其期后售价是否低于原始成本。

延伸阅读

高端白酒为什么不需要计提跌价准备

高端白酒不需要计提跌价准备，并不是说高端白酒的市场价格不会下降，而首先是因为其产品保质期长，甚至伴随着时间推移，品质和价格会逐步提高；其次是因为高端白酒毛利率高，存货的入账成本远低于销售价格，无论产品市场售价如何波动，也不具备跌至存货成本以下的可能。这一特点使得高端白酒企业无须考虑存货跌价准备的问题。

7. 确定存货在资产负债表上的表达与披露是否恰当

为了确定存货在资产负债表上表达与披露的恰当性，注册会计师应对材料采购（或在途物资）、原材料、包装物、低值易耗品、材料成本差异、自制半成品、库存商品、委托加工物资、委托代销商品、受托代销商品、存货跌价准备、分期收款发出商品、生产成本等各具体存货相关账户进行实质性测试。对各具体存货相关账户进行测试后，应确定资产负债表上存货项目的数字是否依据上述各账户的审定期末余额填列。此外，在财务报表附注中，还应披露存货的分类、计价方法及上述各具体项目的余额。

11.4　生产循环主要账户审计

11.4.1　材料采购审计

材料采购是用来核算企业购入材料的实际成本和结转入库材料的计划成本，并据以计算、确定购入材料成本差异额的账户。注册会计师对材料采购账户实施的实质性审计程序如下。

步骤1　获取或编制材料采购明细表，复核加计是否正确，并与总账余额、明细账余额合计数核对是否相符。

步骤2　抽查材料采购账户，核对有关凭证。对大额的采购业务，追查自订货直至到货验收、入库全过程的合同、凭证、账簿记录，以确定其是否完整、正确；对抽查的材料采购项目，应追查至相关的购货合同及购货发票，复核采购成本的正确性，并抽查期后的入库情况。

步骤3　查阅资产负债表日前后若干天的材料采购增减变动的有关账簿记录和验收单等资料，检查有无跨期现象。如果有，则应做出记录，并提请被审计单位做必要的调整。

步骤4　审查材料采购账项有关的材料成本差异发生额的计算和账务处理是否正确。

步骤5　审查有无长期挂账事项。如果有，则应查明原因，必要时提请被审计单位调整。

实例研究 11-1

注册会计师在审查某企业材料采购明细账借方记录时，发现“材料采购”明细账中借方有如下记录。

① 合同规定应由供货单位负担的运杂费 25 000 元。

② 因无款承付而支付的罚款 3 600 元。

③ 新建车间工程购入施工材料的运费 6 000 元。

④ 采购人员差旅费 2 500 元。

试指出企业以上账务处理中存在的问题。

分析

企业将应记入其他账户和应由外单位负担的费用计入材料采购成本，这样做混淆了费用支出界限，影响了利润计算的正确性。

审计结论

企业的账务处理使“材料采购”账户多记 37 100 元，注册会计师应提请该企业进行账务调整。

借：应付账款	25 000	
营业外支出	3 600	
在建工程	6 000	
管理费用	2 500	
贷：材料采购		37 100

课堂训练 11-5

注册会计师审查某企业材料采购业务时，发现本年内一笔业务的处理如下：从外地购进材料一批，共 8 500 千克，价款共计 293 250 元，外地运杂费 1 500 元，财会部门将材料价款计入材料采购成本，运杂费计入管理费用。

指出企业在材料采购管理中存在的问题，并做出调整分录。

延伸阅读

虚构进货业务，贪污购货款

2018年7月6日，以张秉承为主审的3人审计组对国有钱江烟叶复烤有限公司（一般纳税人）进行审计。在检查购进业务时，发现 2017年 9月份购进一批包装物，数量与金额较大。查阅周转材料明细账记录的所购包装总额达 60万元，检查与该购入业务的有关凭证。其相关记录如下。

（1）9月 11日 47号凭证：购 M包装物

借：周转材料——M包装物	600 000	
贷：银行存款		300 000
应付账款——王某		300 000

附件：有发票一份、转账支票存根一张，以及进货验收单。

（2）10月 21日 79号凭证：付货款

借：应付账款——王某	300 000	
贷：银行存款		300 000

附件：现金支票存根一份、王某收条一份。

根据初步检查，并向当事人进行询问，有关人员均认定交易属实。但张秉承仍怀疑其中有诈，审计中也发现该公司在现金业务收付上存在着极不规范的情况，如收取现金未采用专门编号的收款收据、支付现金的凭证多为不规范的手写白条、手续不健全，唯独此次购进 M包装物的手续比较健全。为此，审计组商议后决定详查整个业务环节。调阅购货合同后，发现如下疑点。

① 合同供货方为 D公司、签字人为王某，但开具的发票为当地税务局代开发票，并非 D公司发票。

② 合同单价高出正常价格达 50%。

③ 货款的 50%转入 D公司，另 50%则取现金支付王某。

④ 进货验收无法判断是否真实。

围绕上述疑点展开延伸审查，结果如下。

① 查询验收签字人，证实是经理责成会计签收的，数量属实，价格不清楚。

② 分别查询经理、会计、出纳三人，三人均辩称无问题，价格高是因为质量好、要货紧迫，税务代开发票是因为公司发票已用完。

③ 查询王某时，注册会计师讲明法理，要其如实回答，不得隐瞒事实。见事情已败露，王某承认是经理、会计、出纳三人与其密谋策划的，目的是弄点钱交付购房款，取出的 30万元本人留下 4万元，其余 26万元交给出纳。据知，经理石某分得 12万元，会计魏某、出纳刘某各分得 7万元。

④ 向房产公司查询得知，三人在分得赃款后的第三天用所得款交付了二期房款。最后，在事实面前，石、德、刘三人不得不供认违法事实。该案查实后，有关审计机关即将案件移交检察院。

案例解析

从上述案例可见，这是比较典型的互相勾结、滥用手中职权合伙作案。利用购进货物之机，肆意抬高价格，从中牟取非法利益属于滥用职权、合伙贪污公款的违法行为。由于金额较大，触犯了刑法，因此构成了经济犯罪。经理石某、会计魏某、出纳刘某为了个人利益，不惜放弃理应遵循的原则，肆意践踏法律和职业道德规范。其作弊手段表现在以下几个方面。

① 违反内部控制规范，采用合伙密谋方式内外勾结，使审批权、记录监督权、业务执行权等失效，并利用形式上的合法合规途径掩盖其实质上的违法行径，如签订购销合同、开具购货发票、进货验收、报账审批等。

② 肆意抬高进货价格，加大购货成本，构筑从中牟取非法利益的空间；购货款分账支付，实际正常价款转账支付到供应商，非法牟利款项则暗中由外部人取现私分。

③ 伪造不当业务事实，抬高价格，套取代开发票，以掩盖非法牟利行径。

11.4.2 原材料审计

原材料是用来核算企业库存材料收发及其结存情况的账户。注册会计师对原材料账户实施的实质性审计程序如下。

步骤1 获取或编制原材料明细表，复核加计是否正确，并与总账余额、明细账余额合计数核对是否相符。同时，抽查核对明细账是否与仓库台账、卡片记录相符。

步骤2 将期末原材料余额与上期期末余额进行比较，解释其波动原因，并对大额异常项目进行调查。

步骤3 现场观察被审计单位的期末原材料盘点情况，取得原材料盘点资料和盘盈、盘亏报告表，做重点抽查，并注意查明账实不符的原因、有关审批手续是否完备、账务处理是否正确；存放在外的库存材料，应现场查看或函询核实。

步骤4 检查原材料的入账基础和计价方法是否正确、是否前后一致。以实际成本计价时，应以样本的单位成本与原材料明细账及购货发票核对；以计划成本计价时，应以样本的单位成本与原材料明细账、材料成本差异明细账及购货发票核对。

步骤5 检查发出存货的计价基础，抽查若干月发出材料汇总表或领料单，检查内容是否完整、计价是否正确。

实例研究 11-2

某企业的原材料采用计划成本核算，注册会计师发现甲材料的计价存在问题，具体情况如下：5月份材料成本差异为超支差 10 800元，库存材料成本为 300 000元；5月份购入材料计划成本为 2 400 000元，其实际成本为 2 356 800元；5月份基本生产车间生产产品领用，计划成本为 480 000元，企业结转材料成本超支差 9 600元。

试指出存在的问题，提出调整意见。

分析

计算领用材料应负担的成本差异如下。

材料成本差异率 = [10 800 + (2 356 800 − 2 400 000)] ÷ (300 000 + 2 400 000) × 100%
= −1.2%

发出材料应负担的成本差异 = 480 000 × (−1.2%) = −5 760（元）

通过计算可以发现，企业多转了发出材料应负担的成本差异 15 360（5 760 + 9 600）元。

审计结论

建议企业做如下调账处理。

借：生产成本　　15 360

　　贷：材料成本差异　　15 360

课堂训练 11-6

某企业发出材料按每月一次加权平均法计价。注册会计师审查该企业 12月份甲材料的明细账时发现：月初结存500吨，单价为120元，12月份只购进一批500吨，单价为130元；该月发出材料一批450吨，单价按130元计算，全部记入“生产成本”账户。经查，该材料为本企业在建工程（建办公房）领用，该工程目前尚未完工。

要求：分析企业在材料发出过程中存在的问题，并提出审计意见。

步骤6　查阅资产负债表日前后若干天的原材料增减变动的有关账簿记录和验收单等资料，检查有无跨期现象。如果有，则应做出记录，并提请被审计单位做必要的调整。

步骤7　结合原材料的盘点，检查期末有无料到单未到的情况。如果有，则应查明是否已暂估入账，其暂估价是否合理。

步骤8　审查有无长期挂账事项。如果有，则应查明原因，必要时提请被审计单位调整。

11.4.3　库存商品审计

库存商品是用来核算企业库存的外购商品、自制产品及产成品、自制半成品、存放在门市部准备出售的商品、发出展览的商品和寄存在外的商品等实际成本的增减变动及其结余情况的账户。注册会计师对库存商品账户实施的实质性审计程序如下。

步骤1　获取或编制库存商品明细表，复核加计是否正确，并与总账余额、明细账余额合计数核对是否相符。同时，抽查核对明细账是否与仓库台账、卡片记录相符。

步骤2　现场观察被审计单位库存商品盘点情况，取得库存商品盘点资料和盘盈、盘亏报告表并实施抽查。注意查明账实不符的原因、有关审批手续是否完备、账务处理是否正确，对破损、残次、呆滞的库存商品，应关注其计价是否合理。

步骤3　测试库存商品的计价基础和计价方法是否符合有关规定、是否前后一致。对自制产成品，应将样本的单位成本与库存商品明细账及产品成本计算单核对；对库存外购商品，应将样本的单位成本与库存商品明细账及购货发票核对。

步骤4　抽查库存商品入库单，核对入库库存商品的品种、数量与入账记录是否一致；检查入库产品的实际成本与“生产成本”账户的结转额是否相符。

步骤5　抽查库存商品的发出凭证，核对转出库存商品的品种、数量和实际成本与“主营业务成本”账户是否相符。

实例研究 11-3

注册会计师查阅某企业年度报表，检查该企业“库存商品——甲商品”明细账时，发现摘要中注明领用商品计 40 000元，怀疑有私分商品或其他违纪行为，决定进一步查证。注册会计师调阅了有关记账凭证，其分录如下。

借：管理费用　　　　　　　　　　　　　　40 000

　　贷：库存商品　　　　　　　　　　　　　　40 000

该记账凭证所附原始凭证为一张企业内部商品报销单。经调查，该企业领导承认此商品在国庆节前分给职工作为福利。

分析该企业存在的问题，并提出解决方法。

分析

存在的问题是：把应在职工薪酬中开支的福利费以管理费用列支，多计费用、虚减利润、少交所得税；该批商品在购进时支付的增值税进项税额未转出，增加了当期抵扣额，致使企业少交增值税。

审计结论

注册会计师应提请被审计单位进行调账，会计分录如下。

借：应付职工薪酬　　46 800

　贷：应交税费——应交增值税（进项税额转出）　　6 800

　　　管理费用　　40 000

步骤6　审核库存材料明细账，检查有无长期挂账的库存商品事项。如果有，则应查明原因，必要时提请被审计单位调整。

11.4.4　应付职工薪酬审计

职工薪酬是指企业为获取职工提供的服务而给予职工的各种形式的报酬及其他相关支出。在会计上，用“应付职工薪酬”账户来核算企业应付给职工的各种薪酬总额与实际发放状况，包括职工的薪酬、奖金、社会保险、公积金、福利（货币或非货币）、工会经费、职工教育经费、辞退补偿等。其中，付给一线职工的，计入生产成本；付给车间管理人员的，计入制造费用；付给企业管理人员的，计入管理费用；付给销售人员的，计入销售费用；付给在建工程相关人员的，计入在建工程。

职工薪酬一般采用现金的形式支付，因而相对于其他业务更容易发生错误或舞弊行为，如虚报冒领、重复支付和贪污等。同时，职工薪酬又是企业成本费用的重要构成项目，其计算正确与否将影响到成本费用和利润的正确性。因此，对应付职工薪酬的审计十分重要。

1. 应付职工薪酬的审计目标

① 职工薪酬的计算是否正确，以及是否符合相关法规的要求。

② 职工薪酬的发放记录是否存在且完整。

③ 职工薪酬的期末余额是否正确。

④ 应付职工薪酬的披露是否适当。

2. 应付职工薪酬的审计程序

步骤1　获取或编制应付职工薪酬明细表，复核加计是否正确，并与报表数、总账数和明细账合计数核对是否相符（账表核对）。

步骤2　对本期薪酬费用的发生情况进行分析性复核。其主要通过以下方法进行：检查各月职工薪酬的发生额是否有异常波动，若有，则要求被审计单位予以解释；将本期职工薪酬总额与上期进行比较，要求被审计单位解释其增减变动的原因，或者取得公司管理层关于职工薪酬水平的决议。

步骤3　检查工资、奖金、津贴和补贴；检查计提是否正确，依据是否充分；检查分配方法与上年是否一致。

步骤4　检查发放金额是否正确、代扣款项及其金额是否正确。

步骤5　检查社会保险、住房公积金、工会经费和职工教育经费等计提与支付的会计处理是否正确，依据是否充分。

步骤6　检查辞退福利。

步骤7　检查非货币性福利。

步骤8　验明应付职工薪酬在资产负债表的披露是否恰当。

复习思考题

一、填空题

1．检查截止到当年 12月 31日所购入的存货或已销售的存货是否与其对应的会计科目一并计入同一会计期间被称为__________。

2．生产循环是指从请购原材料开始到__________为止的过程。

3．定期盘点存货，合理确定存货的数量和状况是__________的责任。

二、单项选择题

1．注册会计师观察被审计单位存货盘点的主要目的是为了（ ）。

A．查明客户是否盘漏某些重要的存货项目

B．鉴定存货的质量

C．了解盘点指示是否得到贯彻执行

D．获得存货期末是否实际存在及其状况的证据

2．下列各项中不属于存货实质性测试的内容的是（ ）。

A．存货的监督性盘点　B．存货计价的测试

C．存货的增加是否符合预算的规定　D．存货的分析性复核

3．注册会计师在对存货进行计价测试时，一般不应考虑的是（ ）。

A．是否有抵押、担保的存货　B．存货计价方法的选择是否合理且一贯

C．样本量的选择是否具有代表性　D．存货跌价准备计提是否正确

4．下列有关存货审计的表述中正确的是（ ）。

A．对存货进行监盘主要是证实存货"完整性"及"权利和义务"认定

B．对于特殊类型的存货，应根据企业存货收发制度确认存货数量

C．存货计价测试的样本应着重选择余额较小且价格变动不大的存货项目

D．观察存货的验收入库地点和装运出库地点以执行截止测试

5．对存货进行定期盘点是管理层的责任，盘点计划应由（ ）负责制订。

A．注册会计师　B．被审计单位管理层

C．管理层与注册会计师　D．会计师事务所

三、多项选择题

1．存货监盘程序包括（ ）。

A．抽点　B．实地观察　C．盘点问卷调查　D．编制审计工作底稿

2．下列属于存货监盘计划中应当包括的内容是（ ）。

A．存货监盘的目标、范围及时间安排　B．参加存货监盘人员的分工

C．复盘抽查存货的范围　D．产品成本的计算

3．对被审计单位存货的审计是最复杂、最费时的部分，其原因是（ ）。

A．存货占资产比重大　B．存货放置地点不同，实物控制不便

C．存货项目的种类繁多　D．存货计价方法多样化

4．存货盘点中的遗漏影响（ ）项目的高估或低估。

A．存货　B．应收账款　C．营业收入　D．营业成本

5．注册会计师对于存放或寄销在外地的存货应采取（ ）方法测试。

A．向寄存寄销的单位发询证函　B．审查有关原始凭证、账簿记录

C．亲自前往存放地实施监盘　D．委托存放当地的会计师事务所负责监盘

四、简答题

1．试述生产循环审计目标。

2．试述生产循环主要业务。

3．试述存货审计目标。

4．试述存货审计程序。

5．材料采购的审计目标是什么？

6．简述应付职工薪酬的审计程序。

五、操作题

操作题 11-1

1．案例资料

甲公司主要从事家电产品的生产和销售。ABC会计师事务所负责审计甲公司 2019年年度财务报表。审计项目组在审计工作底稿中记录了与存货监盘相关的情况，部分内容摘录如下。

（1）审计项目组拟不信赖与存货相关的内部控制运行的有效性，故在监盘时不再观察管理层制定的盘点程序的执行情况。

（2）审计项目组获取了盘点日前后存货收发及移动的凭证，以确定甲公司是否将盘点日前入库的存货、盘点日后出库的存货及已确认为销售但尚未出库的存货包括在盘点范围内。

（3）由于甲公司人手不足，审计项目组受管理层委托，于 2019年 12月 31日代为盘点甲公司异地专卖店的存货，并将盘点记录作为甲公司的盘点记录和审计项目组的监盘工作底稿。

（4）审计项目组按存货项目定义抽样单元，选取 A产品为抽盘样本项目之一。A产品分布在 5个仓库中，考虑到监盘人员安排困难，审计项目组对其中 3个仓库的 A产品执行抽盘，未发现差异，对该样本项目的抽盘结果满意。

（5）在甲公司存货盘点结束前，审计项目组取得并检查了已填用、作废及未使用盘点表单的号码记录，确定其是否连续编号及已发放的表单是否均已收回，并与存货盘点汇总表中记录的盘点表单使用情况核对一致。

（6）甲公司部分产成品存放在第三方仓库，其年末余额占资产总额的 10%。

2．要求

针对上述第（1）至（5）项，逐项指出审计项目组的做法是否恰当。如果不恰当，则简要说明理由。

操作题 11-2

1．案例资料

注册会计师在对甲公司 2019年年度财务报表的审计过程中，发现了下列接近资产负债表日的业务。

（1）2020年 1月 3日，公司收到了金额为 15 000元的一张购货发票，这笔购货业务在 1月 5日入账。入库单显示这批货物于 2019年 12月 29日收到。

（2）2019年 12月 28日，公司收到价值 32 500元的商品，相关发票没有入账。发现该发票由销售部门保管，发票上注有“受托代销”。

（3）2019年 12月 31日营业结束后，在发货区域的一只包装箱内装有价值 18 600元的产品。当日的存货盘点范围中没有包括这只包装箱内的存货，因为包装箱上贴有“即将发货”的标签。通过调查，发现这箱产品于 2020年 1月 2日发出，销售发票日期为 2020年 1月 3日。

2．要求

说明这些商品是否应包括在被审计单位 2019年 12月 31日的存货中？理由是什么？

第 12 章

筹资与投资循环审计

学习目标

1. 了解筹资与投资循环的主要业务活动和内部控制。
2. 了解筹资与投资循环的主要凭证和会计记录。
3. 理解筹资与投资循环的审计目标。
4. 掌握筹资活动内部控制测试、所有者权益业务内部控制测试、投资活动内部控制测试。
5. 掌握银行借款审计、应付债券审计、所有者权益审计、长期股权投资审计。

引导案例

大股东资金占用——亚星化学案例

潍坊亚星化学股份有限公司（简称亚星化学）是一家沪市上市公司，其控股股东是潍坊亚星集团有限公司（简称亚星集团），实际控制人为潍坊市国资委。亚星化学自上市后一直是高分红的上市公司，但近几年现金分红逐年下降直到为 0，并成了一家违规记录多、因大股东占款问题而导致被山东证监局多次检查且其财务报告时常被出具非标准审计报告的公司。

1．非经营性占款

非经营性占款在会计核算上主要体现在“其他应收款”项下，或者根本不入账。山东证监局在 2010年和 2011年两次检查亚星化学，并出具相应决定书。

第一次为 2010年 11月 8日，亚星化学接到山东证监局通知，规定公司股票因大股东涉嫌非经营性资金占用于次日起开始停牌，直到大股东资金占用情况详细披露后申请复牌。随后收到的《行政监管措施决定书》（简称决定书 1）指出：2009年 1月至 2010年 9月底，公司累计支付票据保证金 8.39亿元，向上海廊桥签发银行承兑汇票 16.78亿元。上述票据全部被控股股东亚星集团贴现，贴现资金由亚星集团使用，票据到期后由亚星集团兑付。截至 2010年 10月底，尚有 1.62亿元票据未到期，相应票据保证金为 8 100万元。此外，控股股东和公司之间也存在以下非经营性资金往来。

① 2009年，公司与亚星集团资金往来借贷方发生额均为 6.33亿元，期末无余额；2010年 1至 10月，公司与亚星集团资金往来借贷方发生额分别为 6.68和 6.54亿元，截至目前尚占用公司资金 1 400万元，且该资金既未入账，也未被披露。之后亚星化学启动内部问责制度，2010年

管理层“大换血”，并于11月12日收回了大股东非经营性占用资金1.62亿元、非经营性资金往来占用资金1 400万元，15日收回占用资金的利息1 382余万元，次日公司股票复牌。

② 2011年10月28日，亚星化学收到《行政监管措施决定书》（简称决定书2），称发现存在大股东非经营性占用上市公司资金行为：2011年1至9月，公司与上海廊桥发生非经营性资金往来，借贷发生额分别为9 620万元和4 000万元，截至检查日的资金占用金额为5 620万元；8月，亚星化学支付潍坊虹远建筑公司资金1 000万元，其转而支付给亚星集团，亚星集团用上述资金归还银行借款，截至检查日尚欠公司680万元；4至6月期间，亚星化学代亚星集团还款3 600万元，该款项截至检查日未收回，以上3项合计9 900万元。11月24日，公司收到上交所就该整改问题的监管工作函，规定公司最迟应于11月30日前完成清欠工作，否则按规定公司股票交易将被实施其他特别处理。亚星集团迫于压力于11月29日解决了非经营性资金占用问题，从而使亚星化学的股票被免于特别处理。

2．经营性占款

除非经营性占款之外，亚星化学也存在经营性占款问题。经营性占款即通过关联交易来占用上市公司资金，在会计核算上主要体现在“应收账款”与“预付账款”等项目下。决定书1指出：亚星集团及其他关联方长期拖欠亚星化学巨额租赁费、辅料款等，截至2010年12月底，亚星集团及其他关联方经营性占用亚星化学1.23亿元，违反了《关于规范上市公司与关联方资金往来及上市公司对外担保若干问题》的规定；决定书2指出：截至2011年9月底，亚星集团及其附属企业拖欠亚星化学租赁费、辅料款等共计7 669万元。

3．违规担保

控股股东利用上市公司为其担保借款，因担保未涉及现金流出，也不在账面上反映，故难以发现。2010年8月，亚星化学前任董事长未经董事会及股东会审议，以公司名义为亚星集团向深圳某公司的借款提供担保1亿元，担保期限为2010年8月18日至2013年2月18日，并且也未按规定在2010年内进行披露。2012年4月23日，公司又收到《行政监管措施决定书》，其中指出：2011年4月，亚星集团、深圳某公司及星兴联合化工（亚屋集团持有其50%的股权）三方签订补充协议，约定亚星集团在2011年年底前偿还借款本息，星兴联合化工作为担保人为该笔借款承担担保义务，亚星集团将持有的星兴联合化工的股权质押给深圳某公司。截至目前，亚星集团仅偿还借款700万元，尚未偿还的借款余额为9 300万元，亚星化学的担保责任尚未解除，且对上述事项未按规定进行披露。

控股股东资金侵占问题对上市公司、投资者等会产生一系列的不良影响，具体体现在以下几个方面。

（1）对上市公司的影响

长期以来，控股股东将上市公司当作其在资本市场“圈钱”的工具，大肆侵占资金给上市公司带来了较大的影响。首先，控股股东资金侵占影响了上市公司的正常经营活动，进而影响其经营业绩；其次，上市公司资金因控股股东资金侵占而紧张，为维持经营就必须借助贷款，从而造成资产负债率大幅度上升和偿债能力下降。在上市公司的盈利能力满足不了自身资金需求的情形下，上市公司就会发生信用危机和财务危机，声誉也会因此深受影响。

（2）对投资者和债权人的影响

投资者将资金投入资本市场是为了实现其资金的增值，然而控股股东资金侵占却使利润分配的天平转向了控股股东，无情地“吞噬”了中小股东的利益和信心。中小股东和债权人在资本市场上属于弱势群体，在享有治理公司权利、获取信息等方面都处于弱势。当中小股东不满意上市公司的某些行为和业绩时，多数情况下只能采取“用脚投票”的方式，结果可能是股票被套牢，最终血本无归，这对中小股东无疑是一个沉重的打击。对于债权人来说，虽然其享有优先受偿权，但这远远不能满足最初投资时的期望预期。当愈演愈烈的控股股东资金侵占问题打击了证券市场的重要组成部分——中小投资者时，他们会进行逆向选择，最后可能导致劣币驱逐良币，进而影响股市的资源配置功能和健康稳定发展。

此外，控股股东资金侵占还会对其他群体造成不良影响。例如，公司职工薪酬会被大量拖欠；供应商的应收款不能得到顺利清偿，进而影响供应商的正常经营，等等。

试问：该案例中大股东占用资金的形式有哪些？针对这些占用方式，应该如何制定审计程序？

此案例说明，在筹资与投资业务发生很少，但每笔金额都比较大的情况下，如果不能恰当处理，就会将影响财务报表的公允反映。

12.1 筹资与投资循环的特征

筹资与投资审计主要是对企业筹资活动和投资活动的交易事项进行审计。筹资活动主要由借款交易和股东权益交易组成，不包括其他筹资活动；投资活动主要由权益性投资交易和债权性投资交易组成。筹资与投资审计业务具有如下特征。

① 审计年度内筹资与投资的交易数量较少，而每笔交易的金额通常较大。

② 漏记或不恰当地对一笔业务进行会计处理将会导致重大错误，从而对企业财务报表的公允反映产生较大的影响。

③ 筹资与投资交易必须遵守国家法律、法规和相关契约的规定。

12.1.1 筹资环节的主要业务活动和内部控制

筹资活动是指企业为满足生存和发展的需要而筹集资金的活动。筹资活动主要由借款业务和所有者权益业务组成，其主要的业务活动和内部控制如下。

1. 拟定筹资方案

应根据公司发展战略、经营目标、可接受的资金成本水平和偿付能力拟定筹资方案。对借款的筹资方案由财务部拟定；对有价证券的筹资，由财务部与董事会办公室协同拟定方案，并经法律顾问审核出具意见。

2. 授权审批

根据授权，筹资方案由财务总监报送总经理、董事会、股东大会进行审批。申请发行债券时，应履行审批手续，向有关机关关递交相关文件。凡涉及投入资本的增减业务，都必须依据国家有关法规或企业章程的规定，报经企业董事会和国家有关管理部门批准。只有经过批准，才能决定增加资本或发行股票、将资本公积金或盈余公积金转增资本、发放股票股利或进行股票分割。

3. 审核

公司签订的所有筹资合同或协议必须由公司法律事务部审核出具意见。

4. 签订合同

实施借款方案的，由财务部负责与金融机构洽谈，办理借款手续；实施发行债券或股票业务的，由董事会办公室负责，财务部协助办理有关证券业务。企业发行债券必须签订债券契约，其内容一般包括：债券发行的标准；债券的确切表述；利息或利息率；受托管理人证书；登记和背书；所担保的财产；债券发生拖欠情况的处理，以及对偿债基金、利息支付、本金返还等的处理。债券的发行，要由受托管理人来行使保护发行人和持有人合法权益的权利。企业向社会公开发行股票或债券时，应当聘请独立的证券经营机构承销或包销，且必须与其签订承销或包销协议。上述合同或协议应由专人负责保管。

5. 收款

出纳按合同或协议的约定及时收取筹资款项。

6. 制单

会计根据银行进账单、借款合同、利息或股利计算单等填制记账凭证。

7. 记账

企业对筹资业务活动必须建立严密完善的账簿体系和记录制度，并定期检查。对于借款交易，应保持完整的会计记录，分户登记各种借款项目。对于债券业务，企业应按债券种类设置明细账，同时设立债券登记簿，由专人负责详细记载如下内容：债券持有人的姓名或名称及住所；债券持有人取得债券的日期及债券的编号；债券的总额、票面额、利率、还本付息的期限和方式；债券的发行日期，等等。独立于债券保管和记录的其他人员应定期核对债券登记簿与明细账和总账的正确性、完整性。如果这些记录由外部机构保存，则必须定期与外部机构核对。此外，记录应付债券业务的会计人员不得参与债券发行。

如果企业自己发行股票，则所有股票必须事先统一编号，发行时必须按编号顺序签发，并由专人负责填写股票存根。当流通在外的股票转让过户时，应收回旧股票注销才能签发新股票。未发行股票及已收回注销的股票要指定专人保管、定期检查。企业还应设置股票登记簿，专门记载股东的姓名或名称及住所、各股东所持股份数及编号、取得股份的日期及股份变动情况，这有助于正确办理股份过户和股利计算与支付。有关部门负责人应定期检查核对股票存根、股票登记簿及股本账户，以确保产权关系明确，保护投资者的合法权益。

8. 计算利息及还款付息

企业应按照有关合同、协议或者债券契约的规定及时计算应付债权人的借款利息或债券利息，根据公司章程或董事会的决定计算应付股东的股利。

对于银行借款或应付债券，应按有关合同、协议或债券契约的规定支付利息，到期偿还本金；债券利息通常委托外部独立机构代理发放，以便加强控制。对债券本金的偿还和购回业务也要有董事会的正式授权批准。股利发放业务既可由企业自己办理，也可委托证券交易所和金融机构代理发放。如果采用后一种形式，则可将股利支付和会计记录职责相分离，构成一项有效的控制措施；如果企业自己办理股利发放，则必须由不同的职员办理股利的发放与记录，且由独立人员检查核对以防止差错或舞弊的产生。

12.1.2 投资环节的主要业务活动和内部控制

投资活动是指企业为通过分配来增加财富，或者为谋求其他利益，而将资产让渡给其他单位使用以获得另一项资产的活动。投资活动主要由权益性投资和债权性投资组成，其主要的业务活动和内部控制如下。

1. 授权审批和职责分工

为了确保投资业务的合法性，各项投资活动必须经过授权审批，而且应在业务的授权、执行、记录及投资资产的保管等方面建立严格的职责分工。例如，投资证券业务必须经企业董事会核准及高层负责人员授权签批，由财务经理或不参与会计记录的指定人员办理证券的买卖事项，会计部门则负责投资业务的账务处理，并由专人保管证券。这种明确的分工与相互牵制，有利于避免或者减小投资业务中发生错误或舞弊的可能性。

2. 取得证券或进行其他投资

企业可以通过购买股票或债券等进行证券投资，且所有的购入投资证券必须以企业名义登记。除无记名证券外，企业在购入股票或债券时，应在购入的当日尽快登记于企业名下，切忌登记在经办人员名下，以防止冒名转移并借其他名义谋取私利的舞弊行为发生。企业也可以通过与其他单位联合形成投资，但必须与被投资单位签订投资合同、协议，并获取被投资单位出具的投资证明。

3. 保管投资资产

企业应健全投资资产的保管制度。企业对投资的证券资产一般有两种保管方式。一种是委托独立的专门机构，如银行、证券公司、信托投资公司等进行保管。这些专门机构拥有专门的保存与防护措施，可以防止各种证券和单据的失窃或毁损，并且由于它与投资业务的会计记录工作完全分离，可以大大降低舞弊的可能性。另一种是由企业自行保管。在这种方式下，必须建立严格的联合控制制度，即至少要由两名以上的人员共同控制，不得单独一人接触任何证券。此外，应设置证券登记簿，详细记录各种存入或取出的证券的名称、数量、价值及存取的日期，并由所有在场的经手人员签名。

4. 投资收益的取得

企业对各项投资业务的增减变动及投资收益都要进行完整的记录与账务处理。对每一种股票或债券要分别设立明细账，并详细记录其名称、面值、证券编号、数量、取得日期、经纪人名称和购入成本、收取的股利收入或利息收入等资料。对于联营投资类的其他投资，也应设置明细账，核算其他投资的投出、投资收益和投资收回等业务，并对投资的形式、接受投资单位、投资计价及投资收益等做出详细的记录。

5. 转让或收回投资

企业可以通过转让证券实现投资的收回。对于其他投资，如果已经投出，则除联营合同期满，或者由于其他特殊原因导致联营企业解散外，一般不得抽回投资。

6. 监控程序

管理层应定期复核以下内容。

① 定期计算持有股票凭证或有价证券的月度报表，并与投资账户余额相比较。

② 检查所有的购买和销售交易，如果交易的数量有限，则寻求授权的证据。

③ 检查经纪人的买入和卖出公告。

④ 将所收到的现金或付出的支票与相关买入、卖出交易和收益的收据的授权信息相核对。

⑤ 针对实际业绩定期制定关键业绩指标并监控，以发现不佳的业绩或回报。

12.1.3 主要凭证和会计记录

筹资循环涉及的资产负债表和利润表项目主要有：短期借款、应付债券、应付股利、应付票据、其他应付款、预计负债、长期借款、长期应付款、递延税款、股本（实收资本）、资本公积、盈余公积、未分配利润、财务费用、营业外支出等；投资循环涉及的资产负债表和利润表项目主要有：短期投资、短期投资跌价准备、应收股利、应收利息、其他应收款、应收补贴款、长期股权投资、长期债权投资、长期投资减值准备、无形资产、长期待摊费用、投资收益等。

1. 筹资循环涉及的主要凭证和会计记录

① 借款协议或合同是指企业向银行和其他金融机构借入短期或长期款项时与其签订的协议或合同。

② 承销或者包销协议或合同是指企业经过批准对外公开发行债券或者股票时依法与发行机构签订的承销或包销协议或者合同。

③ 批准文件是指企业对外发行债券或者股票时有关管理层或主管机构的批准文件。

④ 债券是指公司依据法定程序发行，约定在一定期限内还本付息的有价证券。

⑤ 股票是指公司签发的证明股东所持股份的凭证。

⑥ 债券契约是指一张明确债券持有人和发行企业双方所拥有的权利与义务的法律性文件。

⑦ 公司应设置股东名册记载发行股票的数量及总额、股票发行日期及编号，发行记名股票的还要记载股东的姓名或名称及住所、各股东所持股份数等内容。

⑧ 公司应设置债券存根簿记载发行债券的总额、债券票面金额、债券利率、债券偿还期限和方式、债券发行日期和债券编号，记名公司债券还应记载债券持有人的姓名或名称及住所、持有数量等内容。

⑨ 有关记账凭证。

⑩ 有关总账和明细账。

2. 投资循环涉及的主要凭证和会计记录

① 股票投资凭证

② 债券投资凭证。

③ 股票证书。

④ 股利收取凭证。

⑤ 长期投资股权协议。

⑥ 有关记账凭证。

⑦ 有关总账和明细账。

12.1.4 可能存在的错报风险

① 低估债务，低估成本、费用，高估利润；抽逃出资款，等等。

② 管理层错误表述投资业务，误导投资者。

③ 所持有投资的公允价值可能难以计量。

④ 管理层凌驾于控制之上，可能导致投资交易未经授权。

⑤ 隐瞒投资收益。

⑥ 可能未记录投资处置。

12.2 筹资与投资内部控制测试

12.2.1 筹资活动内部控制测试

1. 应付债券业务符合性测试

企业筹资活动是由债务筹资和权益筹资组成的。企业的债务筹资通常涉及短期借款、长期借款和应付债券，而且它们的内部控制基本类似。因此，这里仅以应付债券为例，说明内部控制的测试。

应付债券业务内部控制测试通常包括如下内容。

(1) 了解应付债券业务内部控制

注册会计师可通过查阅内部资料、询问和观察、绘制流程图、撰写内部控制说明、设计调查表等方式来了解被审计单位应付债券业务的内部控制，并确定其存在哪些关键的内部控制及控制目标。表12.1显示了应付债券业务内部控制典型调查问题。

表12.1 应付债券业务内部控制典型调查问题

调查问题	回答			
	是	否	不适用	备注
① 债券的发行是否经董事会授权并符合有关法律规定				
② 债券的发行是否履行了审批手续				
③ 是否聘请独立机构承销或包销债券				
④ 债券发行所得款项是否立即存入银行				
⑤ 是否按照债券契约的规定及时支付债券利息				
⑥ 是否将应付债券记入恰当的账户				
⑦ 是否指定专人保管未发行的债券				
⑧ 是否指定专人保管和登记债券登记簿				
⑨ 债券登记簿是否与总账定期核对				
⑩ 债券的偿还和购回是否根据董事会授权办理				
问题与评价				

(2) 测试应付债券业务内部控制

注册会计师在了解了企业应付债券业务内部控制后，应运用以下程序测试其健全和有效程度。

步骤1　取得被审计单位债券发行的批准文件，检查债券发行是否经董事会授权、是否履行了适当的审批手续。

步骤2　取得被审计单位债券发行的法律文件，如债券契约、承销或包销协议等，检查是否符合法律规定。

步骤3　检查发行债券的收入是否立即存入银行。

步骤4　检查是否根据债券契约的规定支付利息。

步骤5　检查债券发行及溢价或折价的会计处理是否正确。

步骤6　取得债券偿还和购回时的董事会决议，检查债券的偿还和购回是否按董事会的授权进行。

注册会计师在完成上述程序后，应对被审计单位应付债券的内部控制进行分析，评价其对实质性测试工作的影响，并针对薄弱环节提出改进建议。

2. 所有者权益业务内部控制测试

（1）了解所有者权益业务内部控制

通常所有者权益增减变动的业务较少，但金额较大，因此注册会计师在审计中一般直接对其进行实质性测试，而较少使用符合性测试。尽管如此，注册会计师仍须了解所有者权益的内部控制，并进行一定的评价。下面仅对投入资本业务内部控制的测试做简要说明。

测试投入资本业务的内部控制，是所有者权益审计的一项重要内容。注册会计师一般可通过查阅有关投入资本业务的管理制度、询问和设计调查表等方式来了解被审计单位投入资本业务的内部控制，并对其健全性和有效性做出评价。表12.2显示了投入资本业务内部控制典型调查问题。

表12.2　投入资本业务内部控制调查问题

调查问题	回答			
	是	否	不适用	备注
① 投入资本的增减变动是否经过授权批准				
② 是否聘请独立的证券经营机构承销或包销股票				
③ 投入资本是否经注册会计师验证				
④ 是否设置股票登记簿				
⑤ 股票交易、会计记录和股票保管是否由不同人员负责				
⑥ 股利发放与记录是否由不同人员办理				
⑦ 有关负责人是否定期检查、核对股票登记簿及股本账				
问题与评价				

（2）测试所有者权益业务内部控制

注册会计师在了解了企业投入资本内部控制后，应运用以下程序测试其健全和有效程度。

步骤1　取得被审计单位投入资本变动的法律文件，检查投入资本变动是否经企业董事会授权及国家有关部门批准、是否符合法律规定。

步骤2　审查被审计单位章程，确定投入资本业务是否有明确的职责分工。

步骤3　审查验资报告，确定投入资本是否真实。

步骤4　抽查投入资本的会计处理是否正确。

12.2.2　投资活动内部控制测试

投资活动内部控制测试一般包括如下内容。

1. 了解投资活动内部控制

注册会计师可以采用查阅内部资料、设计调查表等形式了解被审计单位是否存在投资活动内部控制制度，弄清其内容，并做出适当记录，以便进行正常测试。一般而言，其典型调查问题如表12.3所示。

表 12.3 投资活动内部控制典型调查问题

调 查 问 题	回 答			
	是	否	不适用	备 注
① 有价证券的买卖是否经适当授权批准				
② 是否委托独立机构保管投资证券				
③ 自己保管是否由两人以上共同控制				
④ 投资证券是否以企业的名义登记				
⑤ 证券保管人员是否处理会计记录				
⑥ 其他投资项目是否经授权批准				
⑦ 是否与被投资单位签订投资合同、协议				
⑧ 是否获得被投资单位出具的投资证明				
⑨ 投资的核算方法是否符合企业会计制度的规定				
⑩ 投资金额是否及时入账				
⑪ 投资收益的会计处理是否正确、手续是否齐全				
⑫ 是否定期盘点所有投资证券				
问题与评价				

2. 投资活动内部控制测试

（1）简单抽查有关会计记录

抽查会计记录的目的是为了了解有关的内部控制制度是否得到了有效的执行。抽查时，一般从明细账中选择几笔不同时期、不同内容、金额较大的业务，检查其原始凭证到记账凭证，再到明细账和总账的处理过程是否符合内部控制制度的规定，即内容完整、手续齐全、账账相符、账证一致。如果符合规定，就可以确认企业内部控制制度得到了有效执行，否则就说明存在问题。

（2）检查有价证券的保管与定期盘点情况

对于由金融机构代保管的有价证券，可以通过检查代管凭证，了解企业是否按照财产保管制度及时完整地将证券交代管机构代为保管；对于企业自行保管的有价证券，应通过审阅盘点记录，了解其盘点方法是否适当、盘点结果与会计记录是否相符、出现差错时的处理是否合规。

（3）分析投资活动管理报告

企业在进行重大的投资活动之前，往往会进行投资的可行性研究和论证，形成一定的纪要。在执行过程中，也会形成一系列协议、合同等详细的文件。注册会计师应对照上述有关文件和凭证，分析企业的业务活动是否按预定目标开展、各项资金使用是否按计划进行、有无异常情况。

完成上述工作后，注册会计师就可以判断被审计单位投资活动的内部控制制度是否健全、有效，能否达到控制目的。同时，找出内部控制中的薄弱环节及可能带来的影响并做出评价，确定实质性测试的范围和重点。

12.3 筹资与投资循环主要账户审计

12.3.1 银行借款审计

1. 银行借款审计目标

① 确定资产负债表中列示的短期借款是否存在。

② 确定所有应当列示的短期借款是否均已列示。

③ 确定列示的短期借款是否是被审计单位应当履行的现时义务。

④ 确定短期借款是否以恰当的金额包括在财务报表中，以及与之相关的计价调整已恰当记录。

⑤ 确定短期借款是否已按照企业会计准则的规定在财务报表中做出恰当列报。

2. 短期借款实质性测试程序

步骤1　获取或编制短期借款明细表，复核其加计数是否正确，并与明细账合计数和总账核对相符。

步骤2　函证短期借款的实有数额。如果期末短期借款余额较大或注册会计师认为必要，则应向银行或其他债权人进行函证，检查短期借款的正确性。

步骤3　审查短期借款的增加。企业的借款必须经有关人员授权才可以执行，同时应当与银行签订借款协议或合同。对年度内增加的短期借款，应检查借款合同和授权批准情况，了解借款数额、借款条件、借款日期、还款期限、借款利率，并与相关原始凭证和会计记录进行核对。注册会计师主要查明被审计单位借款的目的是否正当、借款的理由是否充分、借款是否为生产经营所必需、是否有科学合理的借款计划、是否签订借款合同并出具借款物资保证书、有关借款手续是否齐备、入账是否及时等。

步骤4　审查短期借款的使用。注册会计师通过对照检查借款合同、短期借款明细账等资料，主要查明被审计单位短期借款是否按规定用途使用、是否用于弥补流动资金的不足及临时采购或结算等规定事项。

步骤5　审查短期借款的减少。对年度内减少的短期借款，注册会计师可根据短期借款有关明细账记录的还款时间与借款计划和银行规定的还款时间进行核对，核实被审计单位能否在规定的偿还期限及时偿还短期借款，以及偿还的本金和利息计算是否真实、正确。

步骤6　检查有无到期未偿还的短期借款。注册会计师应审查相关记录和原始凭证，检查被审计单位年末有无到期未偿还的短期借款。如果有，则应查明原因，了解逾期借款是否已向银行提出申请并经同意后办理了延期手续，同时做适当记录。

步骤7　复核短期借款利息。在资产负债表日，注册会计师应根据短期借款的利率和期限，验算被审计单位短期借款的利息，检查会计处理是否正确；有无多计或少计，从而调节当期利润的情况。

步骤8　检查抵押资产的所有权。检查被审计单位用于短期借款的抵押资产的所有权是否属于企业，其价值和实际状况是否与契约中的规定一致。

步骤9　确定短期借款是否已做出恰当列报。

步骤10　复核短期借款利息。

步骤11　检查有无到期尚未偿还的短期借款。

步骤12　审查外币借款的折算。

步骤13　检查短期借款在资产负债表上的反映是否恰当。

实例研究 12-1

某公司取得生产周转借款600 000元，计划用于购买生产产品所需的原材料。经查材料采购明细账发现，该企业在借款期内未购料，银行存款日记账中显示以该款项支付厂部房屋改建费，经请示厂长，做修理费入账。请提出审计意见。

分析

该企业不按借款用途使用借款，挪用流动资金搞基建工程，并将有关费用挤入管理费用，影响了该企业的财务状况和经营成果。

审计结论

应要求企业调整有关账目，冲减管理费用，补交偷漏税款；建议对有关责任人员做出处罚决定；按规定期限缴纳税款及罚款。

课堂训练 12-1

注册会计师对某企业审计时发现，该企业2019年10月取得短期借款200 000元，为期3个月，月利率为0.5%（按季结息）。该企业的会计处理如下。

① 取得借款时，记账凭证反映出的会计分录如下。

借：银行存款　　200 000

　　贷：短期借款　　200 000

② 每月计提短期借款利息时，编制会计分录如下。

借：营业外支出　　1 500

　　贷：短期借款　　1 500

③ 借款到期，用银行存款偿还，编制会计分录如下。

借：短期借款　　204 500

　　贷：银行存款　　204 500

请指出该企业会计处理的不当之处，并加以纠正。

3. 长期借款实质性测试程序

步骤1　获取或编制长期借款明细表，复核其加计数是否正确，并与明细账合计数和总账核对相符。

步骤2　审查长期借款业务是否合法。

步骤3　函证长期借款。

步骤4　审查长期借款增减变动及账务处理是否真实正确。

步骤5　复核长期借款利息。

步骤6　审查长期借款的使用是否符合借款合同的规定，重点审查长期借款使用的合理性。

步骤7　检查长期借款是否已在资产负债表上充分披露。

实例研究 12-2

某会计师事务所对某公司2019年年度资产负债表进行审计。项目负责人发现长期借款明细记录，如表12.4所示。

表12.4　长期借款明细记录

贷款单位	金　额	借款期限	年利率	借款条件	借款用途
甲银行第一营业部	2 000万元	2017.7—2019.7	9%	以存货抵押借款	扩建厂房
乙银行第二营业厅	5 000万元	2018.7—2019.7	6%	以设备抵押借款	流动资金
合　计	7 000万元				

针对公司向甲银行的借款，注册会计师所计划的下列审计程序中，不能认同的是（　　）。

A. 取得借款的授权批准文件及合同，检查借款的金额、期限、利率、条件等内容

B. 检查抵押资产的产权及价值

C. 由于该长期借款系以往年度形成，所以在今年的审计中无须再对该借款的授权审批、借款金额、借款合同、借款利息等进行审计

D. 检查借款的分类及披露

分析

尽管向甲银行的借款是以前年度形成的，但在本次审计中仍要对该借款的利息、借款的使用、借款合同等内容进行审计。

审计结论

正确的选择是 C。

课堂训练 12-2

某企业 2019年 12月 31日长期借款的账面期末余额为 4 400 000元。其中，一年内到期的长期借款为 2 000 000 元。该企业在财务报表“长期借款”项目下披露的长期借款为 4 400 000元。试说明该项披露是否恰当。

12.3.2 应付债券审计

一般来说，企业应付债券业务不多，但每笔业务都非常重要。因此，注册会计师应重视此项负债业务的审计工作。应付债券的实质性测试程序包括以下几个方面。

1. 获取或编制应付债券明细表

注册会计师应获取或编制应付债券明细表，复核其加计数是否正确，并与有关明细账合计数和总账核对相符。

2. 检查债券交易的有关原始凭证

检查债券交易的各项原始凭证是确定应付债券金额及其合法性的重要程序。注册会计师应做好以下几项工作。

① 检查企业现有的债券副本，确定其发行是否合法、各项内容是否与相关的会计记录一致。

② 检查企业发行债券所收入的现金、汇款通知单、送款登记簿及相关的银行对账单。

③ 检查用以偿还债券的支票存根。

④ 检查已偿还债券的数额与应付债券借方发生额是否相符。

⑤ 如果企业发行债券数额时已做抵押或担保，则还应审查相关契约的履行情况。

3. 审查应计利息、债券折溢价摊销的会计处理是否正确

注册会计师应要求被审计单位编制债券利息、债券折溢价账户分析表，或者由注册会计师自行编制。由注册会计师通过这些账户分析表，验证企业对债券利息及债券折溢价的计算和会计处理是否正确、是否与相关的会计记录相符。

实例研究 12-3

注册会计师于 2020年 2月 10日审查 W公司应付债券时发现，W公司于 2019年 1月 1日发行 3年期面值为 800万元的债券，票面利率为 3%（假设市场利率为 5%），该公司按 740万

元的价格出售。该公司发行的债券用于购建固定资产，固定资产将于 2019 年年底交付使用。该公司在2019年年末计提利息并摊销折价时，账务处理如下。

借：在建工程　　40 000

　　应付债券——债券折价　　200 000

　　贷：应付债券——应计利息　　240 000

试分析以上账务处理存在什么问题。

分析

根据以上资料，可以计算出企业期末应计提的债券利息为 800×3%=24（万元）。企业发行债券是以折价的方式发行的，折价总额为60万元，3年期分摊，每年分摊额为20万元。

审计结论

W公司在对摊销折价的账务进行处理时记账方向错记在借方，从而使当期在建工程减少了40万元，影响了财务报表资产项目信息的真实性。因此，注册会计师应提请该公司调整有关账户记录。

借：在建工程　　400 000

　　贷：应付债券——债券折价　　400 000

4. 函证应付债券期末余额

为了确定应付债券的期末余额是否真实正确，注册会计师如果认为有必要，就可以直接向债权人及债券的承销商或包销商进行函证，以验证债券发行相关事项的真实性。

5. 审查到期债券的偿还及借款费用的处理情况

6. 确定应付债券是否已在资产负债表上充分披露

应付债券在资产负债表上列示于长期负债类下。该项目应根据“应付债券”账户的期末余额扣除将于一年内到期的应付债券后的数额填列，该扣除数应当在流动负债类下的“一年内到期的长期负债”项目单独反映。注册会计师应根据审查结果，除了确定被审计单位应付债券在财务报表上的反映是否充分以外，还应注意有关应付债券的类别是否已在财务报表附注中做了充分的说明。

12.3.3 所有者权益审计

所有者权益是指企业投资者对企业净资产的所有权，是企业投资者在企业资产中应享有经济利益的体现。其金额为资产减去负债后的余额，包括股本（实收资本）、资本公积、盈余公积、未分配利润等内容。

根据“资产－负债＝所有者权益”的会计平衡等式，只要验证了财务报表上资产和负债的发生额与余额，就能为所有者权益审计提供有力证据。同时，由于所有者权益具有业务增减变动较少、金额较大的特点，注册会计师在审计企业的资产和负债之后，往往只需要花费较少的时间即可对所有者权益进行审计。根据所有者权益业务的特点，注册会计师通常没有必要采用抽查技术，可以跳过符合性测试直接进行项目和金额的实质性测试。下面就分项目说明所有者权益审计的实质性测试内容。

1. 股本（实收资本）的审计目标

① 资产负债表中列示的股本（实收资本）是否存在。

② 所有应当列示的股本（实收资本）是否均已列示。

③ 股本（实收资本）是否以恰当的金额列示在财务报表中。

④ 股本（实收资本）是否已按照企业会计准则的规定在财务报表中做出恰当披露。

2. 股本（实收资本）的审计

股本（实收资本）是投资者对企业的投入资本。对于股本（实收资本），注册会计师应采取以下主要审计程序和方法。

（1）获取或编制股本（实收资本）明细表

注册会计师应向被审计单位索取或自行编制股本（实收资本）明细表，并作为永久性档案存档，以供本年度和以后年度审查投入资本时使用。股本（实收资本）明细表应包括各类投资变动的详细记载及有关的分析评价，编制时应将每次变动情况逐一记载并与有关原始凭证和会计账户进行核对。

（2）审查投入资本形成的真实存在

① 注册会计师应通过对有关凭证、账簿记录的审阅和核对，询证投资者实缴资本额，鉴定有关财产和物资的实际价值，以验证投资者投入的资本是否真实存在。检查时，注册会计师应注意检查投入的现金是否已真实存在：应注意检查投入的现金是否已确实存入企业的开户银行，收到银行的收款通知；投入的实物资产是否已办理了验收手续并登记入账。这既包括审查股本（实收资本）登记簿、募股清单、入库单、银行对账单等表明投入资产的原始凭证，也包括审查银行存款日记账与总账、股本（实收资本）明细账与总账、库存商品（固定资产或无形资产）明细账与总账等账簿，以确定投资者投入资本的真实性和正确性。

② 审查投入资本数额和时间的合规性。《中华人民共和国公司法》规定，有限责任公司的注册资本为在公司登记机关登记的全体股东认缴的出资额，法律、行政法规及国务院决定对有限责任公司注册资本实缴、注册资本最低限额另有规定的，从其规定。

股东应当按期足额缴纳公司章程中规定的各自所认缴的出资额。股东以货币出资的，应当将货币出资足额存入有限责任公司在银行开设的账户；以非货币财产出资的，应当依法办理其财产权的转移手续；股东不按照前款规定缴纳出资额的，除应当向公司足额缴纳外，还应当向已按期足额缴纳出资额的股东承担违约责任。

注册会计师应根据国家的法律规定、企业的章程、合同和各种投资业务的出资证明等资料进行审查，以核实其投入资本数额和时间是否符合有关规定。

③ 审查出资方式和出资期限的合法性。投资者既可以用货币出资，也可以用实物、知识产权、土地使用权等可以用货币估价并可以依法转让的非货币财产作价出资。但是，法律、行政法规规定不得作为出资的财产除外。对作为出资的非货币财产应当评估作价、核实财产，不得高估或低估作价。法律、行政法规对评估作价有规定的，从其规定。全体股东的货币出资金额不得低于有限责任公司注册资本的30%。

以上各点，注册会计师应根据法律制度的具体规定和合同、章程的内容，结合有关原始凭证，通过审阅、核对实收资本、股本的有关明细账及筹集资金的有关会议资料，复核、分析其中所反映的筹集资金的形式和方法，以查明存在的问题。

④ 审查投入资本的入账价值的合规性。股东应当按期足额缴纳公司章程中规定的各自所认缴的出资额。股东以货币资金出资的，应当将货币出资足额存入有限责任公司在银行开设的账户；以非货币资产出资的，应当依法办理其财产权的转移手续。股东不按照前款规定缴纳出资的，除应当向公司足额缴纳外，还应当向已按期足额缴纳出资的股东承担违约责任。股东缴纳出资后，必须经依法设立的验资机构验资并出具证明。货币资金投资的资本，注册会计师应根

据出资清单查阅有关原始凭证和记账凭证，查明企业是否以实际收到的或存入开户银行的金额作为投资的记账依据和价值；以非货币资产投入的资本，应查阅出资清单、价值鉴定证明、资产评估报告等有关资料，核对有关账务，查看企业是否按投资各方确认的价值作为记账依据。

（3）审查投入资本增减变化的真实性和合法性

对于企业投入资本的增减变动，注册会计师应查明原因，查阅其是否与董事会纪要、补充合同、协议及有关法律文件的规定一致。一般情况下，企业的资本金不得随意增减，如果有必要增减，则应满足一定的条件，并经过主管部门和有关管理部门的批准方可进行。

① 审查注册资本增加业务。企业的注册资本增加应符合有关规定并经过相关部门的批准。一般来说，企业注册资本的增加途径主要有两种：一是有新资者投入资本；二是资本公积和盈余公积达到了规定的比例转增资本。审查时，注册会计师应结合相关的文件、协议、法规、章程及有关财务状况和会计记录，验证其资本增加是否合法与真实。

② 审查注册资本减少业务。我国财务制度明确了资本保全原则，要求企业筹集资本后，在生产经营期间投资者除转让外不得以任何方式抽走，而且转让也应依照法定的程序进行。

（4）验证投入资本在资产负债表上列示的正确性

3. 资本公积的审计

① 编制资本公积明细表，核对资本公积明细账、总账余额与报表数是否相符。

② 检查资本溢价或股票溢价。

③ 检查接受非现金资产捐赠准备，接受现金捐赠。

④ 检查股权投资准备。注册会计师应检查被审计单位是否按接受被投资单位所反映的资本公积及实际持股比例确定资本公积、是否进行了正确的会计处理。

⑤ 检查拨款转入。

⑥ 检查外币资本折算差额。

⑦ 测试资本公积的使用情况。

实例研究 12-4

注册会计师抽查某公司资本公积明细科目，发现股票溢价金额 304 000元。该企业实际发行股票 160 000股，股票面值 10元，每股发行价格 12元，佣金 16 000元，股票发行手续费 24 000元。试复核该公司股票溢价计算的正确性。

分析

注册会计师验算的股票溢价 =（12－10）× 160 000－16 000－24 000 = 280 000（元），而不是企业账上的 304 000元。

审计结论

该公司资本公积中的股票溢价计算错误，导致资本公积记录不真实，注册会计师应提请公司做出账务调整，冲减多计的股本溢价。

注册会计师在具体测试时应注意以下几点。

① 审查资本公积明细账的借方发生额及有关凭证、账户的对应关系，查明资本公积使用的合法性。

② 资本公积转增资本时，查明有无企业权利机构的正式决议、有无有关政府部门的批准文件、经办手续是否完备。

③ 审查有无挪用资本公积的情况。例如，将资本溢价用于集体、职工福利，或者利用资本公积进行各种营私舞弊活动。对于发现的擅自使用或挪用资本公积的问题，应提请企业管理部门（如董事会）调整有关账户，并在审计工作底稿中予以说明。

4. 盈余公积的审计

① 编制或获取盈余公积明细表，分别列示法定盈余公积、公益金、任意盈余公积，并与报表数和总账、明细账余额核对相符。

② 对盈余公积各明细项目发生额，逐项审查其原始凭证。

③ 检查盈余公积各明细项目的提取比例是否符合有关规定。

④ 检查盈余公积的减少是否符合有关规定、会计处理是否正确。

课堂训练 *12-3*

某公司2019年年度提取法定盈余公积10万元、任意盈余公积10万元。本年净利润100万元，以前年度尚未弥补亏损70万元，法定盈余公积、任意盈余公积提取比例均为10%。

试复核该公司各项盈余公积提取是否正确。

5. 未分配利润审计

① 检查利润分配比例是否符合合同、协议、章程及董事会会议纪要的规定，利润分配数额及年末余额是否正确。

② 根据其他项目审计结果调整本年损益数，直接增加或减少未分配利润，确定调整后的未分配利润。

实例研究 *12-5*

截留收入利润、违规评估增值转增资本金

注册会计师桂清明等在检查龙溪铭源制药有限公司2018年的所有者权益项目时，注意到该公司实收资本由年初500万元增加至1 200万元，资本公积、盈余公积分别由年初的350万元、300万元减少至100万元、50万元。同时，也注意到其他应付款由年初的300万元减少至100万元。经分析，这些变动数额之和正好与实收资本增加额700万元一致，推测应为转增资本事项。经查询，回答相符。注册会计师随即索取并查阅了公司股东会决议、公司章程、验资报告等，核实公司因运营需要须增加注册资本，商议决定从资本公积中转250万元、盈余公积中转250万元、其他应付款中转200万元共700万元进行增资。其中，其他应付款200万元标明是未还F公司的借款（核实属关联方）。

根据对该公司近3年的运营情况的分析，注册会计师经检查，结果如下。

① 欠F公司的200万元实际来源于出售库存材料款30万元、账外药品出售款110万元、代加工药品收款60万元。这些应该是公司的收入项，但并未做收入入账，而是计入其他应付款中。该部分不能转增资本，应该冲减资本金。

② 资本公积余额350万元来源于自有土地评估增值。在公司未发生股权转让等变更事项的情况下，将其评估增值额调整入账属于滥用法规、虚增资产权益行为。本年使用了250万元资本公积转增资本，应该全部冲回资本金。

③ 盈余公积中250万元来源于账外转让某药品专利净收益，属于截留利润行为。该年度已结转250万，应该冲回250万资本金。

由于上述款项来源违反法规，用这些资金转增资本金也就不合法。据此，注册会计师提出如下审计意见：调减实收资本700万元，调增以前年度利润，补缴相关税费；重新核定调整留存收益项目，确定可以合法用于转增资本的留存收益额，不足部分由股东补足，重新验资注册登记。

12.3.4 长期股权投资审计

按照2014年7月1日实施的新会计准则，长期股权投资核算的对象是对存在控制、共同控制、重大影响的子公司、合营企业及联营企业的投资。

子公司通常是直接或间接持股50%至100%的公司，持股100%的称作全资子公司；合营是指按照合同约定，由持股各方对公司实施共同控制，经营过程中的重要决定需要享有控制权的各投资方一致通过；联营是指对持股对象有重大影响，一般是指有权参与决策持股对象公司的财务或经营活动，通常持股20%至50%会被认为有重大影响；其他是指除控制、合营和联营之外的持股形态，对被投资对象的财务和经营政策没有重大影响，其持股比例一般在20%以下，这类投资要求归入交易性金融资产或可供出售金融资产核算。

1. 审计目标

① 确定长期股权投资是否存在并归被审计单位所有。

② 确定长期股权投资的增减变动及其收益（或损失）的记录是否完整。

③ 确定长期股权投资的计价方法（成本法或权益法）及年末余额是否正确。

④ 确定长期股权投资在财务报表上的反映和披露是否恰当。

2. 实质性测试程序

步骤1 获取或编制长期股权投资明细表，复核加计是否正确，并与总账数和明细账合计数核对是否相符；结合长期股权投资减值准备科目与报表数核对是否相符。

步骤2 检查有关合同和文件，确认长期股权投资的股权比例和时间，检查长期股权投资核算方法是否正确。

步骤3 对于重大的投资，向被投资单位函证被审计单位的投资额、持股比例及被投资单位发放股利等情况。

步骤4 对于应采用权益法核算的长期股权投资，获取被投资单位已经注册会计师审计的年度财务报表。如果未经注册会计师审计，则应考虑对被投资单位的财务报表实施适当的审计或审阅程序。

步骤5 对于采用成本法核算的长期股权投资，检查股利分配的原始凭证及分配决议等资料，确定会计处理是否正确；对被审计单位实施控制而采用成本法核算的长期股权投资，比照权益法编制变动明细表，以备合并报表使用。

步骤6 对于成本法和权益法相互转换的，检查其投资成本的确定是否正确。

步骤7 结合银行借款等的检查，了解长期股权投资是否存在质押、担保情况。如果有，则应详细记录，并提请被审计单位进行充分披露。

步骤 8 检查长期投资减值准备的计提及会计处理，验证其合规性和正确性。

步骤 9 检查长期股权投资业务是否符合国家的限制性规定，验证其合法性。

步骤 10 查验长期股权投资在财务报表中的反映与披露，验证其恰当性和充分性。

实例研究 12-6

混清股权投资校算方法、粉饰投资收益

1．背景资料

注册会计师立言在 2019年 10月检查 KW有限公司长期股权投资业务时核实该公司“长期股权投资——DY公司”账户 9月末余额为 50万元；本年 6月取得 DY公司分配的股利 20万元，公司已做投资收益入账处理。调阅投资协议、DY 公司财务资料、股利分配决议等并实施函证，核实 KW公司对DY公司投资的股权比例为 40%。截至2018年年末，DY公司累计亏损 200万元；截至 2019年 9月末，DY公司新增亏损 40万元，公司的财务报表均未对此进行反映与披露。至此，注册会计师立言认定该公司投资收益不实，存在调节利润、粉饰财务成果的行为。

2．案例解析

根据上述检查核实结果，注册会计师立言认定的理由可以分析如下。

① KW公司对 DY公司投资的股权比例为 40%，应具有控制权。按准则规定，公司对长期股权投资应采用权益法核算。但从公司对取得的 20万元投资收益处理看，其并未按权益法处理，而是按成本法处理，导致投资收益虚增 20万元，不符合准则规定。

② KW公司 2018年年末应按权益法对长期股权投资及投资收益做出调整，因 DY公司累计亏损 200万元，按投资比例应反映投资损失 80万元，但公司并未处理，也未恰当披露，因此导致长期股权投资价值和投资收益虚增80万元。

正确的处理应该如下。

2018年年末，按 DY公司累计亏损 200万元、股权投资比例 40%反映投资损失 80万元，并做出如下调整。

借：投资收益——损益调整	800 000
贷：长期股权投资 DY 公司	800 000

2018年 10月，取得 DY公司分来股利 20万元时做以下处理。

借：银行存款	200 000
贷；长期股权投资——DY	200 000

为此，注册会计师做出了如下审计结论。

KW公司未按准则规定，对其长期股权投资按权益法核算，致使投资损失 80万元未得以反映，并将分来的 20万元投资分红直接作为投资收益入账，导致长期股权投资价值、投资收益虚增 100万元。

注册会计师提出了如下调整意见。

调减 2018年年末长期股权投资账面价值 80万元，相应调减当期利润 80万元；调减 2018年 9月长期股权投资账面价值 20万元，相应调减投资收益 20万元。其调整分录为。

借：以前年度损益调整	800 000
投资收益——损益调整	200 000
贷：长期股权投资——DY公司	1 000 000

复习思考题

一、填空题

1．筹资活动主要由＿＿＿＿＿＿和＿＿＿＿＿＿组成。

2．借款审计包括＿＿＿＿＿＿审计和＿＿＿＿＿＿审计。

3．所有者权益审计包括＿＿＿＿＿＿审计、＿＿＿＿＿＿审计、＿＿＿＿＿＿审计和＿＿＿＿＿＿审计。

4．短期借款利息费用一律记入＿＿＿＿＿＿账户。

5．注册会计师在审查盈余公积时，应注意盈余公积用于转增资本或分配股利后，其余额不得低于＿＿＿＿＿＿。

二、单项选择题

1．为了确定"应付债券"账户期末余额的（　　），如果注册会计师认为有必要，则可以直接向债权人及债券的承销人或包销人进行函证。

A．合法性　B．真实性　C．正确性　D．完整性

2．对外投资业务的内部控制制度一般不包括（　　）。

A．严格的记名制度　B．严格的预算制度

C．完善的盘点制度　D．合理的职责分工

3．对于筹资与投资循环主要特点不正确的提法是（　　）。

A．交易数量较少，但每笔业务的金额通常情况下额度很大

B．交易数量较大，但每笔业务的金额通常情况下额度很小

C．如果漏记或不恰当地对一笔业务进行会计处理，那么将会导致重大错误

D．筹资与投资循环交易必须遵守国家法律法规

4．按照有关规定，股本溢价应扣除相关发行费用减去（　　）后，方可计入资本公积。

A．发行股票冻结期间所产生的利息收入

B．发行股票冻结期间所产生的利息支出

C．发行股票期间所产生的利息收入

D．发行股票交易期间所产生的利息收入

5．注册会计师审查股票发行费用的会计处理时，如果股票溢价发行，则应查实被审计单位按规定将各种发行费用（　　）。

A．先从溢价中抵销　B．作为长期待摊费用

C．作为递延资产　D．作为当期管理费用

三、多项选择题

1．在对被审计单位的长期借款进行实质性测试时，注册会计师一般应获取的审计证据包括（　　）。

A．长期借款明细表　B．长期借款的合同和授权批准文件

C．相关抵押资产的所有权证明文件　D．重大长期借款的函证回函

2．注册会计师应重点调查的与长期投资相关的内部控制制度有（　　）。

A．职责分工制度　B．资产保管制度

C．记名登记制度　D．定期盘点制度

3. 对未入账的长期借款进行审查，无效的审计程序是（　　）。
A. 向被审计单位索取债务说明书，了解举债业务
B. 对利息费用实施分析性复核
C. 编制长期借款明细表并与总账核对
D. 查阅企业管理部门的会议记录、文件资料，了解与举债相关的信息

4. 注册会计师确定长期投资是否已在资产负债表上恰当披露时，应当（　　）。
A. 检查资产负债表上长期投资项目的数额与审定数是否相符
B. 检查长期投资超过净资产的50%时，是否已在附注中恰当披露
C. 盘点股票、债券数量，并审查账实是否相符
D. 检查一年内到期的长期投资项目的数额与审定数是否相符

5. 为确定“长期借款”账户余额的真实性而进行函证，函证的对象应当是（　　）。
A. 金融监管机关　　B. 银行或其他有关债权人
C. 公司的主要股东　　D. 公司的律师

四、简答题

1. 筹资和投资活动的主要凭证与会计记录有哪些？
2. 借款审计的目标是什么？
3. 应付债券的审计目标是什么？
4. 实收资本的审计目标是什么？
5. 资本公积、盈余公积的主要审计程序是什么？

五、操作题

操作题 12-1

1. 案例资料

注册会计师在审查飞达股份有限公司 2019 年年度财务报表时，发现该公司在年度内向工商银行举借长期借款一笔。其长期借款合同规定：长期借款以公司的商品为担保；该公司债务与所有者权益之比应经常保持低于 5:3；分发股利须经银行同意；自 2018 年 1月 1日起分期归还借款。

2. 要求

如果不考虑相关的内部控制系统，则注册会计师审查长期借款项目时，应审查哪些内容？

操作题 12-2

1. 案例资料

北京长城会计师事务所承接了乙股份有限公司 2019 年年度的财务报表审计工作。注册会计师李民具体负责筹资与投资业务的审计工作。在审计过程中发现以下事项。

（1）2019 年 4 月 1 日，乙公司经批准按面值发行 20 000 万 3 年期、票面月利率 4‰、到期一次还本付息的公司债券。所筹资金 60%用于基建工程（工期二年），40%用于补充流动资金。乙公司当年未计提债券利息，但进行了债券发行的账务处理。

（2）2019 年 1 月 1 日，由于丁公司增加了新的投资者和资本，使乙公司在丁公司中持有的股权比例由原来的 45%降至 15%。因此，乙公司将对丁公司的长期股权投资核算方法由权益法改为成本法，冲回自 2016 年至 2019 年按权益法已计入投资收益中的属于 30%的部分，共计 2 800 万元，相应调整 2019 年年度的投资损失。乙公司未对此计提长期投资减值准备。

2．要求

请代注册会计师提出审计建议，如需调账则做出调账分录（不考虑分录对所得税费用、增值业税、期末结转损益类科目及对利润分配的影响）。

操作题 12-3

1．案例资料

注册会计师在审查某公司短期借款——生产周转借款使用情况时发现，该公司 2019 年 6 月至 12 月平均贷款为 85 万元，存货合计为 24 万元，其他应收款为 40 万元。注册会计师分析：该公司其他应收款占用比过大，可能有非法使用或占用短期借款的行为。

首先注册会计师调阅了 6 月 1 日记入“短期借款”账户的 78 号凭证，其记录如下。

借：银行存款　　400 000

　　贷：短期借款——生产周转借款　　400 000

78 号凭证附入账通知和借款契约两张凭证，借款期限为 6 个月。对于存款的去向，在审阅银行存款日记账时，发现 6 月 25 日银付字 206 号凭证减少银行存款 38 万。调阅该凭证时，其记账凭证的分录如下。

借：其他应收款——张利　　380 000

　　贷：银行存款　　380 000

其摘要为“汇给 X 公司货款”。经核实，以上凭证所记汇出款项，是该公司为职工垫付购买空调 50 台的款项，赵军是负责向职工收回垫付款的负责人，全部货款于 2019 年 7 月至 12 月陆续收回。

注册会计师认为，该公司为职工垫付空调款的做法实际上是占用短期借款且不按借款用途使用借款的行为，增加了公司的财务费用。注册会计师向该公司提出上述问题，该公司供认不讳。上述问题查实后，注册会计师提出处理意见：公司收回的垫付款应归还借款，已入账的借款利息费用由职工承担。

2．要求

(1) 分析注册会计师在审计过程中是如何发现舞弊线索的？采用了哪些审计方法？

(2) 该公司应如何调整有关账簿记录？

第13章 货币资金审计

学习目标

1. 了解货币资金与各业务循环的关系。
2. 了解货币资金审计中的主要凭证和会计记录。
3. 了解货币资金审计目标、货币资金审计中可能存在的问题。
4. 熟悉货币资金内部控制的内容。
5. 掌握货币资金内部控制制度调查表的设计。
6. 掌握现金和银行存款账户的审计。

引导案例

300亿元货币资金一夜蒸发 康美药业股债跌停

2018年4月30日，康美药业股债双杀。

当日，其股票开盘即跌停，“15康美债”跌20%之后被临停，后被拉升缩窄跌势。

4月29日晚间，康美药业发布2018年年报、2019年一季报、2018年年度财务报告非标审计意见等逾20份公告。

其中，一份关于前期会计差错更正的公告显示，康美药业2017年财务指标出入超过10亿元的达7个，包括存货少记195.5亿元，货币资金多计299.44亿元，营业收入多计89亿元，营业成本多计76.6亿元，合并现金流量表销售商品、提供劳务收到的现金项目多计103亿元，购买商品、接受劳务支付的现金项目多计73亿元，支付其他与经营活动有关的现金项目少计38.2亿元。尤其是“300亿元货币资金一夜蒸发”，在投行界引起热烈讨论。

2018年12月，中国证监会以涉嫌信息披露违法违规为由，对康美药业立案调查。此后，康美药业进行自查及必要的核查，发现2018年之前在营业收入、营业成本、费用及款项首付方面存在账实不符的情况。

作为康美药业的内控审计机构，广东正中珠江会计师事务所（以下简称正中珠江）出具《2018年年度前期会计差错更正专项说明的审核报告》。上述报告显示，2017年年度康美药业的货币资金由341.5亿元更正为42.07亿元，存货由157亿元更正为352.5亿元，营业收入由265亿元更正为175.8亿元，营业成本由184.5亿元更正为107.88亿元，购买商品、接受劳务支付的现金由243.2亿元更正为170.2亿元，支付其他与经营活动有关的现金由9.24亿元更正为47.5亿元。

“康美药业竟然有 300亿元的现金差，审计询证函是怎么发的？是康美、银行还是会计师出了问题？出了什么问题？” 4 月 30 日，上海一名投行人士称，这些都需要证监会调查。

上述财务指标调整直接传导到净利润。康美药业 2018 年年报显示，2017 年的净利润从 41 亿元调整为 21.5 亿元，几乎被腰斩；2016 年的净利润由 33.4 亿元调整为 18.4 亿元，也几乎被腰斩。

在证监会调查、财务涉嫌造假的背景下，正中珠江对康美药业 2018 年内部控制出具否定意见，表示“无法确定立案调查对康美药业 2018 年年度财务报表整体的影响程度”。

正中珠江还指出，康美药业在关联方资金往来和下属子公司部分在建工程项目存在财务资料不完整的情况。对于关联方资金往来方面，正中珠江指出：“康美药业 2018 年 12 月 31 日其他应收款余额中包括公司自查的向关联方提供资金余额 887 904.76 万元，坏账准备为 0.00 元。我们虽然实施了分析、检查、函证等审计程序，仍未能获取充分、适当的审计证据，导致我们无法确定康美药业在财务报表中对关联方提供资金发生额及余额的准确性，以及对关联方资金往来的可回收性做出合理估计。”

试问：货币资金项目在审计前应该特别关注哪些风险？货币资金的常见审计程序有哪些？

货币资金是指在企业生产经营过程中以货币形态存在的那部分资产。在企业的许多经济活动中，都是通过货币资金来支付的。货币资金是企业资产的重要组成部分，其流动性最强。由于它可以根据需要随时使用，用来购买一切商品，因此经常成为不法分子觊觎的对象。加强对货币资金的审计，对于保护货币资金的安全完整、维护财经法纪具有重要意义。

货币资金按其存放地点及内容可分为库存现金、银行存款、其他货币资金等。有价证券是指企业所持有的、可以随时变现、持有时间不超过一年的股票和债券等。实际上它是企业现金的一种存储方式。

13.1 货币资金与业务循环

13.1.1 货币资金与各业务循环的关系

货币资金与前述的各个循环交易都具有直接或间接的关系。如果从循环的角度来看企业的运作，则货币资金是各循环的枢纽，起着“资金池”的作用。

货币资金最初是以投资或者筹资的形式从投资者或债权人手中流入企业的。企业用这些货币资金去购买生产经营所需要的资源和劳务，并用购买的资源和劳务生产出产品及服务，然后将这些完工的产品和服务出售给顾客以换回货币资金。最后，换回的货币资金一部分作为股利或利息支付给投资者和债权人，另一部分则用来购买新的资源和劳务，继续下一轮的循环。从整个企业的大循环中，既可以看出货币资金的重要性和中心地位，也可以看出货币资金在各个循环交易中的流转和流向。

具体说来，当企业发生销售与收款业务时，货币资金增加；当企业发生购货与付款业务时，货币资金减少；当企业进行生产循环，购买原料，支付薪酬、费用时，货币资金减少；当企业发生筹资业务，取得短期借款、筹集股本时，货币资金增加；当企业发生投资业务及支付利息时，货币资金减少。货币资金与业务循环的关系如图 13.1 所示。

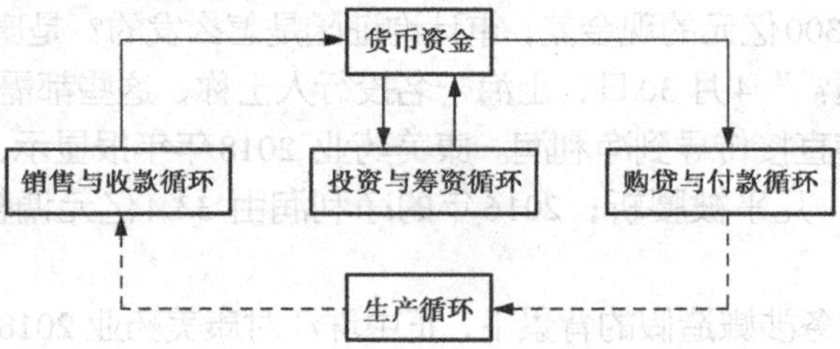

图 13.1　货币资金与业务循环的关系

13.1.2　主要凭证和会计记录

① 现金总账、银行存款总账和其他货币资金总账。
② 现金日记账和银行存款日记账。
③ 支票存根、发票存根、现金缴款单、进账单等相关原始凭证。
④ 现金、银行存款收款凭证和付款凭证。
⑤ 现金盘点表。
⑥ 银行对账单。
⑦ 被审计单位编制的银行存款余额调节表。

13.1.3　可能存在的错报风险

① 违反现金管理规定，超限额保管现金、坐支现金、扩大现金开支范围。
② 现金收入不入账，形成“小金库”。
③ 贪污、挪用库存现金。
④ 从银行提取的现金用途不合法、不合理。
⑤ 出租、出借银行账户以收取好处费。
⑥ 开立“黑户”，截留收入。
⑦ 不日清月结。

课堂训练 13-1

【多选题】下列事项中可能表明被审计单位的货币资金存在重大错报风险，注册会计师在进行工作时应保持警觉的有（　　）。

A．存在大量异地银行账户　　　B．不能获取银行存款余额调节表
C．企业资金存放于管理层或职工个人账户　　　D．存在多笔银行未达账项

13.2　货币资金内部控制测试

13.2.1　货币资金内部控制的目标

由于货币资金流动性强、使用灵活，所以发生的弊端较多，存在易被盗窃、贪污、挪用的风险。为了确保货币资金的安全与完整，保证货币资金符合国家的有关规定，防止各种违法乱

纪行为的产生，企业必须加强对货币资金的管理。根据国家有关法律法规的规定，应结合本部门或系统有关货币资金内部控制的规定，建立适合本单位业务特点和管理要求的货币资金内部控制制度并组织实施，使其在生产经营中得到有效执行。一般而言，一个良好的货币资金内部控制应该达到以下标准。

① 货币资金收支与记账的岗位要分离。

② 货币资金收入、支出要有合理、合法的凭据。

③ 全部收支能够及时、准确入账，并且支出要有核准手续。

④ 控制现金坐支现象，当日收入现金应及时送存银行。

⑤ 按月盘点现金，编制银行存款余额调节表，以做到账实相符。

⑥ 加强对货币资金收支业务的内部审计。

13.2.2 货币资金内部控制制度的内容

1. 岗位分工及授权批准

① 单位应当建立货币资金业务的岗位责任制度，明确相关部门和岗位的职责权限，确保办理货币资金业务的不相容岗位相互分离、制约和监督。例如，出纳人员不得兼任稽核和会计档案保管及收入、支出、费用、债权债务账目的登记工作；单位不得一人办理货币资金的全过程，等等。

② 单位办理货币资金业务，应当配备合格的人员，并根据具体情况进行岗位轮换。

③ 单位应当对货币资金业务建立严格的授权批准制度，明确审批人员对货币资金的授权批准方式、权限、程序、责任和相关控制措施，规定经办人办理货币资金业务的职责范围和工作要求。审批人应当根据货币资金授权批准制度的规定在授权范围内进行审批，不得超越审批权限；经办人员应当在职责范围规定内，按照审批人的批准意见办理货币资金业务。对于审批人超越授权范围审批的货币资金业务，经办人员有权拒绝处理，并及时向审批人的上级授权部门报告。

④ 单位应当按照规定的程序办理货币资金。

- 支付申请。单位有关部门或个人用款时，应当提前向审批人提交货币资金支付申请，注明款项的用途、金额、预算、支付方式等内容，并附有效经济合同或相关证明。
- 支付审批。审批人根据其职责、权限和相应程序对支付申请进行审批，对不符合规定的货币资金支付申请，审批人应当拒绝批准。
- 支付复核。复核人应当对批准后的货币资金支付申请进行复核，复核货币资金支付申请的批准范围、权限、程序是否正确，手续及相关单证是否齐全，金额计算是否正确，支付方式、支付单位是否妥当等。复核无误后，交由出纳人员办理支付手续。
- 办理支付。出纳人员应当根据复核无误的支付申请按规定办理货币资金支付手续，及时登记现金和银行存款日记账。

⑤ 单位对于重要的货币资金支付业务应当实行集体决策和审批，并建立责任追究制度，防范贪污、侵占、挪用货币资金等行为。

⑥ 严禁未经授权的机构或者人员办理货币资金业务或直接接触货币资金。

2. 现金和银行存款的管理

① 单位应当加强现金库存限额的管理，超过库存限额的现金应及时存入银行。

② 单位必须根据《现金管理暂行条例》的规定，结合本单位的实际情况确定本单位现金的开支范围。不属于现金开支范围的业务应当通过银行办理转账结算。

③ 单位现金收入应当及时存入银行，不得用于直接支付单位自身的支出。因特殊情况须坐支现金的，应事先报经开户银行审查批准。单位借出款项必须执行严格的授权批准程序，严禁擅自挪用、借出货币资金。

④ 单位取得的货币资金收入必须及时入账，不得私设“小金库”、不得设账外账、严禁收款不入账。

⑤ 单位应当严格按照《支付结算办法》等国家有关规定，加强对银行账户的管理，严格按照规定开立账户，办理存款、取款和结算。单位应当定期检查、清理银行账户的开立及使用情况，发现问题，及时处理。单位应当加强对银行结算凭证的填制、传递及保管等环节的管理与控制。

⑥ 单位应当严格遵守银行结算纪律，不准签发没有资金保证的票据或远期支票，套取银行信用；不准签发、取得和转让没有真实交易和债权债务的票据，套取银行和他人资金；不准无理拒绝付款，任意占用他人资金；不准违反规定开立和使用银行账户。

⑦ 单位应当指定专人定期核对银行账户，每月至少核对一次，编制银行存款余额调节表，使银行存款账面余额与银行对账单调节相符。如果调节不符，则应查明原因，及时处理。

⑧ 单位应当定期和不定期地进行现金盘点，确保现金账面余额与实际库存相符。如果发现不符，则应及时查明原因，做出处理。

3. 票据及有关印章的管理

① 单位应当加强与货币资金相关票据（支票、汇票、本票）的管理，明确各种票据的购买、保管、领用、背书转让、注销等环节的职责权限和程序，并专设登记簿进行记录，防止空白票据的遗失和被盗用。

② 单位应当加强银行预留印章的管理。财务专用章由专人保管，个人用章必须由本人或其授权人员保管，严禁一人保管支付款项所需的全部印章。按规定需要有关负责人签字或盖章的经济业务，必须严格履行签字或盖章手续。

4. 监督检查

① 单位应当建立对货币资金业务的监督检查制度，明确监督检查机构或人员的职责权限，定期和不定期地进行检查。

② 货币资金监督检查的内容主要包括以下几个方面。

- 货币资金业务相关岗位及人员的设置情况。重点检查是否存在货币资金业务不相容、职务混岗的现象。
- 货币资金授权批准制度的执行情况。重点检查货币资金支出的授权批准手续是否健全、是否存在越权审批行为。
- 支付款项印章保管情况。重点检查是否存在办理付款业务所需的全部印章交由一人保管的现象。
- 票据的保管情况。重点检查票据的购买、领用、保管手续是否健全，票据保管是否存在漏洞。

③ 对监督检查过程中发现的货币资金内部控制中的薄弱环节，应当及时采取措施，加以纠正和完善。

13.2.3 货币资金内部控制制度测试

对货币资金进行审计，必须首先对货币资金的内部控制制度进行测试。然后根据测试结果，确定进行货币资金审计的适当程序。

1. 了解内部控制制度

注册会计师通过询问、观察和阅读有关资料等手段收集必要的资料，了解企业货币资金的内部控制状况。通过编制流程图、设计调查表和编写文字说明等方法描述被审计单位货币资金内部控制，以便分析、评价被审计单位内部控制是否健全、设计是否合理。如果年度审计工作底稿中已有以前年度的流程图、调查表和文字说明，则也可以根据调查结果加以修正，以供本年度审计使用。一般来说，了解货币资金内部控制制度，还应当注意检查货币资金内部控制是否建立并严格执行。表 13.1 和表 13.2 分别列示了现金内部控制和银行存款内部控制的典型调查问题。

表 13.1 现金内部控制的典型调查问题

调查问题	回答			
	是	否	不适用	备 注
① 钱账是否分管				
② 现金收入是否符合会计制度规定				
③ 有无大面额现金交易				
④ 超限部分是否及时送存银行				
⑤ 有无坐支现金				
⑥ 有无挪用现金的现象				
⑦ 有无预防白条顶库的措施				
⑧ 有无混淆现金与银行存款范围				
⑨ 现金余额是否超限				
⑩ 预支的差旅费是否经过主管领导授权批准				
问题与评价				

表 13.2 银行存款内部控制的典型调查问题

调 查 问 题	回 答			
	是	否	不适用	备 注
① 是否混淆现金与银行存款				
② 超现部分是否及时送存银行				
③ 是否所有支票均事先按顺序编号				
④ 签发支票的人是否经过授权				
⑤ 是否每月编制银行存款余额调节表				
⑥ 有无与应付账款相对应截留的销售收入				
⑦ 有无与预收账款相对应截留的销售收入				
⑧ 有无出租、出借银行存款账户				
问题与评价				

2. 抽取并审查收款凭证

在一个企业中，出纳员与会计岗位职责不清，就很容易出现挪用、贪污货币资金的情况。为了测试货币资金收款的内部控制，应选取适当的样本量，抽取收款凭证，做如下检查。

① 核对收款凭证与存入银行账户的日期和金额是否相符。

② 核对现金日记账、银行存款日记账的入账金额是否正确。

③ 核对收款凭证与银行对账单是否相符。

④ 核对收款凭证与应收账款等相关明细账的有关记录是否相符。

⑤ 核对货币资金实收金额与销货发票等相关凭证记录是否一致。

3. 抽取并检查付款凭证

为了测试货币资金付款内部控制，还应当选取适当的样本并抽取付款凭证进行如下检查。

① 检查付款的授权批准手续是否符合规定。

② 核对现金日记账、银行存款日记账的付出金额是否正确。

③ 核对付款凭证与银行对账单是否相符。

④ 核对付款凭证与应付账款等相关明细账的记录是否一致。

⑤ 核对货币资金实付金额与购货发票等相关凭证是否相符。

4. 抽取一定期间的现金、银行存款日记账与总账核对

① 抽取一定期间的现金、银行存款日记账，检查其有无计算错误、加总是否正确无误。如果发现问题较多，则说明被审计单位货币资金会计记录不够可靠。

② 应根据日记账提供的线索核对总账中的现金、银行存款、应收账款、应付账款等有关账户的记录。

5. 查验一定期间的银行存款余额调节表的编制及复核

为了证实银行存款记录的正确性，必须抽取一定期间的银行存款余额调节表，将其与银行对账单、银行存款日记账及总账进行核对，确定被审计单位是否按月正确编制并复核银行存款余额调节表。

6. 检查外币资金的折算方法是否符合有关规定并与上年度一致

着重检查企业的外币资金、银行存款、账户的余额是否按期末市场汇率折合为记账本位币金额，有关汇兑损益的计算和记录是否正确。

7. 评价货币资金内部控制

在完成上述程序后，应对货币资金内部控制进行评价，确定其可信赖的程度，分析其存在的薄弱环节，从而确定货币资金实质性测试程序的范围。

13.3 货币资金的审计

13.3.1 现金审计

1. 现金审计目标

① 确定被审计单位资产负债表中的现金在财务报表日是否存在。

② 确定被审计单位在特定期间内发生的现金收支业务是否均已记录完毕，有无遗漏。

③ 确定现金是否为被审计单位拥有。

④ 确定库存现金以恰当的金额包括在财务报表的货币资金项目中，与之相关的计价调整已恰当记录。

⑤ 确定现金在财务报表上的披露是否恰当。

2. 现金的实质性测试程序

① 核对现金日记账与总账的余额是否相符。注册会计师测试现金余额的起点是核对现金日记账与总账的余额是否相符。如果不相符，则应查明原因，并做出记录或适当调整。

② 盘点库存现金。盘点库存现金是证实资产负债表所列现金是否存在的一项重要程序。通过盘点现金，可以查明被审计单位是否严格执行现金管理制度，有无以白条抵库、私人借款、挪用公款、私设“小金库”及贪污等舞弊问题。

盘点库存现金通常包括对已收到但未存入银行的现金、备用金等的盘点。盘点时，应对各部门经管的现金同时进行检查，两处以上的现金应该同时进行盘点，以防止移东补西。一般先由出纳员开箱清点，然后将初点过的现金全部交注册会计师当场复点。盘点中应注意，除盘点库存现金外，还须盘点票据、证券、邮票等物件和凭证、单据、白条等。

盘点库存现金的步骤和方法如下。

步骤 1　确定库存现金盘点的时间和参加的人员。库存现金盘点的时间一般选择企业营业时间的上午上班前或下午下班时，以避开现金收支的高峰期。为了防止有关人员在盘点前采取措施掩盖问题，注册会计师不事先通知有关人员，采取突击盘点方式。盘点时被审计单位会计主管和出纳员必须参加，并由注册会计师监督盘点。

步骤 2　确定库存现金账面应有金额。盘点前应由注册会计师临时加封出纳所经管的所有现金、收付凭证和账目，并暂时不进行现金收付业务。审查开始后，由出纳员根据现金日记账和手中已办理收付手续而尚未登账的收付款凭证编制现金余额表。注册会计师对该表进行验证，以证实出纳员提交的现金余额表的正确性。如果有不符，则须追查原因，以确定库存现金账面应有金额。

步骤 3　实地盘点库存现金，如启封保险柜，实点现金、未入账的凭单、有价证券等。

步骤 4　编制库存现金盘点表。实地盘点清楚后，应当场及时做好记录。实存数应按不同币种、面值分别加总，并与审核后的现金余额表中账面应有金额核对，看其是否相符。如果不相符，则须查明溢缺数及其原因，然后编制库存现金盘点表。企业财务负责人和出纳员应在盘点表上签字，并加盖单位公章或财务专用章。在非资产负债表日（通常在资产负债表日后）进行监盘时，应将监盘金额调整至资产负债表日的金额，并对变动情况实施审计程序。库存现金盘点表样例如表 13.3 所示。

表 13.3　库存现金盘点表

被审计单位：　　编制：　　日期：　　索引号：

截止日期：　　复核：　　日期：　　页　次：

检查核对记录				现金盘点记录				
项　目	行　次	币种：人民币	币种：美元	面　额	币种：人民币		币种：美元	
					数　量	金　额	数　量	金　额
盘点日账面库存结余额	1			100 元				
盘点日未记账凭证收入金额	2			50 元				
盘点日未记账凭证付出金额	3			20 元				
盘点日账面应存金额	4=1+2−3			10 元				
盘点实存金额	5			5 元				
应存金额与实存金额差异	6=4−5			2 元				
追溯至报表日账面结存金额				1 元				
报表日至盘点日支出总额	7			其他				
报表日至盘点日收入总额	8			合计				
报表日应有账面金额	9=1+7−8			盘存地点：				
报表日账面汇率	10			盘点日期：				
合　计				盘点人：				
调整数				企业会计主管：				
				注册会计师：				
审定数								
审计说明：（应对第 6 行的差异原因做出说明）								

注册会计师：　　出纳员：　　会计主管：

对库存现金实存额的审查，如果有充抵库存现金的借条、代保管的薪酬、未提现支票、未做报销的原始凭证，则应在库存现金盘点表中注明或做出必要的调整；对现金保管条件予以检查，检查技术设施是否按照保管现金制度的规定予以落实、是否合理完善，以促使企业单位加强现金管理，保证库存现金的安全和完整。

③ 分析被审计单位日常库存现金余额是否合理、关注是否存在大额未缴存的现金。

④ 抽查大额库存现金收支。检查大额现金收支的原始凭证是否齐全、原始凭证内容是否完整、有无授权批准，记账凭证与原始凭证是否相符、账务处理是否正确、是否记录于恰当的会计期间等项内容。

⑤ 抽查资产负债表日前后若干天的、一定金额以上的现金收支凭证实施截止测试。

⑥ 检查库存现金是否在财务报表中做出恰当披露。

实例研究13-1

2020年3月10日下午，由注册会计师参加的现金盘点小组盘点了某企业出纳员所经管的现金，当天的现金日记账已登记完毕，结出现金余额为683.2元。其清点结果如下。

① 现金实存数：100元3张、50元3张、10元4张、5元2张、辅币10.90元。

② 在保险柜内发现下列凭证，已付款尚未制证出账。

- 职工朱敏2020年1月15日借差旅费100元。经领导批准。
- 职工冯伟借款一张，日期为2月6日，金额为60元。未经批准，也未说明用途。

③ 门市部送来当天零售货款258元一包（不包括在实有数内）。未送存银行，也未入账。

④ 待领薪酬848元。单独包封。

⑤ 银行核定库存现金限额为500元。

根据清点结果，编制现金盘点表，并提出审计意见。

分析

① 职工朱敏借支的差旅费100元属于现金支出范围，且经过领导授权批准，可以作为已付款未入账的事项进行调节。

② 职工冯伟借款一张60元，未经批准，也未说明用途，属于白条，白条不能顶库。

③ 门市部送来当天零售货款258元，属于现金收入的范围，但因其不包括在现金实有数内，所以不能作为已收款未入账的事项进行调节。

④ 待领薪酬848元，单独包封，已不属于企业的现金，因此不能作为已收款未入账的事项进行调节。现金盘点简表如表13.4所示。

表13.4 现金盘点表（简化）

项 目	金 额	备 注
现金日记账余额	683.20元	
加：已收款未入账	0元	
减：已付款未入账	100.00元	
现金日记账应存额	583.20元	
现金实存额	510.90元	
现金盘亏数	72.30元	其中60元应催促冯伟尽快还款，另外应顺着12.30元这个线索对现金进行重点审计

注册会计师：　　　出纳员：　　　会计主管：

13.3.2 银行存款审计

1. 审计目标

① 确定银行存款在财务报表日是否确实存在、是否为被审计单位所拥有。

② 确定客户在特定期间内发生的银行存款收支业务是否均已记录完毕，有无遗漏。

③ 确定银行存款以恰当的金额包括在财务报表的货币资金项目中、与之相关的计价调整已恰当记录。

④ 确定银行存款在财务报表上的披露是否恰当。

2. 银行存款的实质性测试程序

步骤1 获取或编制银行存款余额明细表。

① 复核加计是否正确，并与总账数和日记账合计数核对是否相符。

② 检查非记账本位币银行存款的折算汇率及折算金额是否正确。

步骤2 检查银行存单。编制银行存单检查表，检查是否与账面记录金额一致、是否被质押或限制使用、存单是否为被审计单位所拥有。

① 对已质押的定期存款应检查定期存单，并与相应的质押合同核对，同时关注定期存单对应的质押借款有无入账。

② 对未质押的定期存款，应检查开户证实书原件。

③ 对审计外勤工作结束日前已提取的定期存款，应核对相应的兑付凭证、银行对账单和定期存款复印件。

步骤3 取得并检查银行存款余额调节表。

① 取得被审计单位的银行存款余额对账单，与银行询证函回函核对，确认是否一致，并抽样核对账面记录的已付票据金额及存款金额是否与对账单记录一致。

② 获取资产负债表日的银行存款余额调节表，检查调节表中的加计数是否正确、调节后的银行存款日记账余额与银行对账单余额是否一致。

③ 检查调节事项的性质和范围是否合理。

首先，检查是否存在跨期收支和跨行转账的调节事项。编制跨行转账业务明细表，检查跨行转账业务是否同时对应转入和转出、未在同一期间完成的转账业务是否反映在银行存款余额调节表的调整事项中。

其次，检查大额在途存款和未付票据。检查在途存款的日期，查明发生在途存款的具体原因，追查期后银行对账单存款记录日期，确定被审计单位与银行记账时间的差异是否合理，确定在资产负债表日是否须进行审计调整；检查被审计单位的未付票据明细清单，查明被审计单位未及时入账的原因，确定账簿记录时间晚于银行对账单的时间是否合理；检查被审计单位未付票据明细清单中有记录，但截止资产负债表日银行对账单无记录且金额较大的未付票据，获取票据领取人的书面说明，确认资产负债表日是否需要进行调整；检查资产负债表日后银行对账单是否完整地记录了调节事项中银行未付票据金额。

④ 检查是否存在未入账的利息收入和利息支出。

⑤ 检查是否存在其他跨期收支事项。

⑥ 当未经授权或授权不清支付货币资金的现象比较突出时，应检查银行存款余额调节表中支付异常的领款、签字不全、收款地址不清、金额较大票据的调整事项，以确认是否存在舞弊。

步骤4　函证银行存款余额，编制银行函证结果汇总表，检查银行回函。

① 向被审计单位在本期存过款的银行发函，包括零账户和账户已结清的银行。

② 确定被审计单位账面余额与银行函证结果的差异，对不符事项做出适当处理。

银行存款询证函格式如表13.5所示。

表13.5　银行询证函（详式）

索引号：
编　号：
地址：
银行：

本公司聘请的＿＿＿＿会计师事务所正对本公司＿＿＿＿年年度财务报表进行审计，按照《中国注册会计师执业准则》和财政部、中国人民银行《关于做好企业的银行存款借款及往来款项函证工作的通知》（财协字〔1999〕1号）的要求，应当询证截至＿＿＿＿年＿月＿日，本公司与贵行之间的业务往来情况。下列余额或情况出自本公司记录，若与贵行记录相符，请直接在本函后页“信息证明无误”处签章证明；若有不符事项，请在“信息不符”处列出不符事项序号及贵行的账面记录后签章证明。

回函请直接寄至＿＿＿＿会计师事务所＿＿＿注册会计师。
回函地址：　　　　　　　　　　　　　　　　　　　　邮编：
电话：　　　　　　　　　　　　　　　　　　　　　　传真：

截至＿＿＿＿年＿＿月＿＿日，本公司与贵行相关的信息列示如下。

1. 银行存款

银行账号	币　种	余　额	利　率	起止日期	是否被质押、用于担保或存在其他使用限制	备　注

除上述列示的银行存款外，本公司并无在贵行的其他存款。

说明：“起止日期”一栏仅适用于定期存款。如果为活期或保证金存款，则可只填写“活期”或“保证金”字样。

2. 银行借款

账　号	币　种	本息余额	借款日期	到期日期	利　率	借款条件	抵（质）押品/担保人	备　注

除上述列示的银行借款外，本公司并无在贵行的其他借款。

说明：此项仅函证截至资产负债表日本公司尚未归还的借款。

3. 截至函证日之前12个月内注销的账户

账户名称	银行账号	币　种	注销账户日

除上述列示的账户外，本公司并无截至函证日之前12个月内在贵行注销的其他账户。

4. 委托存款

账户名称	银行账号	借款方	币　种	利　率	余　额	存款起止日期	备　注

除上述列示的委托存款外，本公司并无通过贵行办理的其他委托存款。

（续表）

5. 委托贷款

账户名称	银行账号	资金使用方	币种	利率	本金	利息	贷款起止日期	备注

除上述列示的委托贷款外，本公司并无通过贵行办理的其他委托贷款。

6. 担保

（1）本公司为其他单位提供的、以贵行为担保受益人的担保

被担保人	担保方式	担保金额	担保期限	担保事由	担保合同编号	被担保人与贵行就担保事项往来的内容（贷款等）	备注

除上述列示的担保外，本公司并无其他以贵行为担保受益人的担保。

说明：如果采用抵押或质押方式提供担保，则应在“备注”栏中说明抵押或质押物情况。

（2）贵行向本公司提供的担保

被担保人	担保方式	担保金额	担保期限	担保事由	担保合同编号	备注

除上述列示的担保外，本公司并无贵行提供的其他担保。

7. 本公司为出票人且由贵行承兑而尚未支付的银行承兑汇票

银行承兑汇票号码	票面金额	出票日	到期日

除上述列示的银行承兑汇票外，本公司并无由贵行承兑而尚未支付的其他银行承兑汇票。

8. 本公司向贵行已贴现而尚未到期的商业汇票

商业汇票号码	付款人名称	承兑人名称	票面金额	票面利率	出票日	到期日	贴现日	贴现率	贴现净额

除上述列示的商业汇票外，本公司并无向贵行已贴现而尚未到期的其他商业汇票。

9. 本公司为持票人且由贵行托收的商业汇票

商业汇票号码	承兑人名称	票面金额	出票日	到期日

除上述列示的商业汇票外，本公司并无由贵行托收的其他商业汇票。

（续表）

10. 本公司为申请人、由贵行开具的、未履行完毕的不可撤销信用证

信用证号码	受益人	信用证金额	到期日	未使用金额

除上述列示的不可撤销信用证外，本公司并无由贵行开具的未履行完毕的其他不可撤销信用证。

11. 本公司和贵行之间未履行完毕的外汇买卖合约

类　别	合约号码	买卖币种	未履行的合约买卖金额	汇　率	交收日期
贵行卖予本公司					
本公司卖予贵行					

除上述列示的外汇买卖合约外，本公司并无与贵行之间未履行完毕的其他外汇买卖合约。

12. 本公司存放于贵行的有价证券或其他产权文件

有价证券或其他产权文件名称	产权文件编号	数　量	金　额

除上述列示的有价证券或其他产权文件外，本公司并无存放于贵行的其他有价证券或其他产权文件。

13. 其他重大事项

说明：此项应填列注册会计师认为重大且应予函证的其他事项，如信托存款等。如无则应填写“不适用”。

公司签章：　　　　年　　月　　日

结论：1. 信息证明无误　　　　2. 信息不符（请列明不符项目及具体内容）

银行签章：

日期：

经办人：

步骤5　检查银行存款账户的存款人是否为被审计单位。如果存款人不是被审计单位，则应获取该账户户主和被审计单位的书面声明，确认资产负债表日是否需要调整。

步骤6　关注是否存在质押、冻结等对变现有限制或存在境外的款项，是否已做必要的调整和披露。

步骤7　对不符合现金及现金等价物条件的银行存款在审计工作底稿中予以列明，以考虑对现金流量表的影响。

步骤8　抽查大额银行存款收支的原始凭证，检查原始凭证是否齐全、记账凭证与原始凭证是否相符、账务处理是否正确、是否记录于恰当的会计期间等项内容。检查是否存在非营业目的的大额货币资金转移，并核对相关账户的进账情况。如果有与被审计单位生产经营无关的收支事项，则应查明原因并做相应的记录。

步骤9　检查银行存款收支的截止是否正确。选取资产负债表日前后一定数量和金额的凭证实施截止测试，关注业务内容及对应项目。如果有跨期收支事项，则应考虑是否应进行调整。

步骤10　检查银行存款是否在财务报表中做出恰当披露。

课堂训练 *13-2*

ABC会计师事务所的注册会计师正在对甲公司 2019年年度的财务报表进行审计。注册会计师通过查阅上年度审计工作底稿和其他程序，了解到甲公司开立有基本存款账户 A、一般存款账户 B和 C。2019年 12月 31日，A账户银行存款余额为 5 163 716.13元、B账户存款余额 116 850.12元、C账户存款余额为 0。注册会计师决定对 A账户采用积极式询证函的方式、对B账户采用消极式询证函的方式、对C账户主要采用检查相关记录和原始凭证的方式验证其余额。

在对 A账户函证时，注册会计师将询证函交由甲公司出纳员填写银行账号、存款余额及联系方式等事项后，由注册会计师审核后交出纳送交 A银行。其具体函证内容如下。

本事务所接受委托对甲公司的财务报表进行审计，按照《中国注册会计师审计准则》的要求应当询证甲公司与贵行相关的信息。下列信息出自甲公司记录，如有不符，请在“信息不符”处列明不符金额。有关询证费用可直接从本账户中收取。回函请寄至甲公司财务部(通信地址:略)。

截至 2019年 12月 31日止，甲公司与贵行银行存款信息列示如下。

银行账号	币　种	余　额	利　率	起止日期	是否被质押、用于担保或存在其他使用限制	备　注
0728393113	人民币	5 163 716.13 元				

除上述列示的银行存款外，甲公司并无在贵行的其他存款。

ABC会计师事务所（盖章）

2020年 2月 28日

经办人:

职务:

电话

结论（一致时填写）

经本行核对，存在以下不符之处。(不一致时填写以下内容)

年　　月　　日

经办人:　　　　职务:　　　　电话:

复核人:　　　　职务:　　　　电话:

（银行盖章）

2020年 3月 5日甲公司出纳将 A银行的回函交给注册会计师，银行确认的 2019年 12月 31日甲公司存款余额为 4 263 716.13元。注册会计师检查了甲公司编制的银行存款余额调节表，调节表显示 A 账户银行对账单余额为 4 263 716.13 元、银行存款日记账余额为 5 163 716.13元。注册会计师复核了调节表中加计数的准确性，通过调节，银行存款日记账余额与银行对账单余额是一致的，调节表显示调节后银行存款余额为 4 153 716.13元，注册会计师得出了银行存款日记账余额为 5 163 716.13元的记录是准确的结论。注册会计师审计确认，2019年 12月 31日库存现金的余额为 150 000元。如果注册会计师认为银行存款余额调节表的所有未达账项均不重要，且 B和 C账户未发现重大错报，则注册会计师最终确定资产负债表中货币资金项目的余额为 5 430 566.25元。

要求：

（1）指出询证函的不当之处，并改正。

（2）指出注册会计师在确定函证对象、函证方式、函证内容、询证函的发送和回收及在确定银行存款余额的审计程序中有何不当之处。

13.3.3 其他货币资金审计

其他货币资金包括企业为到外地进行临时或零星采购而汇往采购地银行开立采购专户的款项所形成的外埠存款、企业为取得银行汇票按照规定存入银行的款项所形成的银行汇票存款、企业为取得银行本票按照规定存入银行的款项所形成的银行本票存款、企业为取得信用卡按照规定存入银行的款项所形成的信用卡存款、采用信用证结算方式的企业为开具信用证而存入银行信用证保证金专户的款项所形成的信用证存款、企业已存入证券公司但尚未进行投资所形成的存出投资款等。

其他货币资金的实质性测试程序一般包括以下几个方面。

步骤 1 核对外埠存款、银行汇票存款、银行本票存款、信用证存款、存出投资款等各明细账的期末合计数与总账数是否相符。

步骤 2 函证外埠存款户、银行汇票存款户、银行本票存款户、信用证存款户、存出投资款等的期末余额。

步骤 3 验证其他货币资金的截止日期，并审查截止日期前后的其他货币资金的收支情况，以防止高估或低估其他货币资金的数额。

步骤 4 对于非记账本位币的其他货币资金，检查其是否按规定的折算汇率折算为记账本位币金额、是否将其期末余额折合为记账本位币金额。

步骤 5 抽取一定样本量的原始凭证进行测试，检查其经济内容是否完整、有无适当的审批授权，并核对相关账户的入账情况。

步骤 6 审查其他货币资金是否在资产负债表上恰当地披露。

实例研究 13-2

某公司在东北某大型钢铁厂设有办事处，派 4名公关能力较强的人员常驻。通过各种关系和手段，这 4名公关人员打通了这家钢铁厂的销售环节，能以优惠价格购到各种钢材，其数量不仅能满足本厂生产需要，还能提供给其他单位。于是该公司决定，除保证本公司生产经营需要外，还要多搞一些钢材转手倒卖，从中获利。该公司便通过银行向某钢铁厂所在地工商银行某办事处汇去资金 280万元，作为采购钢材的周转金，要求钢材无论销往何地，其款项都要由公司办事处统一收取，每月只将净利润汇回公司特别开设的银行账户，以达到隐瞒利润、偷漏所得税的目的。

1. 查证经过

查证人员对被查公司进行审查时发现，“其他货币资金——外埠存款”账户自 2018年 1月份到 2019年 2月份的借方余额一直为 280万元。外埠存款是企业到外地进行临时性或零星采购材料时的暂时存款，采购业务一旦结束应抽回资金，撤销该类存款账户。而该公司的外埠存款挂了一年多，平时也没有什么增减变化，很值得怀疑。从发生这笔业务的记账凭证摘要中可以看出，该笔款项是用于向东北某钢铁厂采购钢材的。查证人员通过材料采购账户，发现每月都有从东北某钢铁厂购回的钢材，而且每次购买都是通过银行汇去现款进行结算的。这样，280万元的外埠存款就更值得怀疑。通过调查得知，被查公司在该钢铁厂设有4人的办事处，他们除了为公司购买钢材外可能还套购大批钢材进行转手倒卖。查证人员通过外调，找到了那4位工作人员，通过查阅他们记录的流水账和银行汇款记录，查明该办事处上年销售各类钢材2万吨，销售收入达2 340万元（含增值税）。而被查公司账上并没有办事处汇回款项的记录，于是查证人员肯定该公司在搞“账外经营”。通过内查、外调，发现该公司通过关系在本地工商银行某分理处另外开设了银行账户，却没有在公司账上反映。经查，上年一共汇入账外经营利润400万元。经营过程中发生的增值税已向东北某钢铁厂所在地税务机关缴纳。

2. 账项调整

① 把账外经营利润转入公司账上。

借：银行存款　　4 000 000

　　贷：本年利润　　4 000 000

② 撤销外埠存款户。

借：银行存款　　2 800 000

　　贷：其他货币资金——外埠存款　　2 800 000

③ 要求注销在工商银行某分理处开设的非法银行账户，把款项转入被查公司的合法银行账上。

复习思考题

一、填空题

1. 货币资金审计是指________审计、________审计和________审计。

2. 出纳人员不得兼任________和________及收入、支出、费用、债权债务账目的登记工作。

3. 其他货币资金审计是指________审计、________审计、________审计、________审计、________审计和________审计。

4. 库存现金盘点时间一般选择在________或________。

5. ________是证实资产负债表所列银行存款是否存在的一项重要审计程序。

二、单项选择题

1. 2020年3月10日，注册会计师对被审计单位现金进行监盘后，确认实有现金2 000元。公司3月9日账面库存现金余额为3 000元，3月10日发生的现金收支全部未登记入账。其中，收入金额为5 000元、支出金额为6 000元。2020年1月1日至3月9日现金收入总额为158 200元、现金支出总额为156 000元，则可以推断2019年12月31日库存现金余额为（　　）元。

A. 3 000　　B. 1 000　　C. 800　　D. 2 200

2. 在进行年度财务报表审计时，为了证实被审计单位在临近12月31日签发的支票未予入账，注册会计师实施的最有效审计程序是（　　）。

A. 审查12月31日的银行存款余额调节表

B．函证12月31日的银行存款余额

C．审查12月31日的银行对账单

D．审查12月份的支票存根

3．注册会计师了解被审计单位现金收入应于每日存入银行的主要目的是（　　）。

A．确保交易经适当批准　　B．确保交易按授权进行

C．保护资产安全　　D．确保现金及收入记录完整

4．注册会计师能够确定下列各项职责中没有违反不相容职责的有（　　）。

A．银行出纳与编制银行存款余额调节表

B．接受订单与批准赊销

C．现金出纳与登记现金日记账

D．现金出纳与编制记账凭证

5．注册会计师在对库存现金进行盘点时，时间最好选择在上午上班或下午下班时进行，主要是为了证实（　　）认定。

A．完整性　　B．计价和分摊　　C．存在　　D．权利和义务

三、多项选择题

1．下列符合现金盘点要求的是（　　）。

A．盘点人员必须有出纳员、被审计单位会计主管和注册会计师

B．盘点之前应将已办理现金收付手续的收付凭证登入现金日记账

C．不同存放地点的现金应同时进行盘点

D．盘点时间应安排在现金收付业务进行前或结束后

2．良好的货币资金内部控制要求是（　　）。

A．控制现金坐支，当日现金收入应及时送存银行

B．货币资金收支与记账的岗位分离

C．全部收支及时、准确入账，并且支出要有核准手续

D．按月盘点现金，编制银行存款余额调节表

3．在下列审计程序中，属于库存现金、银行存款账户实质性程序的有（　　）。

A．监盘库存现金，编制库存现金监盘表

B．抽查大额现金和银行存款收支，看是否及时入账

C．抽查是否每月编制银行存款余额调节表

D．向开户银行函证银行存款余额

4．注册会计师实施的下列各项审计程序中能够证实银行存款是否存在的有（　　）。

A．分析定期存款占银行存款的比例　　B．检查银行存款余额调节表

C．函证银行存款余额　　D．检查银行存款收支的正确截止

5．注册会计师应当注意检查库存现金内部控制的建立和执行情况，并关注（　　）。

A．库存现金的收支是否按规定的程序和权限办理

B．是否存在与被审计单位经营无关的款项收支情况

C．是否存在出租、出借银行账户的情况

D．出纳与会计的职责是否严格分离

四、简答题

1．简述现金的审计目标。

2．简述银行存款的实质性测试程序的主要内容。

五、操作题

操作题 13-1

1．案例资料

2020年1月10日上午8时，江南会计师事务所派注册会计师王强对永兴公司库存现金进行突击盘点。经过盘点，实际情况如下。

（1）现钞有100元币10张、50元币13张、10元币16张、5元币19张、辅币92.60元。

（2）已收款尚未入账的收款凭证3张，计130元。

（3）已付款尚未入账的付款凭证5张，计520元。其中，有马明借条一张，日期为2019年7月15日，金额200元，未经批准且未说明用途。

（4）现金日记账账面记录：盘点日账面余额为1 890.20元；2020年1月1日至10日收入现金4 560.10元，支出现金4 120元；2019年12月31日余额为1 060元。

2．要求

（1）编制现金盘点表，并查明2019年12月31日余额1 060元的正确性。

（2）指出该企业在现金管理中存在什么问题，并提出改进建议。

操作题 13-2

1．案例资料

ABC会计师事务所的A注册会计师负责审计甲公司2019年年度财务报表。与货币资金审计相关的部分事项如下。

（1）A注册会计师认为库存现金重大错报风险很低，因此未测试甲公司财务主管每月末盘点库存现金的控制，于2019年12月31日实施了现金监盘，结果满意。

（2）对于账面余额与银行对账单余额存在差异的银行账户，A注册会计师获取了银行存款余额调节表，检查了调节表中的加计数是否正确，并检查了调节后的银行存款日记账余额与银行对账单余额是否一致，据此认可了银行存款余额调节表。

（3）因对甲公司管理层提供的银行对账单的真实性存在疑虑，A注册会计师在出纳陪同下前往银行获取银行对账单。在银行柜台人员打印对账单时，A注册会计师前往该银行其他部门实施了银行函证。

（4）甲公司有一笔2018年10月存入的期限两年的大额定期存款。A注册会计师在2018年年度财务报表审计中检查了开户证实书原件并实施了函证，结果满意，因此未在2019年年度审计中实施审计程序。

（5）为测试银行账户交易入账的真实性，A注册会计师在验证银行对账单的真实性后，从银行存款日记账中选取样本与银行对账单进行核对，并检查了支持性文件，结果满意。

（6）乙银行在银行询证函回函中注明"接收人不能依赖函证中的信息"。A注册会计师认为该条款不影响回函的可靠性，认可了回函结果。

2．要求

针对上述第（1）至（6）项，逐项指出A注册会计师的做法是否恰当。如果不恰当，则应简要说明理由。

第14章 终结审计与审计报告

学习目标

1. 了解期后事项的含义和种类。
2. 了解或有事项的含义和种类。
3. 掌握或有事项的主要审计程序。
4. 了解关联方及其交易的识别、持续经营能力审计的相关知识。
5. 掌握关联方交易的主要审计程序。
6. 掌握持续经营能力的主要审计程序。
7. 了解审计报告的相关知识。
8. 能根据审计结果情况出具不同类型的审计报告。

引导案例

审计报告案例——出具非标准审计报告的判定

ABC会计师事务所的A注册会计师担任多家被审计单位 2019 年年度财务报表审计的项目合伙人，遇到下列导致出具非标准审计报告的事项。

① 甲公司为ABC会计师事务所 2019 年年度承接的新客户。前任注册会计师由于未就 2018 年 12 月 31 日存货余额获取充分、适当的审计证据，因此对甲公司 2018 年年度财务报表发表了保留意见。审计项目组认为，导致保留意见的事项对本期数据本身没有影响。

② 2019 年 10 月，上市公司乙公司因涉嫌信息披露违规被证券监管机构立案稽查。截至审计报告日，尚无稽查结论。管理层在财务报表附注中披露了上述事项。

③ 丙公司管理层对固定资产实施减值测试，按照未来现金流量现值与固定资产账面净值的差额确认了重大减值损失。管理层无法提供相关信息以支持现金流量预测中假设的未来 5 年营业收入，审计项目组也无法做出估计。

针对上述第①至③项，假定不考虑其他条件，你认为 A注册会计师应当出具何种类型的非标准审计报告，并简要说明理由。

本章将学习终结审计阶段需要完成的工作，熟悉审计意见的内容、格式和类型，以及注册会计师出具审计意见的不同情形。

14.1　期后事项审计

14.1.1　期后事项的含义和审计目标

期后事项是指从资产负债表日至审计报告日期间发生的，以及在审计报告日至财务报表公布日期间发生的对财务报表产生影响的事项。财务报表公布日是指被审计单位对外披露已审计财务报表的日期。由于期后事项会引起被审计单位财务状况、经营成果的变化，进而会影响已审计财务报表的可信性，也就是说期后事项很可能会改变注册会计师对被审计单位财务报表公允性的意见，因此注册会计师必须对期后事项予以充分关注。审计时，注册会计师应当关注如下两类期后事项，以确定其对被审计单位财务报表公允性的影响。

1. 调整事项

调整事项是指能为资产负债表日已经存在的情况提供补充证据的事项。例如，资产负债表日后诉讼案件结案，法院判决证实了企业在资产负债表日已经存在现时义务，需要调整原先确认的与该诉讼案件相关的预计负债，或者确认一项新负债；资产负债表日后取得确凿证据，表明某项资产在资产负债表日发生了减值或需要调整该项资产原先确认的减值金额；资产负债表日后进一步确定了资产负债表日前购入资产的成本或售出资产的收入；资产负债表日后发现了财务报表舞弊或差错。

这里应当注意区分资产负债表日已经存在事项和资产负债表日后发生的事项。只有在资产负债表日已经存在，期后发生重大变化的事项严重影响财务报表的公允性时，才需要提请被审计单位加以调整，将这种变化的影响记入财务报表。

2. 非调整事项

非调整事项是指虽不影响财务报表金额但可能影响对财务报表正确理解的事项。例如，资产负债表日后发生重大诉讼、仲裁、承诺；资产负债表日后资产价格、税收政策、外汇汇率发生重大变化；资产负债表日后因自然灾害导致资产发生重大损失；资产负债表日后发行股票和债券及其他巨额举债；资产负债表日后资本公积转增资本；资产负债表日后发生巨额亏损；资产负债表日后发生企业合并或处置子公司；资产负债表日后企业利润分配方案中拟分配的及经审议批准宣告发放的股利或利润，等等。

这类事项因不影响资产负债表日的财务状况，所以不需要调整被审计单位的财务报表。但如果不对其加以说明，则有可能使财务报表的使用者产生误解，对被审计单位的现有财务状况和未来经营前景做出错误的判断。因此，对于可能影响对财务报表正确理解的事项，注册会计师应提请被审计单位在财务报表中以附注的形式予以披露。

期后事项的审计目标包括：确定是否存在期后事项；确定期后事项的类型及重要程度；确定期后事项的会计处理和报表披露是否恰当。

14.1.2　期后事项的主要审计程序

审计期后事项不同于审计一般的财务报表项目，注册会计师对被审计单位期后事项的审计可归结为两类：一是结合财务报表年末余额进行实质性测试的程序；二是针对期后事项而另行实施的专门程序。

1. 结合财务报表年末余额实质性测试而进行的期后事项审计程序

注册会计师在对被审计单位财务报表实施实质性测试程序时，通常会采用截止测试和估价测试来核实审计单位管理层对其年末各账户余额的认定。例如，通过审核期后的现金支出来测试流动负债是否被低估；通过复核次年发生的若干笔现金收入，来测试所审计会计年度年末应收账款的可收回性，等等。在进行测试时，注册会计师显然将涉及许多资产负债表日后发生的交易或事项并接触到许多相关资料，因而能从中发现、辨认可能存在或发生的期后事项。尽管这种程序是针对财务报表年末余额的实质性测试而实施的，在本质上是财务报表年末余额审计的一部分，但从实际效果上看，仍不失为期后事项审计的一种有效程序。

2. 针对期后事项而实施的专门程序

注册会计师针对期后事项实施的专门程序包括询问被审计单位管理层和有关人员，审阅有关资料。

应向被审计单位管理层及有关人员询问的内容主要包括以下几个方面。

① 已依据初步数据进行会计处理的项目的现状。

② 是否已进行或将进行异常的会计调整。

③ 是否已发生或可能发生影响会计政策适当性的事项。

④ 资产是否被政府征用或因不可抗力而遭受损失。

⑤ 资产是否已出售或计划出售。

⑥ 是否发生新的担保、贷款或承诺。

⑦ 是否已发行或者计划发行新的股票或债券。

⑧ 是否已签订或者计划签订合并或清算协议等。

在审计中，除应考虑所询问的内容是否恰当外，审计人员还须注意被询问人员的恰当性。只有向恰当的管理人员进行询问，才能取得可靠的审计证据。

注册会计师在期后事项审计中应当审阅的资料包括以下几个方面。

① 被审计单位的期中财务报表及其他相关管理报告。

② 管理层关于期后事项的说明或其他陈述。

③ 股东大会和管理层在资产负债表日后的有关会议记录。

④ 被审计单位律师或法律顾问关于期后事项的陈述。

⑤ 被审计单位管理层确认期后事项的程序。

⑥ 其他相关资料。

14.1.3 知悉资产负债表日后至审计报告日期间期后事项时的考虑

在实施了上述用于识别期后事项的审计程序后，如果知悉对财务报表有重大影响的期后事项，则注册会计师应当考虑这些事项在财务报表中是否得到恰当的会计处理或予以充分披露。

如果所知悉的期后事项属于调整事项，则注册会计师应当考虑被审计单位是否已对财务报表做出适当的调整；如果所知悉的期后事项属于非调整事项，则注册会计师应当考虑被审计单位是否在财务报表附注中予以充分披露。

14.1.4 知悉审计报告日后至财务报表报出日期间期后事项时的考虑

在审计报告日后至财务报表报出日前，如果知悉可能对财务报表产生重大影响的事实，则注册会计师应当考虑是否需要修改财务报表，并与管理层讨论，同时根据具体情况采取适当措施。

如果注册会计师认为期后事项的影响足够重大，确定需要修改财务报表，则还需要根据管理层是否同意修改财务报表或审计报告是否已经提交等具体情况来采取适当措施。

1. 管理层修改财务报表时的处理

如果管理层修改了财务报表，则注册会计师应当根据具体情况实施必要的审计程序。此时，注册会计师需要获取充分、适当的审计证据，以验证管理层根据期后事项所做出的财务报表调整或披露是否符合企业会计准则和相关会计制度的规定。

由于管理层修改了财务报表，因此注册会计师除了根据具体情况实施必要的审计程序外，还要针对修改后的财务报表出具新的审计报告和索取新的管理层声明书。新的审计报告日期不应早于董事会或类似机构批准修改后的财务报表的日期。

由于审计报告日的变化，因此注册会计师应当将用于识别期后事项的审计程序延伸至新的审计报告日，以避免重大遗漏。

2. 管理层不修改财务报表且审计报告未提交时的处理

如果注册会计师认为应当修改财务报表而管理层没有修改，并且审计报告尚未提交给被审计单位，则注册会计师应当按照《中国注册会计师审计准则第1502号——非标准审计报告》的规定，出具保留意见或否定意见的审计报告。

3. 管理层不修改财务报表且审计报告已提交时的处理

如果注册会计师认为应当修改财务报表而管理层没有修改，并且审计报告已提交给被审计单位，则注册会计师应当通知管理层不要将财务报表和审计报告向第三方报出。

如果财务报表仍被报出，则注册会计师应当采取措施防止财务报表使用者信赖该审计报告。

14.1.5　知悉财务报表报出日后期间期后事项时的考虑

在财务报表报出后，如果知悉在审计报告日已存在的、可能导致修改审计报告的事实，则注册会计师应当考虑是否需要修改财务报表，并与管理层进行讨论。同时，注册会计师还需要根据管理层是否修改财务报表、是否采取必要措施确保所有收到原财务报表和审计报告的人士了解这一情况、是否临近公布下一期财务报表等具体情况采取适当措施。

综上所述，各时段期后事项对注册会计师的责任及影响如表14.1所示。

表14.1　各时段期后事项注册会计师的责任和处理

时　段	注册会计师的责任	采取的措施及处理
第一时段 资产负债表日—审计报告日	主动识别责任并建议修改财务报表	如果没有得到恰当的处理，则出具保留意见或否定意见
第二时段 审计报告日—财务报表公布日	被动识别责任并建议修改财务报表	如果同意修改，则对修改过的财务报表出具审计报告，并更改报告日期
		如果拒绝修改，但报告尚未提交，则出具保留或否定意见的审计报告
		如果拒绝修改，且报告已提交，则应阻止报出。如果仍然报出，则必须采取措施防止财务报表使用人信赖报告
第三时段 财务报表公布日后	没有义务识别并建议修改财务报表	如果修改了财务报表并重新公布，则重新出审计报告并附强调事项段，重新修改出具审计报告的日期
		如果拒绝修改财务报表，则应采取措施防止财务报表使用人信赖报告
		如果临近公布下一期财务报表，则应仍应提请修改财务报表（上市公司）

课堂训练 14-1

【多项选择题】B注册会计师负责对乙公司 2019 年年度财务报表进行审计。B注册会计师出具审计报告的日期为 2020年 3月 15日，财务报表报出日为 2020年 3月 20日。在审计过程中，B注册会计师遇到下列事项，请代为做出正确的专业判断。

1. B注册会计师了解到的下列资产负债表日后事项，属于非调整事项的有（　　）。

A. 2020年2月1日，乙公司2019年年末的某项交易性金融资产发生大幅贬值

B. 2020年2月10日，乙公司发生重大诉讼

C. 2020年2月15日，乙公司于2018年确认的一笔大额销售被退回

D. 2020年3月16日，乙公司发生企业合并

2. 如果针对2020年3月20日后发现的事实，乙公司管理层修改了2019年年度财务报表，则B注册会计师应当采取的措施有（　　）。

A. 实施必要的审计程序

B. 复核管理层采取的措施能否确保所有收到原财务报表审计报告的人士了解这一情况

C. 针对修改后的2019年年度财务报表出具新的审计报告

D. 在针对乙公司 2020 年年度财务报表的审计报告中增加强调事项段，提醒财务报表使用者注意修改2019年年度财务报表的原因

14.2 或有事项审计

14.2.1 或有事项定义及其分类

或有事项是指由过去的交易或事项形成的一种状况，其结果须通过未来不确定事项的发生或不发生予以证实。为规范或有事项的会计核算及相关信息披露，财政部发布了《或有事项》具体会计准则。或有事项的存在，会对企业财务信息产生直接的影响。因此，注册会计师应当对或有事项予以充分的关注。

或有事项不同于或有负债，因为或有事项并不一定形成或有负债，也可能形成或有资产。或有资产是指过去的交易或事项形成的潜在资产，其存在须通过未来不确定事项的发生或不发生予以证实。或有负债包括两层含义：一是过去交易或事项形成的潜在义务，其存在须通过未来不确定事项的发生或不发生予以证实；二是过去的交易或事项形成的现时义务，履行该义务不是很可能导致经济利益流出企业或该义务金额不能可靠地计量。

或有负债根据其性质和内容的不同，可以分为两类：第一类为直接或有负债，是指被审计单位对外直接可能发生的潜在支付，通常包括被审计单位的未决诉讼、未决索赔、税务纠纷等；第二类为间接或有负债，是指被审计单位因第三者的原因可能发生的潜在支付，主要包括应收票据贴现、应收账款抵借、通融票据背书和其他债务担保等。

14.2.2 或有事项的审计目标

或有事项的审计目标包括：确定或有事项是否存在；确定或有事项的确认和计量是否符合

有关规定；确定或有事项是否已做恰当披露。就注册会计师而言，审计或有事项的关键在于对截止日至审计报告日之间被审计单位仍未调整或披露的或有事项，视其数额是否可以合理地加以估计，提请被审计单位予以调整或披露。如果被审计单位不接受建议，则注册会计师应当根据其重要程度，确定是否在审计报告中反映。

14.2.3 或有事项的审计程序及审计结果的处理

由于或有事项的种类不同，因此注册会计师在审计被审计单位的或有事项时，所采取的程序也各不相同。一般认为，或有事项的审计程序应该包括以下几个方面。

1. 向被审计单位管理层进行询问并索取有关资料

注册会计师应当向管理层询问其确定、评价和控制或有事项方面的有关方针政策和工作程序，特别要具体询问被审计单位应反映的或有事项的种类。同时，应当向被审计单位管理层索取以下资料。

① 被审计单位的书面声明。

② 被审计单位现存的有关或有事项的全部文件和凭证。

③ 被审计单位董事会和股东大会的会议记录。

④ 被审计单位和银行之间的往来函件。

⑤ 被审计单位的债务说明书。

2. 审阅和分析有关资料

取得有关资料后，注册会计师应对其进行认真审阅和分析，以确定或有事项是否存在，如果存在还应确定其主要的内容。应审阅和分析的资料具体包括以下几个方面。

① 审阅被审计单位董事会和股东大会会议记录，目的在于确定是否存在未决诉讼、未决索赔、税务纠纷、债务担保等方面的记录。

② 审查被审计单位重要文件或凭证，包括重要业务合同、租赁契约、专业服务协议及与银行往来函件等。

③ 分析和复核上期及所审计期间税务机构的税收结算报告，以发现审计期间有关纳税方面发生的争执之处。如果税款拖延时间较久，则发生税务纠纷的可能性就较大。

④ 核查被审计单位对未来事项或协议的财务承诺，如按某一价格购买原材料或租赁设备的承诺、为其他单位提供的债务担保等。

3. 向被审计单位外部有关人员进行询问或函证

向被审计单位外部有关人员进行询问或函证的内容有以下几个方面。

① 向被审计单位的法律顾问或律师进行函证，以获取法律顾问或律师对被审计单位资产负债表日已存在的，以及资产负债表日至复函日期间存在的或有事项的确认依据，特别是未决诉讼方面的问题。

② 向与被审计单位有业务往来的银行寄发包含有关或有事项的函证书，以反映应收票据贴现情况和为其他单位的银行借款进行担保的情况，包括担保事项的性质、金额、担保期间等。

4. 复核现存的审计工作底稿

现存的审计工作底稿可能为寻找潜在的或有事项提供有关线索，因此审计人员应当注意对其加以利用。

5. 审查或有事项的记录和披露

注册会计师实施上述必要的审计程序后，应在合理运用专业判断的基础上，确定管理层在财务报表及附注上是否已对或有事项予以恰当的记录或披露，具体说来包括以下几点。

（1）或有负债处理

① 按照会计准则的规定，企业一般不应确认或有负债，只有当与或有事项相关的义务同时符合 3 个条件时，企业才须将其确认为负债：该义务是企业应承担的现时义务；履行该义务很可能导致经济利益流出企业；该义务的金额能够可靠地计量。

② 对应予确认的负债，应在资产负债表中单列项目反映。一般应在财务报表附注中披露如下内容：或有负债形成的原因；或有负债预计产生的财务影响（如果无法预计，则应说明理由）；获得补偿的可能性。但对未决诉讼及仲裁形成的或有负债，如果披露全部或部分信息预期会给企业带来重大不利影响，则企业只须披露其形成原因。

③ 对与所确认负债有关的费用或支出，应在扣除确认的补偿金额后在利润表中反映。

（2）或有资产处理

或有资产一般无须在财务报表中予以确认，通常也不应在财务报表附注中披露。但如果或有资产很可能会给企业带来经济利益，则应在报表附注中披露或有资产形成的原因；如果能预计其产生的财务影响，则应做相应披露。

6. 确定对审计意见的影响

完成上述审计程序后，如果被审计单位未按会计准则的规定恰当地记录或披露或有事项，或者披露不充分，则注册会计师应当视其影响程度，调整和确定其所发表审计意见的类型和措辞。

课堂训练 *14-2*

注册会计师于 2020 年 2 月 28 日结束了对广东某燃气热水器厂 2019 年财务报表的审计工作，在审计结束前发现下列情况。

① A 用户在使用该厂热水器时，发生了人身伤亡事故，用户于 2020 年 1 月 20 日对该厂提起诉讼，要求该厂应赔偿 50 万元。法院至今还未审理完毕。

② B 用户在使用该厂热水器时，发生了人身伤亡事故，用户于 2020 年 1 月 10 日对该厂提起诉讼。法院于 2020 年 2 月 13 日审理完毕，该厂应赔偿用户 50 万元。

③ C 用户在使用该厂热水器时，发生了人身伤亡事故，用户于 2019 年 11 月 20 日对该厂提起诉讼，法院于 2020 年 2 月 10 日审理完毕，该厂应赔偿用户 100 万元。

要求：

（1）请指出上述 3 个事项中，是否存在期后事项。如果存在期后事项，则请问是资产负债表日后调整事项还是非调整事项？注册会计师应建议被审计单位做何种处理？

（2）请指出上述 3 个事项中，是否存在或有事项。如果存在或有事项，则请问是直接或有事项还是间接或有事项？注册会计师应建议被审计单位做何种处理？

14.3 关联方交易审计

关联方关系是指关联方之间的相互关系。企业在正常的业务往来中，由于追求自身利益的最大化，所以相互间的交易通常都建立在公平交易的基础上，企业对外提供的财务报告一般也被认为是建立在公平交易的基础上的。但出于提高企业形象或粉饰经营业绩等诸多需要，许多关联企业之间往往不按公平交易原则进行资源或义务的转移。这种转移，不论是否收取价款，会计上均称为关联方交易。为确定财务报表的公允性，注册会计师在审计企业财务报表时，必须对关联方交易进行专门审计。本节内容讲到关联企业，就不得不说一说紫鑫药业的一些关联方内部交易了。

延伸阅读

吉林紫鑫药业股份有限公司是一家集科研、开发、生产、销售、药用动植物种养殖为一体的高科技股份制企业。2007年上市之初紫鑫药业本来经营中成药，在2010年吉林省推出人参产业规划后，转而经营人参生意。当其携30余亿元巨资进入人参收购市场后，当地人参价格应声而涨。2010年，紫鑫药业因涉足人参业务创造了惊人的业绩，实现营收6.4亿元，同比增长151%，实现净利润1.73亿元，同比大增184%。2011年上半年，紫鑫药业半年报披露，实现营收3.7亿元，净利润1.11亿元，同比增长226%和325%，相应的是其股价一路飙升，从2010年下半年开始一年多时间暴涨了300%。其间，公司成功地高价增发股票，再融资10亿元。与此同时，从2011年8月份至今，紫鑫药业被媒体广泛报道造假问题，各种举报材料被送至地方至中央的10多个部门，实际控制人郭春生因此心脏病突发，从董事长和总经理的位置上退到幕后，省人大代表资格也被罢免，并被实施监视居住。紫鑫药业究竟怎么了？

紫鑫药业有一套完整的内部交易链条，在人参交易的上中下各个环节均被董事长郭春生家族及其关联方牢牢把控，上市公司和大股东可以自由调节紫鑫药业的营收规模及利润分成情况。因此，支撑其业绩高增长的背后是巨大的自买自卖和虚假交易。

1. 紫鑫药业的控制权

紫鑫药业实际控制人郭春生通过敦化市康平投资有限责任公司（下称康平投资）持有紫鑫药业47.37%的股份，市值2.68亿元；第二大流通股股东仲维光持股7.5%，市值4 245万元，此人与郭春生为表兄弟关系。如图14.1所示，郭春生通过其妻子关立影、母亲仲桂兰、妹妹郭春红、侄儿郭权等亲属关系持有了第一控股股东康平投资77.26%的股份，实际上直接控制了紫鑫药业。这成为紫鑫药业涉嫌关联交易的历史因素。

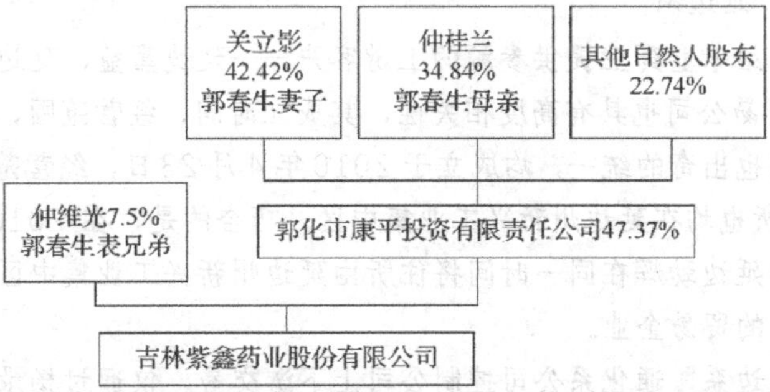

图14.1　郭氏家族对紫鑫药业的股权控制

2. 下游客户——通化系

另外，紫鑫药业借助吉林省人参产业规划的政策东风，大肆注册空壳公司，隐瞒关联交易，进行体内自买自卖。以下揭示前三大客户的实际控制人。

第一大客户——四川平大生物：是紫鑫药业影子公司。其采购能力与经营情况严重不匹配。紫鑫药业 2010 年年报显示，四川平大生物制品有限责任公司是第一大客户，共采购了 7 068.58万元产品，占总营收的 11%。同时，从应收账款余额披露情况看，平大生物没有上榜，说明其 7 000多万元采购款应基本全额付清。作为 2010年突然现身的第一大客户，平大生物到底采购了紫鑫药业什么产品？如此大宗采购，平大生物是否有能力支付？有没有能力加工？截至 2010年 12月 31日，平大生物总资产 9 716万元，所有者权益 4 604万元，2010年实现主营业务收入 3 011万元，净利润 279.6万元。其主营产品为何首乌茶，无须购买 7 000多万元的人参作为原材料。据记者调查，四川平大生物原负责人谢永林已退居二线，该公司已由长春资本名义控股，实际受控于紫鑫药业。

第二大客户——千草药业：被紫鑫药业隐匿的孙公司。2010年年报披露，亳州千草药业饮品厂是紫鑫药业的第二大客户，为其贡献营收 6 890.6万元，占总营收的 10.73%。经多方调查核实后发现，这家公司的第一大股东竟是紫鑫药业全资子公司吉林草还丹药业。也就是说，亳州千草药业饮品厂实际上是紫鑫药业孙公司。将孙公司列为第二大客户，且刻意隐瞒如此赤裸的关联关系，紫鑫药业可谓用心良苦。

第三大客户——吉林正德药业：紫鑫药业大股东隐现其中。吉林正德药业作为紫鑫药业的第三大客户，贡献了 6 113万元营业收入。其前身为延边格润日化，设立时股东是吉林紫鑫图们药业和日本自然人岩佐丽子。资料显示，延边格润日化所有高管均与紫鑫药业存在一定关联。成立之初，其董事长和法人代表为仲维光。据 2007 年紫鑫药业上市招股书所述，仲维光为紫鑫药业股东，与其董事长郭春生为表兄弟关系，后变更为郭春林，与郭春生为同一家族。此外，延边格润日化董事崔正哲和总经理孙培刚均来自吉林紫鑫图们药业公司，副总经理、董事郭学伟则来自紫鑫药业大股东敦化市康平投资。由此可见，吉林正德药业当时的实际控制人正是郭春生。

除上述前三大客户之外，通化立发人参贸易有限公司（第四大客户）、通化文博人参贸易有限公司（第五大客户）等紫鑫药业多家客户公司的注册时间、地点、注册资本甚至员工人数均惊人的相似。

3. 上游客户——延边系

除下游客户外，给紫鑫药业提供参源的上游客户——延边嘉益、延边耀宇、延边欣鑫、延边劲辉这 4家人参贸易公司也具有高度相关性，其成立时间、经营范围、公司住所都相同，甚至连集中迁址的时间也出奇的统一，均成立于 2010年 4月 23日，经营范围同为“人参及人参粗加工”，最初的住所也均在延边州新兴工业集中区。巧合的是，在 2010年 11月 24日，延边耀宇、延边欣鑫、延边劲辉在同一时间将住所由延边州新兴工业集中区集体外迁散至外地，形式上成为各自独立的贸易企业。

紫鑫药业通过延边系、通化系公司控制公司上下游交易。仅通过杨录军、郭春辉所掌控的“延边系”“通化系”，便可简单还原其中的操作路径。参照紫鑫药业 2010 年年报，公司去年曾提前预付延边嘉益、延边耀宇、延边欣鑫、延边劲辉合计高达 2 亿元的采购款。由于上述 4家公司与通化系公司均由同一集团控制，因此在收到上述款项后即可将钱款通过各种渠道转至通化系公司，再由通化系公司收购紫鑫药业的人参产品，相关款项即再度流入由郭春生掌控的紫鑫药业，一条完整的内部交易链条就此形成。由于上、中、下游均为郭氏家族控制，因此其可以自由调节营收规模乃至盈利大小。

一言蔽之，紫鑫药业的舞弊手法为：注册空壳公司、通过隐蔽的关联交易虚构业绩，实质上是进行体内自买自卖。

14.3.1 关联方及其交易的识别

为确定关联方及其交易的存在、交易的会计记录、交易信息的披露情况，注册会计师首要的工作是识别关联方及其交易。其识别的方法通常包括以下几种。

1. 复核被审计单位提供的关联方清单，并实施相应的审计程序

注册会计师应当取得管理层提供的关联方清单，以识别是否存在其他关联方，并实施如下审计程序。

步骤1 查阅以前年度的审计工作底稿。

步骤2 了解和评价被审计单位识别与处理关联方及其交易。

步骤3 查阅主要投资者个人、关键管理人员名单，并了解与他们相关的其他单位的关系。

步骤4 询问其他注册会计师及前任注册会计师。

步骤5 审核所审计会计期间的重大投资业务及资产重组方案。

步骤6 审核所得税申报材料及报送政府部门、证券交易部门等的其他有关资料。

2. 实施其他审计程序发现下列交易时，应注意识别是否存在关联方交易

① 与无正常业务关系的单位或个人发生的重大交易。

② 价格及其他交易条件异常的交易。

③ 与特定顾客或供应商发生的大额交易。

④ 易货交易或处理方式异常的交易。

⑤ 资产负债表日前后发生的重要交易。

3. 实施如下的专门审计程序，以识别关联方交易

步骤1 查阅股东大会、董事会会议及其他重要会议记录。

步骤2 询问管理层有关重大交易的授权情况。

步骤3 审阅管理当局声明书。

步骤4 了解被审计单位与其主要顾客、供应商、债权人及债务人的交易性质和范围。

步骤5 了解是否存在已发生但未进行会计处理的交易。

步骤6 查阅会计记录中数额较大、异常或经常发生的交易。

步骤7 审阅有关存款、借款的询证函，检查是否存在担保关系。

4. 当被审计单位经营状况出现异常情况时，注册会计师应特别注意识别是否存在关联方交易

这些异常情况包括：经营资金明显不足、出现产业危机、发生重大案件、管理层对盈利预测过于乐观、股价持续下跌等。

5. 关注其他可能存在关联方交易的情况

当管理层对披露关联方交易相当敏感时，注册会计师就应特别关注是否存在关联方交易。

14.3.2 关联方及其交易的审查

注册会计师在识别了关联方及其交易后，为获取充分、适当的审计证据，通常应当实施如下必要审计程序。

1. 询问管理层并索取管理层声明

审计中，注册会计师应向管理层询问关联方交易的目的及定价政策，并从管理层处取得关联方及其交易的书面声明，以明确会计责任和审计责任。其声明的内容应当包括以下几个方面。

① 企业所提供的识别关联方的资料真实完整。

② 财务报表已对关联方及其交易进行了充分披露。

2. 核实内部控制情况

核实的目的是确认有关交易是否已经过适当层次人员的批准，以便证实关联方交易的合法性与合规性。同时，也有助于进一步评价内部控制的执行情况，以确定是否应当修改原定审计计划，扩大实质性测试的范围。

3. 审阅有关资料

通常注册会计师应当审阅下列资料。

① 检查有关发票、协议、合同及其他有关文件，以核实交易的内容与形式是否相符。

② 检查关联方及其交易是否已在财务报表及其附注中予以恰当披露。

③ 核对关联方之间同一时点的账户余额，尤其是某些特殊的、重要的关联方交易。

④ 检查有关抵押、质押物品的价值及可转让性。

4. 追加审计程序

在检查某项重大关联方交易时，注册会计师应当追加下列必要的审计程序。

步骤1 询证关联方交易的条件及金额，检查关联方所拥有的相关证据，以证实管理层所提供资料的真实性。

步骤2 向相关中介机构询证或与其讨论与关联方交易有关的信息，以复核已识别的关联方及其交易，或者为证实已知信息的完整性提供补充证据。

步骤3 就重大应收账款和担保取得关联方偿债能力的有关信息，分析被审计单位上述活动的真实目的，以证实被审计单位对此类关联方交易信息披露的真实性与完整性。

14.3.3 对关联方交易审计结果的处理

注册会计师完成关联方交易的审计以后，应当根据所获得的审计证据考虑关联方及其交易的审计范围是否受到限制、关联方及其交易的披露是否符合《企业会计准则》和会计制度的规定，形成相应的审计结论，并确定其对审计意见的影响。如果注册会计师的审计范围受到限制，未能就重要的关联方及其交易获取充分、适当的审计证据，则注册会计师应当发表保留意见或无法表示意见的审计报告；如果被审计单位不能按照相关会计准则的要求，恰当披露具有重要影响的关联方及其交易，则注册会计师应当发表保留意见或否定意见的审计报告。

另外，即使出具无保留意见的审计报告，注册会计师也可针对认为重要事项的关联方交易，如关联方交易定价明显不合理、债权债务条件明显有欠公允、企业的生产经营基本依赖关联方交易等，在审计报告意见段之后增列说明段，以提醒财务报表的使用者在阅读时予以关注。

14.4 持续经营能力审计

持续经营是会计的基本假设，也是注册会计师进行审计的前提假设。离开了持续经营假设，企业将无法进行正常的会计核算和反映，注册会计师也无法对在非持续经营假设的基础上编制的财务报表进行审计和发表意见。因此，在审计过程中，注册会计师应当保持应有的职业谨慎、合理运用其专业判断、关注被审计单位的持续经营问题，以提高财务报表的真实性、公允性，并最大可能地降低审计风险。

14.4.1 持续经营假设可能无法成立的情况

注册会计师应当对被审计单位的经营情况、财务状况等方面有关持续经营假设可能无法成立的迹象予以充分的关注。

1. 经营方面可能使持续经营假设无法成立的情况

① 关键管理人员离职且无法替代。

② 主导产品不符合国家产业政策，或者没有市场销路，产品严重积压。

③ 失去主要市场、特许权或主要供货商。

④ 人力资源或重要原材料短缺。

⑤ 未达到预期经营目标且无发展前途。

⑥ 其他导致经营状况恶化的情况。

2. 财务方面可能出现持续经营假设无法成立的情况

① 资不抵债或营运资金出现负数。

② 无法偿还到期债务。

③ 过度依赖短期借款筹资。

④ 主要财务指标显示财务状况恶化。

⑤ 发生巨额经营性亏损。

⑥ 存在大额的逾期未付利润。

⑦ 无法继续满足借款合同中的有关条款。

⑧ 重要子公司无法持续经营且未做处理。

⑨ 存在大量不良资产且长期未做处理。

⑩ 经营方面无法获得供应商的正常商业信用。

⑪ 其他显示财务状况恶化的迹象。

3. 被审计单位在其他方面也可能存在持续经营假设无法成立的情况

① 严重违反有关法律、法规的要求。

② 存在数额巨大的或有损失。

③ 异常原因导致停工、停产。

④ 有关法规或国家政策的变化可能造成重大影响。

⑤ 营业期限即将到期且无意继续经营。

⑥ 投资者未履行协议、合同、章程规定的义务且可能造成重大不利影响。

⑦ 因自然灾害、战争等不可抗力因素遭受严重损失。

⑧ 其他导致企业无法持续经营的情况。

在出现以上迹象的情况下，注册会计师应当对持续经营假设的合理性予以关注。因为此时企业的正常生产经营很可能会受到影响，如果影响巨大，则势必会关系到企业能否正常经营，而此时财务报表的编制基础也会失去合理性，所以注册会计师应保持高度的职业谨慎，以合理地确信已审计财务报表的可靠程度。当被审计单位出现以上迹象时，管理层很可能会采取一些相应的措施，如资产处置、资产售后租回、取得担保或抵押贷款、实施资产重组或债务重组、获得其他资金、延缓营业开支、获得重要原材料的替代品、开拓新的市场等。在这种情况下，注册会计师同样应关注其是否能够缓解对持续经营假设的不利影响。

14.4.2 持续经营的审计目标与审计程序

注册会计师对持续经营假设存有疑虑时，应实施必要的审计程序，以获取充分、适当的审计证据并据以判断持续经营假设的合理性。持续经营的审计目标是：确定被审计单位持续经营假设是否合理；根据对持续经营假设的审计情况，确定被审计单位财务报表项目的分类及其计价基础是否应进行相应调整。在对持续经营假设可能无法成立的情况充分关注的基础上，注册会计师应当实施的审计程序主要包括以下几个方面。

1. 与被审计单位管理层分析和讨论有关持续经营假设的情形

这些情形包括分析和讨论企业未来现金流量情况、盈利能力及进行其他财务方面的预测。

2. 审核影响持续经营能力的期后事项，财务承诺及其他或有事项

这些事项包括审核期后发生的债务重组、重大投资、并购、控股股东的易位、重大不可撤销的财务承诺、重大的或有负债的或有损失等，以分析对被审计单位持续经营能力的影响。

3. 审阅和分析有关资料

审阅和分析有关资料具体包括以下几个方面。

① 分析最近的期中和期末财务报表，以进一步了解被审计单位影响持续经营假设合理性的因素及其相关的变化情况；对于应予以披露的持续经营事项，验明是否已进行恰当披露。

② 审阅重大经营合同、借款合同及其他债务契约，确认是否得到了正常履行。

③ 审阅董事会、股东大会及其他重要会议有关财务困境的记录，从而分析其所采取的摆脱财务困境的相关措施是否有效。

④ 询问被审计单位的法律顾问或律师，了解是否存在影响持续经营能力的未决诉讼、被追索债权、政府部门的行政调查等重要法律事项。

⑤ 向被审计单位管理层索取其关于持续经营假设的书面声明。如果存在问题，则管理层的书面声明应当包括改善措施，注册会计师应当评估改善措施及财务救助计划的合法性和可行性。

此外，注册会计师在审计单位持续经营能力时，应当参观其生产经营场所，并询问相关职工。通过参观被审计单位生产经营场地和办公场所，注册会计师极有可能发现企业存在大量不良资产、积压大批存货、停工或停产等生产经营方面的情况。同时，注册会计师还可借此与其重要员工和基层员工进行交谈，更深入地了解企业的发展现状，进而更多地发现影响持续经营能力的种种迹象。

14.4.3　持续经营审计结果的处理

注册会计师应当根据获取的审计证据，确定是否存在可能导致对被审计单位持续经营能力产生重大疑虑的事项或情况是否存在重大不确定性，并考虑对审计报告的影响。

1. 被审计单位在编制财务报表时运用持续经营假设是适当的

如果认为被审计单位在编制财务报表时运用持续经营假设是适当的，但存在可能导致对持续经营能力产生重大疑虑的事项或情况存在重大不确定性，则注册会计师应当考虑以下事项。

① 财务报表是否已充分描述导致对持续经营能力产生重大疑虑的主要事项或情况，以及管理层针对这些事项或情况提出的应对计划。

② 财务报表是否已清楚地指明可能导致对持续经营能力产生重大疑虑的事项或情况存在重大不确定性，所以被审计单位可能无法在正常的经营过程中变现资产、清偿债务。

如果财务报表已做出充分披露，则注册会计师应当出具无保留意见的审计报告，并在审计意见段之后增加强调事项段，强调可能导致对持续经营能力产生重大疑虑的事项或情况存在重大不确定性的事实，并提醒财务报表使用者注意财务报表附注中对有关事项的披露。

当被审计单位存在多项可能导致对其持续经营能力产生重大疑虑的事项或情况存在重大不确定性时，如果注册会计师难以判断财务报表的编制基础是否适合继续采用持续经营假设，则应将其视为对注册会计师的审计范围构成重大限制。在这种情况下，如果财务报表已做出充分披露，则注册会计师应当考虑出具无法表示意见的审计报告，而不是在意见段之后增加强调事项段。

如果财务报表未能做出充分披露，则注册会计师应当出具保留意见或否定意见的审计报告。审计报告应当具体提及可能导致对持续经营能力产生重大疑虑的事项或情况存在重大不确定性的事实，并指明财务报表未对该事项或事实做出披露。

2. 被审计单位将不能持续经营，但财务报表仍然按持续经营假设编制

如果判断被审计单位将不能持续经营，但财务报表仍然按照持续经营假设编制，则注册会计师应当出具否定意见的审计报告。

3. 被审计单位将不能持续经营，以其他基础编制财务报表

如果管理层认为编制财务报表时运用持续经营假设不再适当，选用了其他基础编制财务报表，则注册会计师应当实施补充的审计程序；如果认为管理层选用的其他编制基础是适当的且财务报表已做出充分披露，则注册会计师可以出具无保留意见的审计报告，并考虑在审计意见段之后增加强调事项段，提醒财务报表使用者关注管理层选用的其他编制基础。

4. 管理层拒绝对持续经营能力做出评估或评估期间未能涵盖自资产负债表日起的 12 个月

对持续经营能力做出适当评估是管理层的责任。当存在以下情况时，注册会计师应当提请管理层对持续经营能力做出评估或将评估期间延伸至自资产负债表日起的 12 个月。

① 管理层没有对持续经营能力做出评估。

② 管理层未就现已知悉的、在评估期间以后将会发生的事项或情况对持续经营能力的影响做出评估。

③ 管理层评估持续经营能力涵盖的期间少于自资产负债表日起的 12 个月。

综上所述，注册会计师针对持续经营审计的流程如图 14.2 所示。

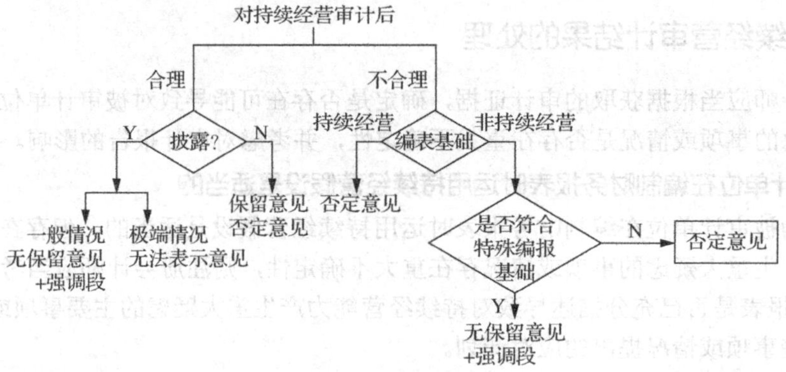

图 14.2 持续经营审计的流程

课堂训练 *14–3*

【单选题】丙注册会计师在审计过程中发现 C 公司存在多项重大不确定性因素，影响企业的持续经营，注册会计师难以判断财务报表的编制基础是否适合继续采用持续经营假设。但是 C 公司已经同意在财务报表中予以披露，则丙注册会计师应当考虑发表的审计报告的意见类型是（ ）。

A．带强调事项段的无保留意见　　B．无法表示意见

C．保留意见　　D．否定意见

14.5 审计工作底稿复核

14.5.1 整理和分析审计工作底稿

在外勤工作阶段，审计人员所收集的审计工作底稿一般是分散的、不系统的。因此，编制审计报告以前，审计人员应根据审计计划中拟定的内容、范围和要求对审计工作底稿进行以下两个层次的整理和分析。

① 注册会计师及其助理人员对各自工作底稿的初步整理。这主要是分析是否已完成规定的审计任务、回顾是否存在遗漏的程序，并着重列举审计过程中所发现的问题，提出相应的处理意见。

② 审计项目负责人对工作底稿的一级复核。审计项目负责人对全部工作底稿应当进行综合分析，主要检查被审计单位是否按照企业会计准则和其他财务会计法规的规定进行会计核算、编制会计报表，并披露相关信息。复核的目的是使注册会计师能按照独立审计准则的要求收集充分适当的审计证据，提出恰当的审计意见，并草拟相应的审计报告。通常情况下，审计项目负责人应对复核情况做出综合结论，并形成书面记录。

14.5.2 复核和分析已审计财务报表

财务报表的最后审阅与工作底稿的二级复核紧密相关，有些业务还是交叉进行的。尽管编

制财务报表和披露相关信息是被审计单位的责任，但由于注册会计师是会计方面的专家，他们往往会指导被审计单位如何编制财务报表及其附注。但注册会计师的作用只是提供业务上的指导，而不是代替客户做出业务上的判断。

通常财务报表的最后审阅是由审计部门经理或主任注册会计师进行的。在复核分析已审计财务报表时，复核人员应当运用分析性程序，特别关注是否存在不正常的余额或关联方交易，并分析所收集的相关证据。如果不充分，则应当追加必要的审计程序。在执行分析性复核程序时，复核人员可以运用比率法及其他比较技术。比较的一方是被审计单位的会计报表资料，比较的另一方通常是注册会计师的预期结果、同行业有关资料及其他有关资料。

14.5.3 审计工作底稿的最终复核

在签发审计报告前，主任会计师应对所有工作底稿进行认真全面的三级复核。通过对审计工作结果的最后质量控制，确保审计工作达到了会计师事务所的工作标准，防止审计人员因个人偏见产生专业判断上的失误，从而降低审计风险。其根本目的是为了核实审计人员实施了必要的审计程序，取得了充分、适当的审计证据，并做出了客观而公正的审计结论。会计师事务所的主任会计师在签发审计报告前全面复核工作底稿的内容主要有以下4个方面。

1. 复核所采用的审计程序的恰当性

复核所采用的审计程序的恰当性包括：复核审计项目所采用的审计程序是否符合审计计划的要求；这些审计程序是否已经充分实施；所有的审计程序是否已经完成并且在审计工作底稿中予以恰当记录。

2. 复核所取得的工作底稿的充分性

复核所取得的工作底稿的充分性包括：复核已获取的工作底稿是否足以支持注册会计师所发表的审计意见；已经收集的被审计单位的概况资料、经营业务情况、内部控制及会计记录等，连同注册会计师制订的审计计划、审计程序及所采用的审计步骤、方法是否都已编入审计工作底稿；每份审计工作底稿的标题、编制日期、资料的来源及资料的性质等基本要素是否完整；相关审计工作底稿是否表达清晰、记录有序，等等。

(3) 复核审计过程中是否存在重大遗漏

复核审计过程中是否存在重大遗漏包括：复核并研究是否存在会导致进一步查询和追加审计程序的事项；是否存在涉及未遵循会计准则或未遵循有关管理机构要求的重大事项；所有例外事项是否已经查清并已记录；是否存在审计步骤不完善或存在未解决问题；是否存在前期审计中注明的至今尚未解决的重大事项；是否存在与被审计单位未达成一致意见的未解决的会计和审计事项；是否存在严重影响被审计单位财务报表反映的其他事项。

(4) 复核审计工作是否符合会计师事务所的质量要求

复核审计工作是否符合会计师事务所的质量要求包括：复核和检查注册会计师在审计工作中是否遵循了独立性原则；对审计助理人员是否进行了指导和监督；对超越注册会计师知识范围的事项是否向有关专家或机构进行了咨询；是否遵循了会计师事务所内部管理制度；注册会计师及其助理人员的知识和专业技能是否符合要求；是否已经实现了审计目标；提出的审计结论是否与工作结果相一致。

14.6 审计报告概述

14.6.1 审计报告的作用

审计报告是指注册会计师根据审计准则的要求，在实施了必要的审计程序后出具的，用于对被审计单位受托经济责任履行情况做出审计结论、发表审计意见的书面文件。审计报告是审计工作的最终结果，具有法定证明效力。其作用可表现在以下几点。

① 审计报告是对审计工作的全面总结。

② 审计报告是评价被审计单位受托经济责任履行情况的重要工具。

③ 审计报告是向使用者传达所需信息的重要手段。

④ 审计报告是表明审计人员完成了审计任务、承担审计责任的证明文件。

14.6.2 审计报告分类

1. 按照审计报告的性质分类

按照审计报告的性质可分为标准审计报告和非标准审计报告。

标准审计报告是指格式和措辞基本统一的审计报告，一般适用于对外公布；非标准审计报告是指格式和措辞不统一，可以根据具体审计项目的情况来决定的审计报告，一般适用于不对外公布的审计报告。

2. 按照审计报告的使用目的分类

按照审计报告的使用目的可分为公布目的的审计报告和非公布目的的审计报告。

公布目的的审计报告是指对企业股东、投资者、债权人等非特定利益关系者公布财务报表时所附送的审计报告；非公布目的的审计报告是指经营管理、合并或业务转让、融通资金等特定目的而实施审计的审计报告。

3. 按照审计报告的详略程度分类

按照审计报告的详略程度可分为简式审计报告和详式审计报告。

简式审计报告又称短式审计报告，是指注册会计师对应公布的财务报表进行审计后所编制的简明扼要的审计报告，一般适用于公布目的，具有标准审计报告的特点；详式审计报告又称长式审计报告，是指对审计对象所有重要经济业务和情况都要做详细说明与分析的审计报告，一般适用于非公布目的，具有非标准审计报告的特点。

14.6.3 审计报告的基本内容

《中国注册会计师审计准则第 1501 号——对账务报表形成审计意见和出具审计报告》规定审计报告应当包括下列要素。

1. 标题

审计报告的标题应当统一规范为“审计报告”。

2. 收件人

审计报告的收件人是指注册会计师按照业务约定书的要求致送审计报告的对象，一般是指审计业务的委托人。审计报告应当载明收件人的全称。

3. 意见段

审计报告的意见段应当说明被审计单位的名称和财务报表已经过审计，并包括下列内容。

① 指出构成整套财务报表的每张财务报表的名称。

② 提及财务报表附注。

③ 指明财务报表的日期和涵盖的期间。

应当说明，财务报表是否按照适用的会计准则和相关会计制度的规定编制，是否在所有重大方面公允反映了被审计单位的财务状况、经营成果和现金流量。

4. 形成审计意见的基础

按照《中国注册会计师审计准则》的规定进行了审计工作；按照《中国注册会计师职业道德守则》，独立于被审计单位，并履行了职业道德方面的其他责任；注册会计师获取的审计证据是充分、适当的，为发表审计意见提供了基础。

5. 关键审计事项

关键审计事项是指根据注册会计师的职业判断，认为对本期财务报表审计最为重要的事项。这些事项的应对以对财务报表整体进行审计并形成审计意见为背景，注册会计师不对这些事项单独发表意见。例如，关联方关系及交易、递延所得税资产的确认、存货跌价准备的计提等。

6. 其他信息

结合财务报表的审计，注册会计师的责任是阅读其他信息，在此过程中考虑其他信息是否与财务报表或者注册会计师在审计过程中了解到的情况存在重大不一致或存在重大错报。

基于注册会计师已经针对审计报告日前获取的其他信息进行的工作，如果确定该信息存在重大错报，则注册会计师应当报告该事实。

7. 管理层和治理层对财务报表的责任

管理层对财务报表的责任段应当说明，按照适用的会计准则和相关会计制度的规定编制财务报表是管理层的责任。这种责任包括以下几个方面。

① 设计、实施和维护与财务报表编制相关的内部控制，以使财务报表不存在由于舞弊或错误而导致的重大错报。

② 选择和运用恰当的会计政策。

③ 做出合理的会计估计。

治理层负责监督公司的财务报告过程。

8. 注册会计师对财务报表审计的责任

① 注册会计师的责任是在实施审计工作的基础上对财务报表发表审计意见。注册会计师按照《中国注册会计师审计准则》的规定执行审计工作。《中国注册会计师审计准则》要求注册会计师遵守职业道德规范，计划和实施审计工作以对财务报表是否不存在重大错报获取合理保证。

② 审计工作涉及实施审计程序，以获取有关财务报表金额和披露的审计证据。选择的审计程序取决于注册会计师的判断，包括对由于舞弊或错误导致的财务报表重大错报风险的评估。在进行风险评估时，注册会计师要考虑与财务报表编制相关的内部控制，以设计恰当的审计程序，但目的并非对内部控制的有效性发表意见。审计工作还包括评价管理层选用会计政策的恰

当性和做出会计估计的合理性，以及评价财务报表的总体列报。

③ 注册会计师相信已获取的审计证据是充分、适当的，为其发表审计意见提供了基础。

9. 注册会计师的签名和盖章

审计报告应当由注册会计师签名并盖章。

10. 会计师事务所的名称、地址及盖章

审计报告应当载明会计师事务所的名称和地址，并加盖会计师事务所公章。

11. 报告日期

审计报告应当注明报告日期。审计报告的日期不应早于被审计单位管理层签署会计报告的日期。

14.7 审计报告类型

14.7.1 标准审计报告

1. 出具标准审计报告的条件

① 财务报表已经按照适用的会计准则和相关会计制度的规定编制，在所有重大方面公允反映了被审计单位的财务状况、经营成果和现金流量。

② 注册会计师已经按照《中国注册会计师审计准则》的规定来计划和实施审计工作，在审计过程中未受到限制。

2. 标准审计报告的基本内容与专业术语

当出具无保留意见的审计报告时，注册会计师应当以“我们认为”作为意见段的开头，并使用“在所有重大方面”“公允反映”等术语。以下审计报告为对上市实体合并财务报表出具的审计报告。

审计报告

众环审字〔2019〕050129号

珠海格力电器股份有限公司全体股东：

一、审计意见

我们审计了珠海格力电器股份有限公司（以下简称“贵公司”）的财务报表，包括2018年12月31日合并及母公司的资产负债表，2018年年度合并及母公司的利润表、合并及母公司的现金流量表和合并及母公司的所有者权益变动表与财务报表附注。

我们认为，后附的财务报表在所有重大方面按照《企业会计准则》的规定编制，公允反映了贵公司2018年12月31日合并及母公司的财务状况和2018年年度合并及母公司的经营成果与现金流量。

二、形成审计意见的基础

我们按照《中国注册会计师审计准则》的规定执行了审计工作，审计报告的“注册会计师对财务报表审计的责任”部分进一步阐述了我们在这些准则下的责任；按照《中国注册会计师职业道德守则》，我们独立于贵公司，并履行了职业道德方面的其他责任。我们相信，我们获取的审计证据是充分、适当的，为发表审计意见提供了基础。

三、关键审计事项

关键审计事项是根据我们的职业判断，认为对本期财务报表审计最为重要的事项。这些事项的应对以对财务报表整体进行审计并形成审计意见为背景，我们不对这些事项单独发表意见。

（一）关联方关系及交易（略）

（二）递延所得税资产的确认（略）

（三）存货跌价准备的计提（略）

四、其他信息

贵公司管理层对其他信息负责。其他信息包括贵公司 2018 年年度报告中涵盖的信息，但不包括财务报表和我们的审计报告。

我们对财务报表发表的审计意见不涵盖其他信息，我们也不对其他信息发表任何形式的鉴证结论。

结合我们对财务报表的审计，我们的责任是阅读其他信息。在此过程中，考虑其他信息是否与财务报表或者我们在审计过程中了解到的情况存在重大不一致或似乎存在重大错报。

基于我们已经针对审计报告日前获取的其他信息执行的工作，如果我们确定该其他信息存在重大错报，则我们应当报告该事实。在这方面，我们无任何事项需要报告。

五、管理层和治理层对财务报表的责任

贵公司管理层负责按照《企业会计准则》的规定编制财务报表，使其实现公允反映，并设计、执行和维护必要的内部控制，以使财务报表不存在由于舞弊或错误导致的重大错报。

在编制财务报表时，管理层负责评估贵公司的持续经营能力、披露与持续经营相关的事项（如适用），并运用持续经营假设，除非管理层计划清算贵公司、停止营运或别无其他现实的选择。

治理层负责监督贵公司的财务报告过程。

六、注册会计师对财务报表审计的责任

我们的目标是对财务报表整体是否不存在由于舞弊或错误导致的重大错报获取合理保证，并出具包含审计意见的审计报告。合理保证是高水平的保证，但并不能保证按照审计准则执行的审计在某一重大错报存在时总能发现。错报可能由舞弊或错误所导致，如果合理预期错报单独或汇总起来可能影响财务报表使用者依据财务报表做出的经济决策，则通常认为错报是重大的。

在按照审计准则执行审计的过程中，我们运用了职业判断，保持了职业怀疑。同时，我们也进行了以下工作。

（一）识别和评估由于舞弊或错误导致的财务报表重大错报风险；设计和实施审计程序以应对这些风险，并获取充分、适当的审计证据，作为发表审计意见的基础。由于舞弊可能涉及串通、伪造、故意遗漏、虚假陈述或凌驾于内部控制之上，所以未能发现由于舞弊导致的重大错报的风险高于未能发现由于错误导致的重大错报的风险。

（二）了解与审计相关的内部控制，以设计恰当的审计程序。

（三）评价管理层选用会计政策的恰当性和做出会计估计及相关披露的合理性。

（四）对管理层使用持续经营假设的恰当性得出结论。同时，根据获取的审计证据，可能导致对贵公司持续经营能力产生重大疑虑的事项或情况是否存在重大不确定性得出结论。如果我们得出结论认为存在重大不确定性，审计准则要求我们在审计报告中提请财务报表使用者注意财务报表中的相关披露；如果披露不充分，我们应当发表非无保留意见。我们的结论基于截至审计报告日可获得的信息。然而，未来的事项或情况可能导致贵公司不能持续经营。

（五）评价财务报表的总体列报、结构和内容（包括披露），并评价财务报表是否公允反映相关交易和事项。

（六）就贵公司中实体或业务活动的财务信息获取充分、适当的审计证据，以对财务报表发表意见。我们负责指导、监督和执行集团审计。我们对审计意见承担全部责任。

我们与治理层就计划的审计范围、时间安排和重大审计发现等事项进行沟通，包括沟通我们在审计中识别出的值得关注的内部控制缺陷。

我们还就已遵守与独立性相关的职业道德要求向治理层提供声明，并与治理层沟通可能被合理认为影响我们独立性的所有关系和其他事项，以及相关的防范措施（如适用）。

从与治理层沟通过的事项中，我们确定哪些事项对本期财务报表审计最为重要，因而构成关键审计事项。我们在审计报告中描述这些事项，除非法律法规禁止公开披露这些事项，或者在极少数情形下，如果合理预期在审计报告中沟通某事项造成的负面后果超过在公众利益方面产生的益处，我们确定不应在审计报告中沟通该事项。

中审众环会计师事务所（特殊普通合伙）　　中国注册会计师（签名并盖章）：龚静伟

中国·武汉　　中国注册会计师（签名并盖章）：吴梓豪

二〇一九年四月二十六日

14.7.2 非标准审计报告

非标准审计报告是指标准审计报告以外的其他审计报告，包括带强调事项段的无保留意见的审计报告和非无保留意见的审计报告。

1. 带强调事项段的无保留意见的审计报告

（1）强调事项段的含义

审计报告的强调事项段是指注册会计师在审计意见段之后增加的对重大事项予以强调的段落。强调事项应当同时符合下列条件：可能对财务报表产生重大影响，但被审计单位进行了恰当的会计处理且在财务报表中做出充分披露；不影响注册会计师发表的审计意见。

从审计理论上说，注册会计师在审计意见段之前增加说明段，用来说明发表保留意见、否定意见和无法表示意见的理由；而在意见段之后增加强调事项段，只是增加审计报告的信息含量，提高审计报告的有用性，不影响发表的审计意见。如果以强调事项段代替发表审计意见，就会导致审计报告的类型出现混乱。

（2）增加强调事项段的情形

① 对持续经营能力产生重大疑虑。当存在可能导致对持续经营能力产生重大疑虑的事项或情况，但不影响已发表的审计意见时，注册会计师应当在审计意见段之后增加强调事项段对此予以强调。

注册会计师如果认为被审计单位在编制财务报表时运用持续经营假设是适当的，但可能导致对持续经营能力产生重大疑虑的事项或情况存在重大不确定性，则注册会计师应当考虑：财务报表是否已充分描述导致对持续经营能力产生重大疑虑的主要事项或情况，以及管理层针对这些事项或情况提出的应对计划；财务报表是否已清楚地指明可能导致对持续经营能力产生重大疑虑的事项或情况存在重大不确定性，被审计单位可能无法在正常的经营过程中变现资产、清偿债务。

如果财务报表已做出充分披露，则注册会计师应当出具无保留意见的审计报告，并在审计意见段之后增加强调事项段，强调可能导致对持续经营能力产生重大疑虑的事项或情况存在重大不确定性的事实，并提醒财务报表使用者注意财务报表附注中对有关事项的披露。

② 重大不确定事项。当存在可能对财务报表产生重大影响的不确定事项（持续经营问题除外），但不影响已发表的审计意见时，注册会计师应当考虑在审计意见段之后增加强调事项段，对此予以强调。

不确定事项是指其结果依赖于未来行动或事项，不受被审计单位的直接控制，但可能影响财务报表的事项。例如，被审计单位受到其他单位起诉，指控其侵犯专利权，要求其停止侵权行为并赔偿造成的损失，法院已经受理但尚未审理。

③ 其他审计准则规定增加强调事项段的情形。除上述两种情形及其他审计准则规定的增加强调事项段的情形外，注册会计师不应在审计报告的审计意见段之后增加强调事项段或任何解释性段落，以免财务报表使用者产生误解。

增加强调事项段是为了提醒财务报表使用者关注某些事项，并不影响注册会计师的审计意见。为了使财务报表使用者明确这一点，注册会计师应当在强调事项段中指明该段内容仅用于提醒财务报表使用者关注，并不影响已发表的审计意见。

带强调事项段的无保留意见的审计报告格式如下所示。

审计报告

ABC股份有限公司全体股东：

一、审计意见

我们审计了ABC股份有限公司（以下简称ABC公司）财务报表，包括20×8年12月31日的资产负债表，20×8年度的利润表、现金流量表、股东权益变动表及相关财务报表附注。

我们认为，后附的财务报表在所有重大方面按照《企业会计准则》的规定编制，公允反映了ABC公司20×8年12月31日的财务状况及20×8年度的经营成果和现金流量。

二、形成审计意见的基础

我们按照《中国注册会计师审计准则》的规定进行了审计工作，审计报告的“注册会计师对财务报表审计的责任”部分进一步阐述了我们在这些准则下的责任；按照《中国注册会计师职业道德守则》，我们独立于ABC公司，并履行了职业道德方面的其他责任。我们相信，我们获取的审计证据是充分、适当的，为发表审计意见提供了基础。

三、强调事项

我们提醒财务报表使用者关注，财务报表附注×描述了火灾对ABC公司的生产设备造成的影响。本段内容不影响已发表的审计意见。

四、关键审计事项

关键审计事项是我们根据职业判断，认为对本期财务报表审计最为重要的事项。这些事项的应对以对财务报表整体进行审计并形成审计意见为背景，我们不对这些事项单独发表意见。

（按照《中国注册会计师审计准则第1504号——在审计报告中沟通关键审计事项》的规定描述每一关键审计事项。）

五、其他事项

20×7年12月31日的资产负债表，20×7年度的利润表、现金流量表、股东权益变动表以及相关财务报表附注由其他会计师事务所审计，并于20×8年3月31日发表了无保留意见。

六、其他信息

（按照《中国注册会计师审计准则第1521号——含有已审计财务报表的文件中的其他信息》的规定报告，见《〈中国注册会计师审计准则第 1521 号——含有已审计财务报表的文件中的其他信息〉应用指南》附录 2 中的参考格式 1。）

七、管理层和治理层对财务报表的责任

（按照《中国注册会计师审计准则第 1501 号——对财务报表形成审计意见和出具审计报告》的规定报告，见《<中国注册会计师审计准则第 1501 号——对财务报表形成审计意见和出具审计报告>应用指南》参考格式 1。）

八、注册会计师对财务报表审计的责任

（按照《中国注册会计师审计准则第 1501 号——对财务报表形成审计意见和出具审计报告》的规定报告，见《<中国注册会计师审计准则第 1501 号——对财务报表形成审计意见和出具审计报告>应用指南》参考格式 1。）

九、按照相关法律法规的要求报告的事项

（按照《中国注册会计师审计准则第 1501 号——对财务报表形成审计意见和出具审计报告》的规定报告，见《〈中国注册会计师审计准则第 1501 号——对财务报表形成审计意见和出具审计报告〉应用指南》参考格式 1。）

××会计师事务所（盖章）　　　　中国注册会计师（项目合伙人）（签名并盖章）：×××

中国××市　　　　　　　　　　中国注册会计师（签名并盖章）：×××

二〇××年×月×日

2. 非无保留意见的审计报告

非无保留意见的审计报告包括保留意见的审计报告、否定意见的审计报告和无法表示意见的审计报告。

当出具非无保留意见的审计报告时，注册会计师应当在注册会计师的责任段之后、审计意见段之前增加说明段，即在审计报告的审计意见段之前增加用于描述注册会计师对财务报表发表保留意见、否定意见或无法表示意见理由的段落，以清楚地说明导致所发表意见或无法发表意见的所有原因，并在可能的情况下，指出其对财务报表的影响程度。

影响发表非无保留意见的情形如下。

① 注册会计师与管理层的分歧。这主要是指注册会计师与管理层在被审计单位会计政策选用、会计估计做出或财务报表披露方面存在分歧。

注册会计师与管理层在会计政策选用方面的分歧主要体现在以下几个方面：第一，管理层选用的会计政策不符合适用的会计准则和相关会计制度的规定；第二，管理层选用的会计政策不符合具体情况的需要（相应地，财务报表整体披露与注册会计师获得的对被审计单位及其环境的了解不一致）；第三，管理层选用了不适当的会计政策，导致财务报表在所有重大方面未能公允地反映被审计单位的财务状况、经营成果和现金流量；第四，管理层选用的会计政策没有按照适用的会计准则和相关会计制度的要求得到一贯运用，即没有一贯地运用于不同期间相同的或相似的交易和事项。

注册会计师与管理层在会计估计方面的分歧主要体现在以下几个方面：第一，管理层没有对所有应当进行会计估计的项目做出会计估计；第二，管理层没有识别出可能影响做出会计估计的相关因素；第三，管理层没有充分搜集做出会计估计所依赖的相关数据；第四，没有正确提出会计估计依据的假设；第五，管理层没有依据数据、假设和其他因素对事项的金额做出正确估计；第六，管理层没有按照适用的会计准则和相关会计制度的规定做出充分披露。

注册会计师与管理层在财务报表披露方面的分歧主要体现在：管理层没有按照适用的会计准则和相关会计制度的要求披露所有的信息，或者没有充分、清晰地披露所有信息，使财务报表使用者不能了解重大交易和事项对被审计单位财务状况、经营成果和现金流量的影响。

② 审计范围受到限制。审计范围可能受到以下两方面的限制。第一，客观环境造成的限制。例如，由于被审计单位存货的性质或位置特殊等原因导致注册会计师无法实施存货监盘等。在客观环境造成限制的情况下，注册会计师应当考虑是否可以实施替代审计程序，以获取充分、适当的审计证据。第二，管理层造成的限制。例如，管理层不允许注册会计师观察存货盘点，或者不允许对特定账户余额实施函证等。在管理层造成限制的情况下，注册会计师应当提请管理层解除限制。如果管理层不配合，则注册会计师应当考虑这一事项对风险评估的影响及是否可以实施替代审计程序，以获取充分、适当的审计证据。

(1) 保留意见的审计报告

如果认为财务报表整体是公允的，但还存在下列情形之一，则注册会计师应当出具保留意见的审计报告。

① 会计政策的选用、会计估计的做出或财务报表的披露不符合适用的会计准则和相关会计制度的规定，虽然影响重大，但不至于出具否定意见的审计报告。

② 因审计范围受到限制，不能获取充分、适当的审计证据，虽然影响重大，但不至于出具无法表示意见的审计报告。

当出具保留意见的审计报告时，注册会计师应当在审计意见段中使用“除……的影响外”等术语。如果因审计范围受到限制，则注册会计师还应当在注册会计师的责任段中提及这一情况。

应当指出的是，只有当注册会计师认为财务报表就其整体而言是公允的，但还存在对财务报表产生重大影响的情形时，才能出具保留意见的审计报告。如果注册会计师认为所报告的情形对财务报表产生的影响极为严重，则应出具否定意见的审计报告或无法表示意见的审计报告。因此，保留意见的审计报告被视为注册会计师在不能出具无保留意见的审计报告情况下最不严厉的审计报告。如果会计政策选用、会计估计做出或财务报表披露不符合适用的会计准则和相关会计制度的规定，则注册会计师在判断其影响是否重大时，应当考虑该影响所涉及的金额或性质并与确定的重要性水平进行比较。注册会计师因审计范围受到限制而出具保留意见的审计报告，取决于无法实施的审计程序对形成审计意见的重要性。注册会计师在判断重要性时，应当考虑有关事项潜在影响的性质和范围及在财务报表中的重要程度。当注册会计师因审计范围受到限制而出具保留意见的审计报告时，意见段的措辞应当表明保留意见是针对审计范围对财务报表可能产生的影响而不是针对审计范围限制本身。

下面以由于财务报表存在重大错报而发表保留意见的审计报告为例，说明发表保留意见的审计报告的背景。

① 对上市实体整套财务报表进行审计。该审计不属于集团审计，即不适用《中国注册会计师审计准则第 1401 号——对集团财务报表审计的特殊考虑》。

② 管理层按照企业会计准则编制财务报表。

③ 审计业务约定条款体现了《中国注册会计师审计准则第 1111 号——就审计业务约定条

款达成一致意见》中关于管理层对财务报表责任的描述。

④ 存货存在错报，该错报对财务报表影响重大但不具有广泛性，即保留意见是恰当的。

⑤ 适用的相关职业道德要求为《中国注册会计师职业道德守则》。

⑥ 基于获取的审计证据，根据《中国注册会计师审计准则第1324号——持续经营》，注册会计师认为可能导致对被审计单位持续经营能力产生重大疑虑的事项或情况不存在重大不确定性。

⑦ 已按照《中国注册会计师审计准则第 1504 号——在审计报告沟通关键审计事项》的规定沟通了关键审计事项。

⑧ 注册会计师在审计报告日前已获取所有其他信息，且导致对财务报表发表保留意见的事项也影响了其他信息。

⑨ 负责监督财务报表的人员与负责编制财务报表的人员不同。

⑩ 除财务报表审计外，注册会计师还承担法律法规要求的其他报告责任，且注册会计师决定在审计报告中履行其他报告责任。

保留意见的审计报告的格式举例如下。

审计报告

ABC股份有限公司全体股东：

一、保留意见

我们审计了 ABC股份有限公司（以下简称ABC公司）财务报表，包括20×8年12月31日的资产负债表，20×8年度的利润表、现金流量表、股东权益变动表及相关财务报表附注。

我们认为，除“形成保留意见的基础”部分所述事项产生的影响外，后附的财务报表在所有重大方面按照企业会计准则的规定编制，公允反映了ABC公司20×8年12月31日的财务状况以及20×8年度的经营成果和现金流量。

二、形成保留意见的基础

ABC公司20×8年12月31日资产负债表中存货的列示金额为×元。ABC公司管理层（以下简称管理层）根据成本对存货进行计量，而没有根据成本与可变现净值孰低的原则进行计量，这不符合企业会计准则的规定。ABC公司的会计记录显示，如果管理层以成本与可变现净值孰低来计量存货，则存货列示金额将减少×元。相应地，资产减值损失将增加×元，所得税、净利润和股东权益将分别减少×元、×元和×元。

我们按照《中国注册会计师审计准则》的规定进行了审计工作，审计报告的“注册会计师对财务报表审计的责任”部分进一步阐述了我们在这些准则下的责任；按照《中国注册会计师职业道德守则》，我们独立于ABC公司，并履行了职业道德方面的其他责任。我们相信，我们获取的审计证据是充分、适当的，为发表保留意见提供了基础。

三、其他信息

（按照《中国注册会计师审计准则第1521号——含有已审计财务报表的文件中的其他信息》的规定报告，见《<中国注册会计师审计准则第1521号——含有已审计财务报表的文件中的其他信息>应用指南》附录2中的参考格式6。该参考格式中其他信息部分的最后一段需要进行改写，以描述导致注册会计师对财务报表发表保留意见且也影响其他信息的事项。）

四、关键审计事项

关键审计事项是我们根据职业判断，认为对本期财务报表审计最重要的事项。这些事项的应对以对财务报表整体进行审计并形成审计意见为背景，我们不对这些事项单独发表意见。除“形成保留意见的基础”部分所述事项外，我们确定下列事项是需要在审计报告中沟通的关键审计事项。

（按照《中国注册会计师审计准则第 1504 号——在审计报告中沟通关键审计事项》的规定描述每一关键审计事项。）

五、管理层和治理层对财务报表的责任

（按照《中国注册会计师审计准则第 1501 号——对财务报表形成审计意见和出具审计报告》的规定报告，见《〈中国注册会计师审计准则第 1501 号——对财务报表形成审计意见和出具审计报告〉应用指南》参考格式 1）

六、注册会计师对财务报表审计的责任

（按照《中国注册会计师审计准则第 1501 号——对财务报表形成审计意见和出具审计 报告》的规定报告，见《<中国注册会计师审计准则第 1501 号——对财务报表形成审计意见和出具审计报告>应用指南》参考格式 1。）

七、按照相关法律法规的要求报告的事项

（按照《中国注册会计师审计准则第 1501 号——对财务报表形成审计意见和出具审计报 告》的规定报告，见《〈中国注册会计师审计准则第 1501 号——对财务报表形成审计意见和出具审计报告〉应用指南》参考格式 1。）

×× 会计师事务所（盖章）	中国注册会计师（项目合伙人）（签名并盖章）：×××
中国××市	中国注册会计师（签名并盖章）：×××
	二〇××年×月×日

（2）否定意见的审计报告

如果认为财务报表没有按照适用的会计准则和相关会计制度的规定编制，未能在所有重大方面公允反映被审计单位的财务状况、经营成果和现金流量，则注册会计师应当出具否定意见的审计报告。

当出具否定意见的审计报告时，注册会计师应当在审计意见段中使用“由于上述问题造成的重大影响”“由于受到前段所述事项的重大影响”等术语。应当指出的是，只有当注册会计师认为财务报表存在重大错报会误导使用者，以至于财务报表的编制不符合适用的会计准则和相关会计制度的规定，未能从整体上公允反映被审计单位的财务状况、经营成果和现金流量时，注册会计师才会出具否定意见的审计报告。

下面以由于合并财务报表存在重大错报而发表否定意见的审计报告为例，说明发表否定意见的审计报告的背景。

① 对上市实体整套合并财务报表进行审计。该审计属于集团审计，被审计单位拥有多个子公司，即适用《中国注册会计师审计准则第 1401 号——对集团财务报表审计的特殊考虑》。

② 管理层按照××财务报表编制基础编制合并财务报表，该编制基础允许被审计单位只披露合并财务报表。

③ 审计业务约定条款体现了《中国注册会计师审计准则第 1111 号——就审计业务约定条款达成一致意见》中关于管理层对合并财务报表责任的描述。

④ 合并财务报表因未合并某一子公司而存在重大错报，该错报对合并财务报表影响重大且具有广泛性（即否定意见是恰当的），但量化该错报对合并财务报表的影响是不切实际的。

⑤ 适用的相关职业道德要求为《中国注册会计师职业道德守则》。

⑥ 基于获取的审计证据，根据《中国注册会计师审计准则第1324号——持续经营》，注册会计师认为可能导致对被审计单位持续经营能力产生重大疑虑的事项或情况不存在重大不确定性。

⑦ 适用《中国注册会计师审计准则第1504号——在审计报告中沟通关键审计事项》。然而，注册会计师认为，除形成否定意见的基础部分所述事项外，无其他关键审计事项。

⑧ 注册会计师在审计报告日前已获取所有其他信息，且导致对合并财务报表发表否定意见的事项也影响了其他信息。

⑨ 负责监督合并财务报表的人员与负责编制合并财务报表的人员不同。

⑩ 除合并财务报表审计外，注册会计师还承担法律法规要求的其他报告责任，且注册会计师决定在审计报告中履行其他报告责任。

否定意见的审计报告的格式举例如下。

审计报告

ABC股份有限公司全体股东:

一、否定意见

我们审计了ABC股份有限公司及其子公司（以下简称ABC集团）的合并财务报表，包括20×8年12月31日的合并资产负债表，20×8年度的合并利润表、合并现金流量表、合并股东权益变动表及相关合并财务报表附注。

我们认为，由于“形成否定意见的基础”部分所述事项的重要性，所以后附的合并财务报表没有在所有重大方面按照××财务报表编制基础的规定编制，未能公允反映ABC集团20×8年12月31日的合并财务状况及20×8年度的合并经营成果和合并现金流量。

二、形成否定意见的基础

如财务报表附注×所述，20×8年ABC集团通过非同一控制下的企业合并获得对XYZ公司的控制权，因未能取得购买日XYZ公司某些重要资产和负债的公允价值，故未将XYZ公司纳入合并财务报表的范围。按照××财务报表编制基础的规定，该集团应将这一子公司纳入合并范围，并以暂估金额为基础核算该项收购。如果将XYZ公司纳入合并财务报表的范围，后附的ABC集团合并财务报表的多个报表项目将受到重大影响。但我们无法确定未将XYZ公司纳入合并范围对合并财务报表产生的影响。

我们按照《中国注册会计师审计准则》的规定进行了审计工作。审计报告的“注册会计师对合并财务报表审计的责任”部分进一步阐述了我们在这些准则下的责任。按照《中国注册会计师职业道德守则》，我们独立于ABC集团，并履行了职业道德方面的其他责任。我们相信，我们获取的审计证据是充分、适当的，为发表否定意见提供了基础。

三、其他信息

（按照《中国注册会计师审计准则第1521号——含有已审计财务报表的文件中的其他信息》的规定报告，见《〈中国注册会计师审计准则第1521号——含有已审计财务报表的文件中的其他信息〉应用指南》附录2中的参考格式7。该参考格式中其他信息部分的最后一段需要进行改写，以描述导致注册会计师对财务报表发表否定意见且也影响其他信息的事项。）

四、关键审计事项

除“形成否定意见的基础”部分所述事项外，我们认为没有其他需要在我们的报告中沟通的关键审计事项。

五、管理层和治理层对合并财务报表的责任

（按照《中国注册会计师审计准则第 1501 号——对财务报表形成审计意见和出具审计报告》的规定报告，见《〈中国注册会计师审计准则第 1501 号——对财务报表形成审计意见和出具审计报告〉应用指南》参考格式 2。）

六、注册会计师对合并财务报表审计的责任

（按照《中国注册会计师审计准则第 1501 号——对财务报表形成审计意见和出具审计报告》的规定报告，见《〈中国注册会计师审计准则第 1501 号——对财务报表形成审计意见和出具审计报告〉应用指南》参考格式 2。）

七、按照相关法律法规的要求报告的事项

（按照《中国注册会计师审计准则第 1501 号——对财务报表形成审计意见和出具审计报告》的规定报告，见《〈中国注册会计师审计准则第 1501 号——对财务报表形成审计意见和出具审计报告〉应用指南》参考格式 2。）

××会计师事务所（盖章）　　中国注册会计师（项目合伙人）（签名并盖章）：×××

中国××市　　中国注册会计师（签名并盖章）：×××

二〇×九年×月×日

（3）无法表示意见的审计报告

如果审计范围受到限制可能产生的影响非常重大和广泛，不能获取充分、适当的审计证据，以至于无法对财务报表发表审计意见，则注册会计师应当出具无法表示意见的审计报告。

当出具无法表示意见的审计报告时，注册会计师应当删除注册会计师的责任段，并在审计意见段中使用“由于审计范围受到限制可能产生的影响非常重大和广泛”“我们无法对上述财务报表发表意见”等术语。

只有当审计范围受到限制可能产生的影响非常重大和广泛，不能获取充分、适当的审计证据，以至于无法确定财务报表的合法性与公允性时，注册会计师才应当出具无法表示意见的审计报告。

无法表示意见不同于否定意见，通常仅仅适用于注册会计师不能获取充分、适当的审计证据的情况。如果注册会计师发表否定意见，则必须获得充分、适当的审计证据。无论是无法表示意见还是否定意见，都只有在非常严重的情形下采用。

下面以由于注册会计师无法针对财务报表多个要素获取充分、适当的审计证据而发表无法表示意见的审计报告为例，说明发表无法表示意见的审计报告的背景。

① 对非上市实体整套财务报表进行审计。该审计不属于集团审计，即不适用《中国注册会计师审计准则第 1401 号——对集团财务报表审计的特殊考虑》。

② 管理层按照《企业会计准则》编制财务报表。

③ 审计业务约定条款体现了《中国注册会计师审计准则第 1111 号——就审计业务约定条款达成一致意见》中关于管理层对财务报表责任的描述。

④ 对财务报表的多个要素，注册会计师无法获取充分、适当的审计证据。例如，对被审计单位的存货和应收账款，注册会计师无法获取审计证据，这一事项对财务报表可能产生的影响重大且具有广泛性。

⑤ 适用的相关职业道德要求为《中国注册会计师职业道德守则》。

⑥ 负责监督财务报表的人员与负责编制财务报表的人员不同。

⑦ 按照审计准则要求在注册会计师的责任部分做出有限的表述。

⑧ 除财务报表审计外，注册会计师还承担法律法规要求的其他报告责任，且注册会计师决定在审计报告中履行其他报告责任。

无法表示意见的审计报告的格式举例如下。

审计报告

ABC股份有限公司全体股东：

一、无法表示意见

我们接受委托，审计ABC股份有限公司（以下简称ABC公司）财务报表，包括20×8年12月31日的资产负债表，20×8年度的利润表、现金流量表、股东权益变动表及相关财务报表附注。

我们不对后附的ABC公司财务报表发表审计意见。由于“形成无法表示意见的基础”部分所述事项的重要性，因此我们无法获取充分、适当的审计证据以作为对财务报表发表审计意见的基础。

二、形成无法表示意见的基础

我们于20×8年1月接受委托审计ABC公司财务报表，因而未能对ABC公司20×8年初金额为×元的存货和年末金额为×元的存货实施监盘程序。此外，我们也无法实施替代审计程序获取充分、适当的审计证据，并且ABC公司于20×8年9月采用新的应收账款电算化系统，由于存在系统缺陷导致应收账款出现大量错误。截至报告日，ABC公司管理层（以下简称管理层）仍在纠正系统缺陷并更正错误，我们也无法实施替代审计程序，以对截至20×8年12月31日的应收账款总额×元获取充分、适当的审计证据。因此，我们既无法确定是否有必要对存货、应收账款及财务报表其他项目做出调整，也无法确定应调整的金额。

三、管理层和治理层对财务报表的责任

（按照《中国注册会计师审计准则第1501号——对财务报表形成审计意见和出具审计报告》的规定报告，见《<中国注册会计师审计准则第1501号——对财务报表形成审计意见和出具审计报告>应用指南》参考格式3。）

四、注册会计师对财务报表审计的责任

我们的责任是按照《中国注册会计师审计准则》的规定，对ABC公司的财务报表进行审计工作，以出具审计报告。但由于“形成无法表示意见的基础”部分所述的事项，我们无法获取充分、适当的审计证据以作为发表审计意见的基础。

按照《中国注册会计师职业道德守则》，我们独立于ABC公司，并履行了职业道德方面的其他责任。

五、按照相关法律法规的要求报告的事项

（按照《中国注册会计师审计准则第1501号——对财务报表形成审计意见和出具审计报告》的规定报告，见《<中国注册会计师审计准则第1501号——对财务报表形成审计意见和出具审计报告>应用指南》参考格式1。）

××会计师事务所（盖章）　　中国注册会计师（项目合伙人）（签名并盖章）：×××

中国××市　　中国注册会计师（签名并盖章）：×××

二〇×九年×月×日

课堂训练 *14-4*

ABC会计师事务所的A注册会计师担任多家被审计单位2019年年度财务报表审计的项目合伙人，遇到下列导致出具非标准审计报告的事项。

① 甲公司拥有一项长期股权投资，账面价值500万元，持股比例30%。2019年12月31日，甲公司与K公司签署投资转让协议，拟以350万元的价格转让该项长期股权投资。已收到价款300万元，但尚未办理产权过户手续，甲公司以该项长期股权投资正在转让之中为由，不再计减值准备。

② 乙公司于2018年5月为L公司1年期银行借款1 000万元提供担保，因L公司不能及时偿还，银行于2019年11月向法院提起诉讼，要求乙公司承担连带清偿责任。2019年12月31日，乙公司在咨询律师后，根据L公司的财务状况，计提了500万元的预计负债。对上述预计负债，乙公司已在财务报表附注中进行了适当披露。截至审计工作完成日，法院未对该项诉讼做出判决。

③ 丙公司于2019年11月20日发现，2018年漏记固定资产折旧费用200万元。丙公司在编制2019年年度财务报表时，对此项会计差错予以更正，追溯重述了相关财务报表项目，并在财务报表附注中进行了适当披露。

④ 丁公司于2019年年末更换了大股东，并成立了新的董事会，继任法定代表人以刚上任不了解以前年度情况为由，拒绝签署2019年年度已审财务报表和提供管理层声明书。原法定代表人以不再继续履行职责为由，也拒绝签署2019年年度已审计财务报表和提供管理层声明书。

要求： 针对上述第①至④项，假定不考虑其他条件，逐项指出A注册会计师应当出具何种类型的非标准审计报告，并简要说明理由。

复习思考题

一、填空题

1．审计报告的基本类型包括________、________、________、________和________。

2．审计报告按性质分为________和________。

3．审计报告按详略程度分为________和________。

4．审计报告按使用目的分为________和________。

二、单项选择题

1．在资产负债表日或以前已经存在，资产负债表日后得以证实并对按资产负债表日存在状况编制财务报表产生重大影响的事项是（ ）。

A．调整事项　B．非调整事项　C．或有事项　D．强调事项

2．标准审计报告是指（ ）的审计报告。

A．不带强调事项段的无保留意见　B．带强调事项段的无保留意见

C．否定意见　D．无法表示意见

3．如果注册会计师的审计范围受到了非常重大和广泛的限制，则应出具（ ）审计报告。

A．带强调事项段的无保留意见　B．保留意见

C．否定意见　D．无法表示意见

4．下列（ ）是可用于否定意见的专业术语。

A．由于上述审计范围受到限制可能产生的影响非常重大和广泛

B．我们认为，X公司财务报表……

C．除了前段所述……可能产生的影响外

D．我们认为，由于受到前段所述事项的重大影响

5．当被审计单位做出的会计估计不恰当但所涉及的金额不大，远远低于重要性水平时，注册会计师对该报表应出具审计报告的类型是（　　）。

A．无保留意见　　B．保留意见

C．否定意见　　D．带强调事项段的无保留意见

三、多项选择题

1．与试算平衡表有关的下列钩稽关系中，正确的有（　　）。

A．资产负债表试算平衡表左边“账项调整”栏中的借方合计数与贷方合计数之差，应等于右边的“账项调整”栏中的贷方合计数与借方合计数之差

B．资产负债表试算平衡表左边的“重分类调整”栏中的借方合计数与贷方合计数之差，应等于右边的“重分类调整”栏中的贷方合计数与借方合计数之差

C．资产负债表试算平衡表中各项目“期末未审数”栏的数额，应等于公司提供的同期相应未经审计的资产、负债、所有者权益类会计科目的期末余额

D．资产负债表试算平衡表中“未分配利润”项目的“期末审定数”栏的数额，应等于利润表试算平衡表中“未分配利润”项目的“审定金额”栏中的数额

2．下列关于注册会计师对期后事项责任的表述中，正确的有（　　）。

A．注册会计师应当实施必要的审计程序，获取充分、适当的审计证据，以确定截至审计报告日后发生的、需要在财务报表中调整或披露的事项是否均已得到识别

B．在外勤审计工作完成后，注册会计师没有责任针对期后事项实施审计程序

C．在审计报告日至财务报表公布日之间，获知可能影响财务报表的期后事项，注册会计师应当及时与被审计单位讨论，必要时实施适当的审计程序

D．在财务报表公布后，注册会计师没有义务专门对财务报表进行查询

3．下列项目中属调整事项的有（　　）。

A．资产负债表日被审计单位会计人员认为可以收回的大额应收款项，因资产负债表日后债务人突然破产而无法收回

B．被审计单位由于某种原因被起诉，法院于资产负债表日后做出判决，被审计单位应赔偿对方的损失

C．资产负债表日后偶然性的大笔损失，如发生火灾

D．资产负债表日后由于政府禁止继续销售某种产品所造成的存货市价下跌

4．下列属于需要在财务报表上披露而非调整的事项通常包括（　　）。

A．资产负债表日后发生重大诉讼、仲裁、承诺

B．资产负债表日后资产价格、税收政策、外汇汇率发生重大变化

C．资产负债表日后因自然灾害导致资产发生重大损失

D．资产负债表日后发生企业合并或处置子公司

5．在财务报表公布日后获知审计报告日已经存在但尚未发现的期后事项，注册会计师可能采取的措施有（　　）。

A．与被审计单位管理层讨论如何处理

B．采取措施防止财务报表使用者信赖该审计报告

C. 提请管理层修改财务报表

D. 修改审计报告

四、简答题

1. 审计报告的基本内容包括哪些？

2. 审计报告有哪些意见类型？

3. 特殊项目审计内容包括哪些？

4. 如何进行期后事项审计？

5. 如何进行审计工作底稿的复核？

6. 如何进行或有事项审计？

7. 如何进行关联方交易审计？

五、操作题

操作题 14-1

1. 案例资料

乙公司于2017年3月为L公司1年期银行借款1 000万元提供担保，因L公司不能及时偿还，银行于2018年8月向法院提起诉讼，要求乙公司承担连带清偿责任。2019年12月31日，乙公司在咨询律师后，根据L公司的财务状况，计提了500万元的预计负债。对上述预计负债，乙公司已在财务报表附注中进行了适当披露。截至审计工作完成日，法院未对该项诉讼做出判决。

2. 要求

如果乙公司不存在其他事项，请就以上事项写出审计报告。

操作题 14-2

1. 案例资料

北京光明会计师事务所的注册会计师李红、王光已经于2020年3月10日完成对A股份有限公司2019年年度财务报表的实地审计工作，现在草拟审计报告。按照审计约定书的要求，审计报告应于2020年3月21日提交。假设重要性水平为50万元。在复核审计工作底稿时，假定存在以下几种情况。

（1）应收账款项目无法进行函证，也无法实施其他替代审计程序。应收账款账面余额为30万元。

（2）A股份有限公司自2019年1月1日将所有机械设备折旧方法由平均年限法改为年数总和法，由此导致增加当年费用10万元，并已在财务报表附注中说明。

（3）除了注册会计师认为存货中17万元已经毁损，A股份有限公司未予接受调整建议外，注册会计师提请调整的其他780万元的调整事项A股份有限公司已经做了调整。

2. 要求

分别针对上述情况，指出应发表何种类型的审计意见，并说明理由。

操作题 14-3

1. 案例资料

安华会计师事务所接受委托对利达股份有限公司2019年年度财务报表进行审计，审计工作于2020年3月1日完成，注册会计师确定报表的重要性水平为150万元。

安华会计师事务所的注册会计师在审计过程中发现该公司存在以下情况。

（1）2019年11月10日，利达股份有限公司受到A公司起诉。A公司声称利达股份有限公司侵犯了该公司的软件版权，要求利达股份有限公司予以赔偿，赔偿金额50万元。

利达股份有限公司在年末编制财务报表时，根据诉讼情况认为对A公司的赔偿可能性达50%以上，最可能发生的赔偿金额为30万元。利达股份有限公司未进行账务处理，但是在财务报表附注中进行了适当披露。

（2）利达股份有限公司为B公司向银行借款800万元提供担保。2019年10月，B公司因经营严重亏损进行破产清算，无力偿还已到期的该笔银行借款。银行因此向法院起诉，要求利达股份有限公司承担担保连带责任，支付借款本息880万元。考虑到B公司能以破产财产来清偿债务，利达股份有限公司未做账务处理。2020年3月13日，法院终审判决银行胜诉，并于3月25日执行完毕。利达股份有限公司拒绝在2019年年度财务报表中做出相应处理。

（3）利达股份有限公司持有30万股对C公司的股票作为交易性金融资产，2020年2月13日该项股票投资价格大幅度下跌，已经由买入时的5元每股下跌至3元每股。对此，利达股份有限公司未进行账务处理。

（4）利达股份有限公司已经连续两年出现亏损，并且推迟支付已经到期的债务800万元。注册会计师通过评价管理层的具体改善措施，认为编制财务报表所依据的持续经营假设是合理的。对此，利达股份有限公司已经在财务报表附注中进行了适当披露。

（5）利达股份有限公司在H国有一家海外子公司，其财务报表由当地会计师事务所审计，审计后财务报表显示其净资产为200万元。安华会计师事务所的注册会计师无法对其他会计师事务所的工作进行复查。

2．要求

（1）上述事项中哪些是期后事项？哪些是或有事项？对于发生于不同时段的期后事项，注册会计师应当承担的责任有何区别？

（2）如果不考虑重要性水平，请分别针对事项（1）（2）（3），指出注册会计师应如何处理。如果需要调整，请写出调整分录。

（3）如果利达股份有限公司拒绝接受上述审计调整或披露建议，注册会计师应分别上述5种事项出具何种类型的审计报告。

参 考 文 献

[1] 徐永涛. 审计应试指南[M]. 北京：人民出版社，2019.
[2] 杨罡. 财务报表审计案例分析[M]. 上海：立信会计出版社，2018.
[3] 胡中艾. 审计实务[M]. 北京：中国人民大学出版社，2017.
[4] 唐朝. 手把手教你读财报[M]. 北京：中国经济出版社，2015.
[5] 张贵平. 审计案例分析[M]. 北京：北京理工大学出版社，2014.
[6] 申建英. 新编审计实务[M]. 南京：南京大学出版社. 2016.
[7] 石振河. 审计基础与实务[M]. 北京：中国水利水电出版社. 2017.
[8] 中国注册会计师协会. 2018 年度全国注册会计师统一考试辅导用书. 审计[M]. 北京：中国财政经济出版社. 2018.
[9] 姜玲玲，梦丽荣. 审计实务[M]. 北京：中国财政经济出版社. 2017.

尊敬的老师：

您好。

请您认真、完整地填写以下表格的内容（务必填写每一项），索取相关图书的教学资源。

教学资源索取表

<table>
<tr><td>书　名</td><td colspan="4"></td><td>作者名</td><td></td></tr>
<tr><td>姓　名</td><td colspan="2"></td><td>所在学校</td><td colspan="3"></td></tr>
<tr><td>职　称</td><td colspan="2"></td><td>职　务</td><td></td><td>职　称</td><td></td></tr>
<tr><td rowspan="2">联系方式</td><td>电　话</td><td colspan="2"></td><td>E-mail</td><td colspan="2"></td></tr>
<tr><td>QQ号</td><td colspan="2"></td><td>微信号</td><td colspan="2"></td></tr>
<tr><td colspan="2">地址（含邮编）</td><td colspan="5"></td></tr>
<tr><td colspan="3">贵校已购本教材的数量（本）</td><td colspan="4"></td></tr>
<tr><td colspan="2">所需教学资源</td><td colspan="5"></td></tr>
<tr><td colspan="2">系/院主任姓名</td><td colspan="5"></td></tr>
</table>

系／院主任：________________（签字）

（系／院办公室公章）

20_____年____月____日

注意：

① 本配套教学资源仅向购买了相关教材的学校老师免费提供。

② 请任课老师认真填写以上信息，并请系／院加盖公章，然后传真到（010）80115555转718438索取配套教学资源。也可将加盖公章的文件扫描后，发送到fservice@126.com索取教学资源。欢迎各位老师扫码关注我们的微信号和公众号，随时与我们进行沟通和互动。

③ 个人购买的读者，请提供含有书名的购书凭证，如发票、网络交易信息，以及购书地点和本人工作单位来索取。

微信号

公众号